馮保善 注譯

新譯聽訓齋語

三民書局 印行

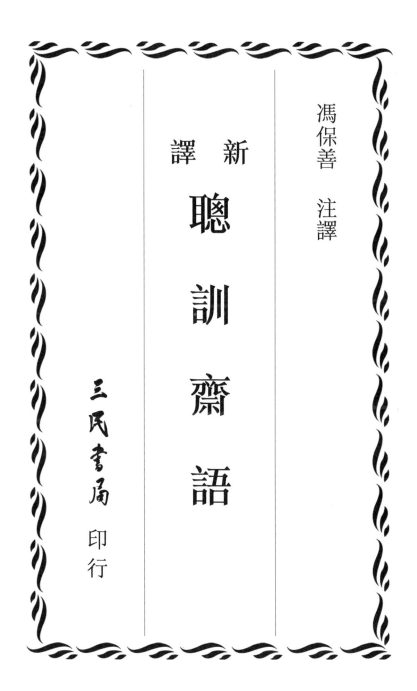

刊印古籍今注新譯叢書緣起

劉振強

人類歷史發展，每至偏執一端，往而不返的關頭，總有一股新興的反本運動繼起，要求回顧過往的源頭，從中汲取新生的創造力量。孔子所謂的述而不作，溫故知新，以及西方文藝復興所強調的再生精神，都體現了創造源頭這股日新不竭的力量。古典之所以重要，古籍之所以不可不讀，正在這層尋本與啟示的意義上。處於現代世界而倡言讀古書，並不是迷信傳統，更不是故步自封；而是當我們愈懂得聆聽來自根源的聲音，我們就愈懂得如何向歷史追問，也就愈能夠清醒正對當世的苦厄。要擴大心量，冥契古今心靈，會通宇宙精神，不能不由學會讀古書這一層根本的工夫做起。

基於這樣的想法，本局自草創以來，即懷著注譯傳統重要典籍的理想，由第一部的四書做起，希望藉由文字障礙的掃除，幫助有心的讀者，打開禁錮於古老話語中的豐沛寶藏。我們工作的原則是「兼取諸家，直注明解」。一方面熔鑄眾說，擇善而從；

一方面也力求明白可喻，達到學術普及化的要求。叢書自陸續出刊以來，頗受各界的喜愛，使我們得到很大的鼓勵，也有信心繼續推廣這項工作。隨著海峽兩岸的交流，我們注譯的成員，也由臺灣各大學的教授，擴及大陸各有專長的學者。陣容的充實，使我們有更多的資源，整理更多樣化的古籍。兼採經、史、子、集四部的要典，重拾對通才器識的重視，將是我們進一步工作的目標。

古籍的注譯，固然是一件繁難的工作，但其實也只是整個工作的開端而已，最後的完成與意義的賦予，全賴讀者的閱讀與自得自證。我們期望這項工作能有助於為世界文化的未來匯流，注入一股源頭活水；也希望各界博雅君子不吝指正，讓我們的步伐能夠更堅穩地走下去。

序

壬辰年(2012)的秋末冬初，三民書局張先生來電，說人在北京，過幾日來寧，並談及「古籍今注新譯叢書」規劃中，有一本張英撰著的家訓《聰訓齋語》，問可有興趣來做。因彼時對於張英的瞭解實在有限，我在電話中便未置可否，既沒有推掉，也不曾明確應承。

研讀了《聰訓齋語》後，對於曾國藩評價其「教家者極精」、「不特于德業有益，實于養生有益」、「其中言養身、擇友、觀玩山水花竹，純是一片太和生機」、「句句皆吾肺腑所欲言」等，有了真切的體味。桐城張氏，名門望族，向有「父子大學士」、「三世得謚」、「四任江蘇學政」、「六代翰林」的美譽。晚清陳康祺《郎潛紀聞初筆二筆三筆》中，更贊其「自祖至曾玄十二人，先後列侍從，躋鼎貴，玉堂譜裡，世系蟬聯，門閥之清華，殆可空前絕後而已」。何以如此，由張英的《聰訓齋語》，我們似乎尋找到了某種答案。當時，手頭上正在做明清小說與江南文化的課題，對明清江南的教育史料，頗做了些涉獵，興趣正濃。而張英此書，同樣屬這一範疇，於是便決定接了來做。幾日後，張先生如期來寧。在約稿協議上簽字畫押，開始了本書的撰寫工作。斷續做了兩年餘，方始告竣。

《聰訓齋語》一書，印本頗多。今見其主要刊本，大體可分爲三類：

其一，《四庫全書》本。《四庫・集部・別集》類收張英《文端集》，其卷四十五、四十六，即《篤素堂文集》九、十，爲《雜著》《聰訓齋語》，兩卷。

其二，《叢書集成初編》據《藝海珠塵本》翻印本，兩卷。卷一署名「南匯吳省蘭泉之輯，嘉興錢儀吉藹人校」。

其三，單行本，有同治五年丙寅(1866)張英曾孫張曾虔整理本，封面題：桐城張文端公聰訓齋語。四卷本。卷一、二爲《聰訓齋語》，卷三爲《恆產瑣言》，卷四爲《飯有十二合說》。題署「桐城張英敦復著，六世孫鶴齡重鐫」。光緒六年庚辰(1880)本，四卷本，內容同同治本。署名「桐城張英敦復著，七世孫紹文重鐫」。

三種本子，單行本如同治、光緒本，其四卷之編排，均分別爲「篤素堂文集卷一」、「篤素堂文集卷二」、「篤素堂文集卷三」、「篤素堂文集卷四」，顯然由《篤素堂文集》而來，故文字仍《四庫》本。惟《叢書集成初編》與之有較大出入，如〈世人只因不知命不安命生出許多勞擾〉條，缺「何以故」以下文字；〈古稱仕宦之家如再實之木〉條，缺「座右箴」以下文字；整體缺〈予生平嗜卉木遂成奇癖〉、〈古人佩玉朝夕不離〉、〈龍眠芙蓉谿吾朝夕夢寐所在也〉、〈辛巳春分日予攜大郎二郎六郎出西直門〉、〈子弟自十七八以至廿三四實為學業成廢之關〉、〈讀書須明窗淨几〉、〈易經一書言謙道最為詳備〉、〈譚子化書訓儉字最詳〉、〈人生髫稚不離父母〉、〈人生第一件事莫如安分〉等十篇。推其原因，該所據《藝海珠塵本》挂漏之故。

綜合而觀，《四庫》本刊刻頗精，允稱善本，亦諸本之所出，故本書整理校勘，即以《四庫》本爲底本，在保留其五十篇文字原貌的基礎上，僅加編號，以便閱讀；文字明顯訛誤者，據參校本更正；異體字不做改動。注釋包括典章制度、人物地理、疑難字詞、典故出處等，務在掃清閱讀障礙。關於翻譯，嚴復有云：「譯事三難：信、達、雅。」此爲譯界奉作圭臬。然信、達、雅兼備，談何容易！如嚴復所云：「顧信矣不達，雖譯猶不譯也，則達尚焉。」因此，本書語譯，堅持在通暢基礎上的忠實，未盡做硬譯，也不一味追求語言表達的華美。研析部分，一方面設身揣摩，嘗試在歷史的語境中加以闡釋，盡可能多一些「同情的理解」；另一方面，又從歷史發展的角度，既闡發其精義，亦揭出其局限，希望多一些客觀的論定。文中褒貶，不敢盡以爲是；注釋語譯，亦未必盡屬允當，尚祈方家不吝賜教。

馮保善

二〇一七年五月廿日

新譯聰訓齋語 目次

卷下

附錄：張英傳記評論資料選編

導讀

在林林總總的中國古代家訓著作中，張英的《聰訓齋語》，一如其為人之低調而「無赫赫之名」（方苞〈張文端公墓表〉），同樣少為人知。然而，晚清以來赫赫有名的曾國藩，在他那部人所周知的《曾國藩家書》中，卻是對張英此書推崇備至，並不憚其煩，鄭重再三地向子侄推薦。其〈諭紀澤〉中說：「張文端公英《聰訓齋語》作於承平之世，所以教家者極精。爾兄弟各覓一冊，常常閱習，則日進矣。」又云：「張文端公《聰訓齋語》，茲付去二本，爾兄弟細心省覽，不特於德業有益，實於養生有益。」其〈諭紀澤紀鴻〉中說：「張文端英所著《聰訓齋語》，皆教子之言。其中言養身、擇友、觀玩山水花竹，純是一片太和生機，爾宜常常省覽。鴻兒體亦單弱，亦宜常看此書。吾教爾兄弟不在多書，但以聖祖之《庭訓格言》、張公之《聰訓齋語》二種為教，句句皆吾肺腑所欲言。」其〈致澄弟沅弟〉中說：「張文端公家訓一本，寄交紀渠侄省覽。……將來后輩八人，每人各一本。」

被人譽稱為「晚清中興名臣之首」、「中國近代史上最後的理學大師與一代大儒」的曾國藩，其活動時間在晚清道光、同治年間，與活動於康熙王朝的張英，懸隔有一百餘年的光景，自然不會有任何交結，亦無阿諛其人之必要；何況，家書中，向自家子侄推薦案頭必讀之書，必定發自最大的真誠，所講都是「肺腑所欲言」。那麼，曾國藩何以會對張英此書這般推崇有加、激賞讚嘆不置？這不免要引逗起我們閱讀其書，並進而希望瞭解張英其人的強烈興趣。還是讓我們共同走近張英，走進這部有點神秘的《聽訓齋語》吧！

一、張英和他的桐城望族

張英（西元一六三七—一七〇八年），字敦復，號圃翁，安徽桐城人。曾祖張淳，明朝隆慶二年（西元一五六八年）進士，歷官永康知縣、禮部主事、建寧知府、浙江提刑按察使司副使、陝西承宣布政使司參政。祖父張士維，父親張秉彝，皆縣學秀才。伯父張秉文，明萬曆三十八年（西元一六一〇年）進士，歷任浙江歸安知縣、徽州府學教授、戶部郎中、撫州知府、湖廣荊襄道、福建建寧兵巡道、廣東按察使、右布政使、山東左布政使，崇禎十二年（西元一六三九年）正月，清兵破濟南城，殉難。

康熙二年（西元一六六三年），張英鄉試中舉。六年（西元一六六七年）會試，以二甲第四名考取進士，授內弘文院庶吉士。十一年（西元一六七二年），以滿文成績優異，選授翰林院編修。次年，為康熙講論經史，任日講起居注官。十五年（西元一六七六年），任左春坊、左諭德。次年，任翰林院侍講學士，入值南書房，賜第西安門內，成為詞臣賜居內城之第一人。十八年（西元一六七九年），任翰林院侍讀學士。本年，長子廷瓚成進士，欽選翰林院庶吉士。十九年（西元一六八〇年），任翰林院學士，兼禮部侍郎。二十一年（西元一六八二年），回籍葬父。二十四年（西元一六八五年）七月，返京還朝，復原職，任日講起居注官。二十五年（西元一六八六年）三月，陞翰林院掌院學士，兼禮部侍郎，教習庶吉士；九月，因同侍讀學士德格勒記《起居注》有誤，降五級留用，受命編纂《孝經衍義》。值此五十知命之年，張英經歷了他人生仕途中的第一次嚴重挫折。二十六年（西元一六八七年），調任禮部右侍郎，兼翰林院學士，充經筵講官；九月，轉吏部左侍郎，兼翰林院學士、詹事府詹事。二十七年（西元一六八八年），孝莊章皇后大喪，張英被參典禮不慎、遇事推諉，降五級留任。兩年之內，張英再次經歷仕途中嚴重挫折。二十八年（西元一六八九年）歲末，任工部尚書，兼管詹事府。二十九年（西元一六九〇年）六月，任翰林院掌院學士，兼管詹事府；七月，任禮部尚書，兼任翰林院掌院學士；十月，以編修楊瑄撰擬國舅佟國綱祭文引用悖謬，張英坐審閱馬虎，降四級，革去禮部尚書，仍管翰林院、詹事府事。剛剛又是兩年，張英經歷他仕途中的第三次重挫。三十三年（西元一六九四年）三月，張英再次被參教習庶吉士不嚴，從寬降三級留任，於是有了他仕途中的第四次重創。

值得玩味的是，張英在四落之後，何以能夠四起，這絕非出於僥倖。四次仕途危機，無論是「特旨留任」，還是「從寬留任」，都給他留下了東山再起的機會；何況，無一例外，每一次化解，皆來自於朝廷用心良苦的「特恩」！這當然不能說是康熙皇帝的仁慈，甚至令人隱約感覺到，雖然位極人臣，張英依然形同木偶，被玩弄在朝廷股掌之上。「知臣莫如君」（張廷玉《先考予告光祿大夫文華殿大學士兼禮部尚書諡文端敦復府君行述》），康熙對於「立朝數十年，未嘗一日去上左右」（李元度輯《國朝先正事略》卷九〈張文端公事略〉）的張英，有太深的瞭解，也有著高度的信任，但同時還要不時地敲打，令其時時、事事更加上心，始終保持一種敬畏。這也是一種權術。張廷玉在為乃父撰寫的《行述》中，數次稱引康熙對張英的評價：「供奉內廷，日侍左右，恪恭匪懈，勤慎可嘉」，「朝夕勤勞，敬慎素著」，「素性醇樸，侍從有年，朝夕講筵，恪恭盡職」，「謹厚慈祥，朕所深知」，「才品優長，效力已久。及任機務，恪慎益勵」，「侍從多年，可謂醇謹老成之善人」，「歷朝三十餘年，日侍左右，從無過失」，都可謂極中肯的論定。在張英退休以後，康熙賜贈張英石硯一方，上有其自撰銘文：「靜壽之則，堅潤之德，閱几研磨，惟一貞實。」並特意交代：「研銘係朕自製，特以賜爾，細玩當悉朕意。」此大有意思。這分明是說，你就像這硯臺，所有的挫折，都是一種磨難，而考驗的結果，證明了你的「貞實」。所以，與其說是朝廷「特恩」，不如說是因為忠誠、厚道、謹慎、小心、敬業、低調的品格，使張英一次次化險為夷，渡過了重重人生難關。

但四次仕途重創，在張英的心靈上，終究留下了難以抹平的傷痕。歷經風波，數次浮沉之後，五十八歲的張英，背負了太重的精神壓力；加之「早年攻苦抱羸疾，中年又有失血之症」（張廷玉《行述》），此時益發感到自己的身體在加速衰憊，真切感受到了「生命中無法承受之重」，是該退出歷史舞臺的時候了。康熙三十六年（西元一六九七年）七月，剛過耳順之年，張英終於決定引退，上疏備述自己目前的身體狀況，具陳近年來老憊不堪的情狀，以及對於不堪重任的種種擔心，希望得到朝廷恩准，讓自己早點致仕歸田，得以善始善終。這時的康熙帝，顯然還沒有充分的心理準備，他需要有一定的時間來從容安排，因而並未立刻答應，「溫語慰留」，希望張英再撐持一些時候。

康熙三十九年（西元一七〇〇年），張英次子張廷玉考取進士，選翰林院庶吉士。十一月，張英陞任文華殿大學士，兼禮部尚書。這應該是康熙對幾十年勤勤懇懇如一日的張英的一個交代，是對他數十年來忠心耿耿的總褒獎。四十年（西元一七〇一年）十月，張英再次具疏乞休，此時一切順理成章，批覆很快下來，准予其以原官致仕。四十一年（西元一七〇二年）二月初六日，張英離京還鄉。四十七年（西元一七〇八年）九月十七日，病逝於桐城，賜謚文端。

雍正帝即位，封贈張英太子太傅，賜匾「師模如在」、「忠純貽範」（李元度輯《國朝先正事略》卷九）。對於大小官員、士紳社會，張英的道德為人，無愧於典範；而對於自己的子孫後代，對於桐城張氏族人，張英尤其是勵志的榜樣，學習的標尺。雖然，在桐城張氏世系中，張英並不是第一個進士，亦非第一個高官，但毫無疑問，他是桐城張氏名門望族的直接開啟者，是總設計師。

且看張廷玉所撰《行述》中對乃父的評價，及其心目中父親的形象：「府君居官四十餘年，樸誠敬慎，表裡無間，忠於公家，無毫髮私，以故受知聖主，推心置腹」；「素性耿介廉靜，內剛外和」；「生平不沽譽，不市恩，無矯異之行，無表襮之迹，惟勉其職之所當盡，而行其心之所安」；「至性純孝」；「手足之愛至篤，視諸甥猶子」；「遇朋友以信，待桑梓以恩，見人之急，心戚然不安，必思有以解之」；「不以纖私干有司，遇郡邑大利弊，則不憚委曲言之」；「生平恬靜淡泊，不與人競進退」。他對於子侄輩的耳提面命，深刻影響了他們各自的人生；而他的著作，特別是《聰訓齋語》《恆產瑣言》等，則有意識地藉由家族文化的建設，來保障其家族之可持續發展，如瓜瓞綿綿，代不乏人。

張英子六人：廷瓚、廷玉、廷璐、廷瑑、廷瑑、廷瓘。

長子張廷瓚，康熙十八年（西元一六七九年）二甲第二名進士，授翰林院編修。歷任日講起居注官、詹事府少詹事兼翰林院侍講學士，入值南書房。康熙二十六年（西元一六八七年）任山東鄉試主考。嘗隨康熙三征絕漠。

次子張廷玉，康熙三十九年（西元一七〇〇年）三甲一百五十二名進士，授檢討，入值南書房。為官康熙、雍正、乾隆三朝。歷任康熙朝刑部右侍郎、經筵講官、吏部左侍郎；雍正朝禮部尚書、文淵閣大學士、保和殿大學士兼吏部尚書加少保、軍機大臣；乾隆朝加太保。又曾任《三朝實錄》《玉牒會典》《治河方略》《國史》《明史》總裁。卒諡文和，配享太廟。

三子張廷璐，康熙五十七年（西元一七一八年）一甲第二名（榜眼）進士，授翰林院編修，入值南書房，遷侍講學士。雍正朝歷任河南學政、國子侍講、國子祭酒、詹事府少詹事、江蘇學政、禮部侍郎。有「三朝舊臣，後進楷模」之譽。

五子張廷瑑，雍正元年（西元一七二三年）二甲第十五名進士，授翰林院編修，歷任侍講學士、日講起居注官、詹事府詹事。乾隆朝，歷任工部右侍郎、日講起居注官、內閣學士兼禮部侍郎。

孫輩中卓異者：張若靄，張廷玉長子，雍正十一年（西元一七三三年）二甲第一名進士，授翰林院編修，入值南書房，任軍機章京；乾隆朝，歷任侍講學士、內閣學士兼禮部侍郎。張若潭，張廷璟子，乾隆元年（西元一七三六年）三甲第六十一名進士，選翰林院庶吉士，授檢討，因病歸里。張若震，雍正元年（西元一七二三年）舉人，歷任浙江布政使、甘肅布政使、河南布政使、西安布政使、湖北巡撫。張若需，張廷璐之子，乾隆二年（西元一七三七年）二甲第八名進士，授翰林院編修，歷任日講起居注官、翰林侍講學士。張若澄，張廷玉之子，乾隆十年（西元一七四五年）二甲第十六名進士，選翰林院庶吉士，授翰林院編修，入值南書房。張若渟，乾隆元年（西元一七三六年）例貢，歷任刑部主事、入值軍機處、雲南知府、四川建昌道、太僕寺少卿、通政使、內閣學士、兵部尚書、刑部尚書，卒謚勤恪，贈太子太保。

曾孫輩張曾敞，張若需之子，乾隆十六年（西元一七五一年）三甲第五十四名進士，選翰林院庶吉士，授檢討，歷任侍讀、日講起居注官、詹事府少詹事。玄孫輩張元宰，張若霽

（張廷瓘子）之孫，嘉慶七年（西元一八〇二年）二甲第五十名進士，授翰林院編修。第六代孫張聰賢，張若震（張廷璐子）曾孫，嘉慶十年（西元一八〇五年）二甲第四名進士，選翰林院庶吉士，歷任甘泉知縣、長安知縣、直隸州同知。第七代孫張紹華，張廷璩玄孫，同治十三年（西元一八七四年）三甲第十一名進士，歷任光緒朝江西、湖南、山西布政使，攝巡撫事。

桐城張氏因此獲致「父子大學士」、「三世得謚」、「四世江蘇學政」、「五朝金榜題名」、「六代翰林」種種美譽。晚清陳康祺《郎潛紀聞初筆二筆三筆》中對此讚賞備至：「自祖至曾玄十二人，先後列侍從，躋鼎貴，玉堂譜裡，世系蟬聯，門閥之清華，殆可空前絕後而已。」姚元之《竹葉亭雜記》卷六載雍正帝語：「張若靄秉承家教，兼之世德所鍾，故能若此。非獨家瑞，亦國之慶也。」由此亦可覘知張英對於桐城望族張氏一門深遠的影響。張英以其身教、言教，影響著家族累代，這對於我們今天的道德文化建設，仍然具有重要的啟示價值。

二、《聰訓齋語》的寫作及其教子「四綱」

《聰訓齋語》寫於何時，為誰而寫，論者鮮有涉及。偶有論者，如徐少錦、陳延斌《中國家訓史》中云：「《聰訓齋語》共二卷，一卷是他在京為官時專為訓誡三子張廷璐等寫的，另一卷是退隱後『隨所欲言』對長子張廷瓚等的訓示。」（陝西人民出版社二〇〇三年版）又紀連海《歷史上的父子宰相：張英、張廷玉》書中謂「此書是作者辭官歸隱後所作」（中國民主法制出版社二〇〇八年版）。然核以事實，均言之不確。

案《聰訓齋語》同治丙寅本、光緒庚辰本、叢書集成初編本，在卷一末，均附張廷瓚《識語》云：「康熙三十六年丁丑春，大人退食之暇，隨所欲言，取素箋書之，得八十四幅，示長男廷瓚。裝成二冊，敬置座右，朝夕覽誦，道心自生，傳示子孫，永為世寶。廷瓚敬識。」據此，則上卷文字，大抵寫於康熙三十六年（西元一六九七年）春天。

卷二「辛巳春分日予攜大郎二郎六郎出西直門」條記「辛巳春分日」遊春事；「余久歷世塗」條有云：「余久歷世塗，日在紛擾榮辱勞苦憂患之中，靜念解脫之法，成此八章，自謂於人情物理、消息盈虛，略得其大意。……辛巳春分前一日，積雪初融，霽色迴暎，為三郎廷璐書此，遠寄江鄉，亦可知翁鍼砭氣質之偏、流覽造物之理，有此一知半見，當不至于汩沒本來耳。」由此兩則文字可知，下卷內容，多寫於康熙四十年辛巳（西元一七〇一年）春天。

張英此書，顯然不是單獨為兒子廷瓚或廷璐個人所寫。張廷玉在其〈澄懷園語自序〉中講得分明：「先公詩文集外，雜著內有《聰訓齋語》二卷以示子孫，廷玉終身誦之。」為子孫所寫，與其家訓性質若合符契。《聰訓齋語》光緒六年刊本張英曾孫張曾虔（小蓉）《識語》亦云：「先曾祖太傅文端公、伯祖太保文和公詩文集外，雜著內有《聰訓齋語》二卷、

《恆產瑣言》一卷、《合說》一卷、《澄懷園語》四卷訓示子孫，海內傳之已久，凡通門故舊，索觀者甚多……爰合為一集，補綴蠹蝕，裝印成書，宣布後昆，俾知先公處盈不驕，受恩益深，提躬益謹；談論所及，即修身齊家之要也。讀是編者，敢不勉旃！」更具體揭示出其家訓性質。

作為一部訓誡子孫的著作，《聰訓齋語》所涉內容頗為廣泛，卻又重點突出。書中云：「予之立訓，更無多言，止有四語：讀書者不賤，守田者不饑，積德者不傾，擇交者不敗。」此處言及讀書、守田、積德、擇交四方面訓誡內容。又其中論孝子賢孫：「一曰立品，二曰讀書，三曰養身，四曰儉用。」這裡言及品格、讀書、養身、節儉之訓誡四端。而其作為「座右箴」所開列的「四綱」、「十二目」，顯然更能見出他訓誡子孫的綱領與相關主要內容。其「四綱」曰：「立品　讀書　養身　擇友」；「十二目」曰：「戒嬉戲　慎威儀　謹言語　溫經書　精舉業　學楷字　謹起居　慎寒暑　節用度　謝酬應　省宴集　寡交遊」可見，在張英看來，「四綱」即是其訓誡子孫的綱領大要。茲分而述之。

其一，立品。

在教子「四綱」中，張英以立品為先。其中「古人佩玉」條講到：「古人佩玉，朝夕不離，義取溫潤堅栗。君子無故不撤琴瑟，義取和平溫厚。」溫潤堅栗如美玉，和平溫厚如琴瑟，這正是張英所推崇的理想品格。具體而言，張英論立品，包含了三個層面內容：一是思想境界，二是人生境界，三是道德修為。

關於思想境界，張英提出了「道心」的命題。有道心者則知命。其開卷第一篇「聖賢領要之語」條，即論「道心」的培養，引古人語「人心惟危，道心惟微」，認為在道心的對立面，人的私心，「嗜欲之心，如隄之束水，其潰甚易，一潰則不可復收」，其於「立品」關係甚巨。如何培養「道心」？張英以為，「惟讀書可以養之」。

知命者能夠順命，因勢而為，從容淡定。其「論語云不知命無以為君子」條謂：「不知命則見利必趨，見害必避，而無以為君子。」知命而後，可以知「利可趨而有不必趨之利，害宜避而有不能避之害」，進而「居易以俟命」、「行法以俟命」，遵循規律，順勢而為，做好分內之事，盡人事而由天命。其「人生第一件事」條謂：「人生第一件事，莫如安分。」又以溫室養牡丹為例，指出以火烘烤，使牡丹花期提前，然必需有前提在，即花頭原有花蕊，此其一。其二，以火烘烤，有悖生物成長的規律，雖然提前開放，但元氣耗盡，開放亦不充分，且其根不久枯萎，所以，作者更贊成恪守規律，「培以沃壤，灌以甘泉，待其時至敷華」，如此則「根本既不虧，而花亦肥大經久」。

知命者樂天知足。其「聖賢仙佛」條中謂：「聖賢仙佛，皆無不樂之理。」如孔子盛讚樂在其中，顏回不改其樂，孟子以不愧不怍為樂，《中庸》云無事無時不樂，程、朱教人尋找樂處等；然亦唯有知命如聖賢者，可以循理安命，無世俗種種之病，可以常保快樂之身。

關於人生境界，其「昌黎聽穎師琴詩有云」條謂：「高人撫絃動操，自有夷曠沖澹之趣，不在多也。……大抵琴音以古淡為宗，非在悅耳，心境微有不清，指下便爾荊棘。清風明月之時，心無機事，曠然天真，時鼓一曲，不躁不懶，則緩急輕重合宜，自然正音出於腕下，清與超於物表。」其「昔人論致壽之道有四」條謂：「致壽之道有四：曰慈，曰儉，曰和，曰靜。」其「予嘗言享山林之樂者」條謂：「享山林之樂者，必具四者而後能長享其樂，實有其樂……四者維何？曰道德，曰文章，曰經濟，曰福命。」無論是夷曠沖澹，抑或慈儉和靜、道德文章經濟福命之綜合，皆是極高之人生境界。有此人生境界，不獨可以獲致「長壽」，可以長享山林之樂，且「實有其樂」，更可以如古人所謂：「行到水窮處，坐看雲起時」，「登東皐以舒嘯，臨清流而賦詩」，進而擁有一種詩意理想的人生王國。

關於道德修為，張英談了諸多方面。如為善人，其「與人相交」條謂：「與人相交，一言一事皆須有益於人，便是善人。……人能處心積慮，一言一動，皆思益人而痛戒損人，則人望之若鸞鳳，寶之如參苓。」不乖僻，其「人之居家立身」條謂：「人之居家立身，最不可好奇。……人能於倫常無缺，起居動作、治家節用、待人接物，事事合於矩度，無有乖張，便是聖賢路上人，豈不是至奇？若舉動怪異，言語詭激，明明坦易道理，卻自尋奇覓怪，守偏文過，以為不墜恆境，是窮奇檮杌之流，烏足以表異哉？」謙讓，其「仕宦之家」條謂：「古人有言：『終身讓路，不失尺寸。』老氏以讓為寶，左氏曰：『讓，德之本也。』……揆之天道，有滿損虛益之義；揆之鬼神，有虧盈福謙之理。自古祇聞忍與讓足以消無窮之災悔，未聞忍與讓翻以釀後來之禍患也。」又「易經一書言謙道最為詳備」條謂：

「《易經》一書言謙道最為詳備：『天道虧盈而益謙，地道變盈而流謙，鬼神禍盈而福謙，人道惡盈而好謙。』又曰：『日中則昃，月滿則虧，天地不能常盈，而況於人乎？況於鬼神乎？』於此理不啻反覆再三，極譬罕喻。《書》曰：『滿招損，謙受益。』古昔賢聖，殆無異詞。堯舜大聖人，而史稱之曰『允恭克讓』；孔子甚聖德，及門稱之曰『恭儉讓』，況乎中人之才，能越斯義？古云：『終身讓路，不失尺寸。』言讓之有益無損也。」友愛，其「法昭禪師偈云」條謂：「法昭禪師偈云：『同氣連枝各自榮，些些言語莫傷情。一回相見一回老，能得幾時為弟兄？』詞意藹然，足以啟人友于之愛。然予嘗謂人倫有五，而兄弟相處之日最長。君臣之遇合，朋友之會聚，久速固難必也；父之生子，妻之配夫，其早者皆以二十歲為率。惟兄弟，或一二年，或三四年相繼而生，自竹馬遊戲以至鮐背鶴髮，其相與周旋，多者至七八十年之久。若恩意浹洽，猜間不生，其樂豈有涯哉？」節儉，其「譚子化書訓儉字最詳」條謂：「天子知儉，則天下足；一人知儉，則一家足。……人生儉嗇之名，可受而不必避。」持家，其「治家之道」條謂：「治家之道，謹肅為要。《易經．家人》卦義理極完備。其曰：『家人嗃嗃，悔厲吉；婦子嘻嘻，終吝。』嗃嗃近於煩瑣，然雖厲而終吉；嘻嘻流於縱軼，則始寬而終吝。余欲於居室自書一額，曰『惟肅乃雍』，常以自警，亦願吾子孫共守也。」都是關於為人道德的具體闡述和要求。

其二，讀書。

張英在「人生必厚重沉靜」條談到：「讀書固所以取科名、繼家聲，然亦使人敬重。今見貧賤之士，果胸中淹博，筆下氤氳，則自然進退安雅，言談有味；即使迂腐不通方，亦可以教學授徒，為人師表。至舉業，乃朝廷取士之具……人若舉業高華秀美，則人不敢輕視。每見仕宦顯赫之家，其老者或退或故，而其家索然者，其後無讀書之人也；其家鬱然者，其後有讀書之人也。……予嘗有言曰：『讀書者不賤。』不專為場屋進退而言也。」其「予之立訓」條亦說：「雖至寒苦之人，但能讀書為文，必使人欽敬，不敢忽視。其人德性亦必溫和，行事決不顛倒，不在功名之得失、遇合之遲速也。」又其「聖賢領要之語」條謂：「讀書可以增長道心，為頤養第一事也。」其中，張英對於讀書的意義，做了詳盡的闡發。在他看來，首先，讀書關涉到人生道德修養；其次，讀書關乎個人及家族命運；其三，讀書可以確保生計無憂。因為有這諸多的重要意義，因此，張英對於讀書格外強調，在相關文字中，還具體而微地講到如何讀書，以及讀什麼書等內容。

經典乃終身受用之寶。「凡讀書」條說：「六經、秦漢之文，詞語古奧，必須幼年讀，長壯後雖倍蓰其功，終屬影響。自八歲至二十歲中間，歲月無多，安可荒棄，或讀不急之書？此時時文固不可不讀，亦須擇典雅醇正、理純詞裕、可歷二三十年無弊者讀之。若朝華夕落，淺陋無識，詭僻失體，取悅一時者，安可以珠玉難換之歲月，而讀此無益之文？何如誦得《左》《國》一兩篇，及東、西漢典貴華腴之文數篇，為終身受用之寶乎？……且幼年之所以讀經書，本為壯年擴充才智，驅駕古人，使不寒儉，如畜錢待用者然。……我願汝曹將平昔已讀經書，視之如拱璧，一月之內，必加溫習。古人之書，安可盡讀？但我所已讀者，決不可輕棄。得尺則尺，得寸則寸，毋貪多，毋貪名，但讀得一篇，必求可以背誦，然後思通其義蘊，而運用之於手腕之下，如此則才氣自然發越。若曾讀此書，而全不能舉其詞，謂之畫餅充饑；能舉其詞而不能運用，謂之食物不化，二者，其去枵腹無異。汝輩於此極宜猛省。」這裡不僅突出強調了讀經典古文的深遠意義，更具體論及讀書的具體方法。其「論語文字」條謂：「《論語》文字，如化工肖物，簡古渾淪而盡事情，平易含蘊而不費辭，于《尚書》《毛詩》之外，別為一種。《大學》《中庸》之文，極閎闊精微而包羅萬有。《孟子》則雄奇跌宕，變幻洋溢。秦漢以來，無有能此四種文字者，特以儒生習讀而不察，遂不知其章法、字法之妙也。當細心玩味之。」此則以《論語》為例，表達了他對經典的仰止之情。

文集凝聚著古人精神識見。其「人往往於古人片紙隻字珍如拱璧」條，批評了世人「往往於古人片紙隻字珍如拱璧」，而不知「此特一時筆墨之趣所寄耳」，而「古人終身精神識見，盡在其文集中，乃其嘔心劌肺而出之者」，並舉白居易、蘇東坡、陸游的例子，稱「其人自少至老，仕宦之所歷、遊跡之所至、悲喜之情、怫愉之色，以至言貌謦欬、飲食起居、交遊酬錯，無一不寓其中，較之偶爾落筆，其可寶不且萬倍哉」！這是他在經書古文之外，所開列的另一項有益人生的可讀書目。

在明清科舉時代，八股時文關乎個人的前程與家族的命運，如其「古稱仕宦之家」條謂：「制藝者，秀才立身之本。根本固，則人不敢輕，自宜專力攻之。餘力及詩、字，亦可怡情。」因為八股時文對於個人乃至家族發展具有重要意義，張英對此同樣高度重視，其「凡物之殊異」條說：「凡物之殊異，必有光華發越於外，況文章為榮世之業，士子進身之具乎？非有光彩，安能動人？」他認為，科考能夠錄取的文章，都寫得理明詞暢，氣足機圓。考場文字不同於平日習作，南直隸文章也與他省文章有別，需要平心靜氣仔細揣摩，勤加練習，功到自然成。其「時文以多作為主」條，則進一步強調了練習的意義，以及如何閱讀和練習：「時文以多作為主，則工拙自知，才思自出，谿逕自熟，氣體自純。讀文不必多，擇其精純條暢，有氣局詞華者，多則百篇，少則六十篇，神明與之渾化，始為有益。若貪多務博，過眼輒忘，及至作時，則彼此不相涉，落筆仍是故吾，所以思常窒而不靈，詞常窘而不裕，意常枯而不潤。記誦勞神，中無所得，則不熟不化之病也。學者犯此弊最多，故能得力於簡，則極是要訣。古人言簡鍊以為揣摩，最是立言之妙，勿忽而不察也。」

讀詩、寫字，則可以頤養性情。張英談到讀詩，其「唐詩如緞如錦」條談他對於唐詩的審美，以及對唐宋詩差異、學詩取徑的認識：「唐詩如緞如錦，質厚而體重，文麗而絲密，溫醇爾雅，朝堂之所服也；宋詩如紗如葛，輕疎纖朗，便娟適體，田野之所服也。中年作詩，斷當宗唐律；若老年吟詠適意，闌入於宋，勢所必至，立意學宋，將來益流而不可返矣。五律斷無勝於唐人者，如王、孟，五言兩句便成一幅畫。今試作五字，其寫難言之景，盡難狀之情，高妙自然，起結超遠，能如唐人否？蘇詩五律不多見，陸詩五律，大率非其所長，叅唐宋人氣味，當於五律見之。」談寫字，其「楷書如坐如立」條，專門討論楷書的學習；其「學字當專一」條，講學字當專一，選擇古人佳帖或時人墨蹟與自己筆路相近者，專心學之，切忌朝更夕改，見異思遷。

讀書方法，關乎學習的效果是事倍功半，還是事半功倍。張英在「子弟自十七八以至廿三四」條指出，自十七八到廿三四歲，是學業成廢的關鍵階段，為龍為蛇，為虎為鼠，在這一時期判然劃分，不可不慎。在「讀書須明窗淨几」條，更對讀書環境、如何讀書等有具體論說：環境須明窗淨几，案頭放書太多則分神；讀文作文，需要凝神靜氣，能入能出，切忌墜入雲霧，迷失出路；讀文須熟爛於胸，作文如做大將，「以精熟墨卷百篇為練兵，以雜讀時藝為散卒，以題為堅壘」，英華光氣，磨鍊而出；天下有形之物易於用盡，只有人的才思氣力，不用則日減，用則日增；讀書人要安靜，獨宿最宜，二鼓就枕，日出早起，一日勝過兩日。這都是作者學習的心得和經驗總結，有很強的適用性。

其三，養身。

現代人眼裡，身體是根本，沒有好的身體，生命的質量將失去其基本的保障。在古人，「身體髮膚，受之父母」，則多是從孝道的高度，強調身體的意義。張英在「人生必厚重沉靜」條中說：「父母之愛子，第一望其康寧，第二冀其成名，第三願其保家。語曰：『父母惟其疾之憂。』夫子以此荅武伯之問孝，至哉斯言！安其身以安父母之心，孝莫大焉。」同樣是著眼於使父母安心，來論述養身的重要。

在「人生必厚重沉靜」條，張英就如何養身，談了自己的心得體會：「養身之道，一在謹嗜慾，一在慎飲食，一在慎忿怒，一在慎寒暑，一在慎思索，一在慎煩勞。」張英認為，人的精神思想、心理情緒、飲食生活習慣等，均對身體有直接影響。

養身首要在於養心，張英對此有清楚認識。其「聖賢領要之語」條說：「人心至靈至動，不可過勞，亦不可過逸……閒適無事之人……身心無所栖泊耳。目無所安頓，勢必心意顛倒，妄想生嗔，處逆境不樂，處順境亦不樂。……而無窮怨尤，嗔忿之心，燒灼不寧，其苦為何如耶？」此等之人，自然不可能有健康的身體。其「聖賢仙佛」條，講到類似的內容：「若庸人，多求多欲，不循理，不安命，多求而不得則苦，多欲而不遂則苦，不循理則行多窒礙而苦，不安命則意多怨望而苦，是以跼天蹐地，行險徼幸，如衣敝絮行荊棘中，安知有康衢坦塗之樂？」

如何才能養心安心？張英在其「昔人論致壽之道有四」條發表了自己的看法：「昔人論致壽之道有四：曰慈，曰儉，曰和，曰靜。人能慈心于物，不為一切害人之事，即一言有損于人亦不輕發，推之戒殺生以惜物命，慎剪伐以養天和，無論冥報不爽，即胸中一段吉祥愷悌之氣，自然災沴不干，而可以長齡矣。……人常和悅，則心氣沖而五臟安。昔人所謂養歡喜神。……仁者靜……靜之義有二：一則身不過勞，一則心不輕動。凡遇一切勞頓、憂惶、喜樂、恐懼之事，外則順以應之，此心凝然不動，如澄潭，如古井，則志一動氣，外間之紛擾皆退聽矣。」慈祥、惜福、和悅、寧靜，這是張英開出的養心之方。

身體小宇宙，生命同樣有其規律。張英在「天體至圓」條指出：「人之一身與天時相應，大約三四十以前是夏至前，凡事漸長；三四十以後是夏至後，凡事漸衰；中間無一刻停留」，需要「多方保護，順其自然」，既遵循規律，又加強調攝。其「古人以眠食二者為養生之要」條從睡眠、飲食兩個方面，具體論析了身體的調攝，即如何保護：「古人以眠、食二者為養生之要，務臟腑腸胃，常令寬舒有餘地，則真氣得以流行而疾病少。……燔炙熬煎、香甘肥膩之物最悅口，而不宜於腸胃。彼肥膩易於粘滯，積久則腹痛氣塞，寒暑偶侵則疾作矣。……炊飯極輭熟，雞肉之類只淡煮，菜羹清芬，鮮潔渥之，食只八分飽，後飲六安苦茗一杯，若勞頓飢餓歸，先飲醇醪一二杯以開胸胃。……且食忌多品，一席之間，遍食水陸，濃淡雜進，自然損脾。……安寢乃人生最樂。……夫人終日勞勞，夜則宴息，是極有味，何以消遣為？冬夏皆當以日出而起，於夏尤宜。天地清旭之氣，最為爽神，失之甚為可惜。……日長漏永，不妨午睡數刻，焚香垂幙，淨展桃笙。睡足而起，神清氣爽，真不啻天際真人。」這些論說，在今天看來，依然十分正確。

順乎規律，善自調攝，保有元氣，則身體自然康健，其「古人讀文選而悟養生之理」條中說：「『石蘊玉而山輝，水涵珠而川媚。』此真是至言。嘗見蘭蕙芍藥之蒂間，必有露珠一點，若此一點為蟻蟲所食，則花萎矣。又見筍初出當曉，則必有露珠數顆在其末，日出則露復斂而歸根，夕則復上。……人之元氣，全在於此。……不可不時時體察，得訣固不在多也。」

其四，擇交。

張英在其「予之立訓」條說：「予之立訓，更無多言，止有四語……擇交者不敗。」其「昔人論致壽之道有四」條說：「儉於交遊可以擇友寡過，儉於酬錯可以養身息勞。」其「人生必厚重沉靜」條謂，人生之「關鍵切要，則又在於擇友」。其「人生以擇友為第一事」條又說：「人生以擇友為第一事。」

張英何以如此重視擇交？其「予之立訓」條有云：「擇交之說，予目擊身歷最為深切，此輩毒人如鴆之入口，蛇之螫膚，斷斷不易，決無解救之說，尤四者之綱領也。」此言其有切膚之痛的人生親身感觸。其「人生必厚重沉靜」條，則論「擇交」何以為影響人生之關鍵：「人生二十內外，漸遠於師保之嚴，未躋於成人之列。此時知識大開，性情未定，父師之訓不能入，即妻子之言亦不聽，惟朋友之言甘如醴而芳若蘭。脫有一淫朋匪友闌入其側，朝夕浸灌，鮮有不為其所移者。」其「人生以擇友為第一事」條進一步論說：「自就塾以後，有室有家，漸遠父母之教，初離師保之嚴。此時乍得友朋，投契締交，其言甘如蘭芷，甚至父母兄弟妻子之言皆不聽受，惟朋友之言是信。一有匪人側於間，德性未定，識見未純，鮮未有不為其移者。余見此屢矣。至仕宦之子弟尤甚。一入其彀中，迷而不悟，脫有尊長誡諭，反生嫌隙，益滋乖張。故余家訓有云：『保家莫如擇友。』蓋痛心疾首其言之也。」其「人生髫稚」條再加論說：「人生髫稚，不離父母，入塾則有嚴師傅督課，頗覺拘束。逮十六七歲時，父母漸視為成人，師傅亦漸不嚴憚。此時知識初開，嬉遊漸習，則必視朋友為性命，雖父母師保之訓，與妻孥之言，皆可不聽，而朋友之言，則投若膠膝，契若芳蘭。所與正，則隨之而正；所與邪，則隨之而邪。此必然之理，身驗之事也。余鐫一圖章，以示子弟，曰：『保家莫如擇友。』蓋有所嘆息、痛恨、懲艾於其間也。」驚人相似的覆轍重蹈，類似的教訓不勝枚舉，故張英不憚其煩，一再申說，意在強調。

對於如何擇友，張英也明確談到自己的主張。其「人生以擇友為第一事」條謂：「汝輩但於至戚中，觀其德性謹厚，好讀書者，交友兩三人足矣。」其「人生髫稚」條謂：「古人重朋友而列之五倫，謂其志同道合，有善相勉，有過相規，有患難相救。……汝等莫若就親戚兄弟中，擇其謹厚老成，可以相砥礪者，多則二人，少則一人……平時既簡於應酬，有事可以請教。若不如己之人，既易於臨深為高，又日聞鄙猥之言、汙賤之行、淺劣之學，不知義理，不習詩書，久久與之相化，不能卻而遠矣。」

三、《聰訓齋語》的教子策略和主要文體特徵

張英名其家訓曰《聰訓齋語》，「聰訓」一詞，語本《尚書・酒誥》：「聰聽祖考之彝訓，越小大德，小子惟一。」意謂子孫明於聽取父祖訓誡；綴以「齋語」，則消解了「訓誡」

的正襟危坐，有了書齋閒話、父子祖孫嘮嗑對話的意味。書名本身，已經昭示了張英的教子策略，及其探索子孫教育新路徑的良苦用心。《聽訓齋語》中的一些文字，如「予少年嗜六安茶」條，敘其一生所嗜茶類的變化，僅篇尾話及「為宜節約耳」；又如「辛巳春分日」條敘攜子春遊，甚至無隻字涉及訓誡，衹是一種雅興的展示，均顯現出與既往家訓的不同。本著這樣的教子策略，《聽訓齋語》展現出張英式的文體特色。

其一，現身說法，以身垂範。

身教勝於言教。張英深知其在子侄後輩心目中崇高的地位，因此，他也十分注意講述自身的故事和自身的感悟，讓子侄後輩共同分享。

其「聖賢領要之語」條，以自身的讀書悟道，談讀書之有益於道心培養：「從來拂意之事，自不讀書者見之，似為我所獨遭，極其難堪；不知古人拂意之事，有百倍于此者，特不細心體驗耳。即如東坡先生歿後，遭逢高孝，文字始出，名震千古，而當時之憂讒畏譏，困頓轉徙潮惠之間，蘇過跣足涉水，居近牛欄，是何如境界！又如白香山之無嗣，陸放翁之忍饑，皆載在書卷。彼獨非千載聞人？而所遇皆如此。誠一平心靜觀，則人間拂意之事，可以渙然冰釋……故讀書可以增長道心，為頤養第一事也。」

其「予自四十六七以來」條，結合個人的「安心之法」來談如何安心：「凡喜怒哀樂勞苦恐懼之事，只以五官四肢應之；中間有方寸之地，常時空空洞洞，朗朗惺惺，決不令之入，所以此地常覺寬綽潔淨。予製為一城，將城門緊閉，時加防守，惟恐此數者闌入。亦有時賊勢甚銳，城門稍疎，彼間或闌入，即時覺察，便驅之出城外，而牢閉城門，令此地仍寬綽潔淨。十年來，漸覺闌入之時少，不甚用力驅逐。然城外不免紛擾，主人居其中，尚無渾忘天真之樂，倘得歸田遂初，見山時多，見人時少，空潭碧落或庶幾矣。」

其「聖賢仙佛皆無不樂之理」條，結合自身行事論樂天知命：「聖賢仙佛之樂，予何敢望？竊欲營履道一丘一壑，倣白傅之『有叟在中，白鬚飄然』，『妻孥熙熙，雞犬閒閒』之樂云耳。」

其「人生不能無所適以寄其意」、「予生平嗜卉木」兩條，以自身好尚，論人生寄託：「予無嗜好，惟酷好看山種樹」；「予生平嗜卉木，遂成奇癖……草木日有生意而妙于無知，損許多愛憎煩惱。……琴薦書幌，牀頭十笏之地，無非落花填塞，亦一佳話也」。

其「人往往於古人片紙隻字珍如拱璧」條，以自己的尚友古人，談讀什麼樣的書：「予昔在龍眠，苦於無客為伴，日則步屧於空潭、碧澗、長松、茂竹之側，夕則掩關讀蘇、陸詩，以二鼓為度，燒燭焚香，煮茶延兩君子於坐，與之相對，如見其容貌鬚眉然。」

其「予於歸田之後」條，談自己的節儉：「予於歸田之後，誓不著緞，不食人參。……無論物力不及，即及，亦不當為。予故深以為戒。倘得邀恩遂初，此二事斷然不渝吾言也。」

其「予性不愛觀劇」條，以自身為例，說節儉和行善：「予性不愛觀劇。在京師，一席之費動踰數十金，徒有應酬之勞而無酣適之趣，不若以其費濟困賑急，為人我利普也。予六旬之期，老妻禮佛時，忽念誕日例當設梨園宴親友，吾家既不為此，胡不將此費製綿衣袴百領，以施道路饑寒之人乎？次日為余言，笑而許之。……能多作好事一兩件，其樂逾於日享大烹之奉多矣，但在勉力而行之。」

其「仕宦之家」條，則談自己的謙讓及其益處：「欲行忍讓之道，先須從小事做起。余曾署刑部事五十日，見天下大訟大獄，多從極小事起。君子敬小慎微，凡事只從小處了。余行年五十餘，生平未嘗多受小人之侮，只有一善策：能轉灣早耳。每思天下事，受得小氣，則不至於受大氣；吃得小虧，則不至於吃大虧。此生平得力之處。」

其二，有事（史）為證，言而必信。

既然選擇了嘮嗑對話，便不可以端架子，張權威，而是要和顏悅色，擺事實，講道理，令人心服口服。在《聰訓齋語》中，「有事（史）為證」是作者經常採用的一種敘事策略。如其論命運有定，舉米脂令「蕭君」為李闖捕獲，從重兵看守中逃脫，以及有人竭力鑽營，幹辦停當，官位為他人所得諸例（「論語云不知命無以為君子」條）。

論「和」乃「致壽之道」，舉真定梁公等例。其「日間辦理公事，每晚家居，必尋可喜笑之事，與客縱談，掀髯大笑，以發抒一日勞頓鬱結之氣」。另有百歲村民，言其長壽，乃「一生只是喜歡，從不知憂惱」（「昔人論致壽之道有四」條）。

論食之過飽傷害身體，舉同鄉吳友季例反證，其歷盛夏酷暑，冒凛凛寒風，奔波不歇，身體硬朗，精力超群，即因「從不飽食」（「古人以眠食二者為養生之要」條）。

論為人行善，以親身遭遇為例，言自己「偶以忌辰著朝服出門，巷口見一人遙呼曰：『今日是忌辰。』余急易之，雖不識其人而心感之。如此等事，在彼無絲毫之損，而于人為有益。」（「與人相交」條）

論節儉之德，舉蘇東坡「以百五十錢為一塊，每日只用畫杈挑取一塊，盡此錢為度，決不用明日之錢」，以及宋儒陸梭山居家之法，以一歲所入，除完官糧外，分為三分，但許存餘，不許過界為例（「譚子化書訓儉字最詳」條）。

論「高人撫絃動操，自有夷曠沖澹之趣，不在多也」，舉「白香山止〈秋思〉一曲。范文正公止〈履霜〉一曲」為例（「昌黎聽穎師琴詩有云」條）。

其三，因材施教，循循善誘。

因材施教，循循善誘，是中國古代教育思想的重要內容，是遵循教育規律的具體體現。在張英的《聰訓齋語》中，同樣體現出這樣的教育理念。

正如張英自己所說，其所論說「無奇，止布帛菽粟，可衣可食，但在體驗親切耳」。他無意撰著高頭講章，而是希望針對具體問題，通過有針對性的言說，於兒孫後人，切實有益。

如針對世家子弟常有的驕傲之氣，他由王謝子弟出身名門，席豐履厚，而為人敬禮講起，說到種種福分與生俱來，不可如同寒門士人一般怨天尤人，錙銖必較；更舉先人傳統，祖父恂所先生，鄉人誇其厚德，邑人慕之如祥麟威鳳；伯父張秉文登科，邑人共榮共慶；父親拙菴先生，生平無疾言遽色，節儉寬厚，鄉里沐其隱德；自己活了六十一歲，未嘗送一人於衙門捕廳，均厚德載物，並希望世代子孫恪守（「人生必厚重沉靜」條）。

針對世家子弟不知稼穡之苦，首先自亮家底，說自家不過瘠田數處，每年的收成，僅足以免除饑寒；自己推崇宋儒陸梭山過日子的辦法。其「人生於珍異之物」條更就世俗磁器、書畫收藏之風，表明自己的看法：「人生於珍異之物，決不可好。」物貴適用，好磁器脆薄，所費不貲，用起來提心吊膽，全無樂趣；名畫名書及海內有名玩器，亦不可收藏，「從來賈禍招尤，可為龜鑑」，又舉真定梁公之例，以為殷鑒（「人生必厚重沉靜」條）。

針對少年子弟交友不慎，反復言說，苦口婆心，諄諄教導，謂之一旦所交非人，「此輩毒人如鴆之入口，蛇之螫膚，斷斷不易，決無解救之說」（「予之立訓」條）；「余見此屢矣。至仕宦之子弟尤甚。一入其彀中，迷而不悟，脫有尊長誠諭，反生嫌隙，益滋乖張。故余家訓有云：『保家莫如擇友。』蓋痛心疾首其言之也」（「人生以擇友為第一事」條）；「三十餘年涉履仕途，多逢險阻，人情物理知之頗熟，言之較親，後人勿以予言為迂而遠於事情也」（「人生必厚重沉靜」條）。

方法上，恰當運用表揚與批評，有鼓勵，有針砭，既指出缺點，更指明方向。如其所說：「我視汝曹所作詩文，皆有才情，有思致，有性情，非夢夢全無所得於中者，故以此諄諄告之」（「仕宦之家」條）。八股文章為榮世之業，士子進身之具，要悉心揣摩，定期文會，不可間斷，不可敷衍，更不可使人代寫（「凡物之殊異」條）。還針對兒子學字，具體指點：「汝小字可學〈樂毅論〉。前見所寫〈樂志論〉，大有進步，今當一心臨倣之。……汝作聯字，亦頗有豐秀之致。今專學松雪，亦可望其有進，但不可任意變遷耳」（「學字當專一」條）。

四、《聰訓齋語》的版本與本書的整理

《聰訓齋語》一書印本頗多。今見主要刊本，大體為三類：

其一，《四庫全書》本。《四庫・集部・別集》收張英《文端集》，其卷四十五、四十六，即《篤素堂文集》卷九、十，為「雜著」《聰訓齋語》，兩卷。

其二，《叢書集成初編》據「藝海珠塵」印本，兩卷。卷一署名「南匯吳省蘭泉之輯，嘉興錢儀吉藹人校」。

其三，單行本，如同治五年丙寅（西元一八六六年）張英曾孫張曾虔整理本，封面題：「桐城張文端公聰訓齋語」。四卷本，卷一、二《聰訓齋語》，卷三《恆產瑣言》，卷四《飯有十二合說》。題署「桐城張英敦復著，六世孫鶴齡重鐫」。光緒六年庚辰（西元一八八〇

年）本，四卷本，內容同同治本。署名「桐城張英敦復著，七世孫紹文重鐫」。

三種本子，單行本如同治、光緒本，其四卷之編排，分別為「篤素堂文集卷一」、「篤素堂文集卷二」、「篤素堂文集卷三」、「篤素堂文集卷四」，顯然由《篤素堂文集》而來，故文字仍《四庫》本。惟《叢書集成初編》相較頗有出入，如「世人只因不知命不安命」條，缺「何以故」以下文字；「仕宦之家」條，缺「座右箴」以下文字；整條缺「予生平嗜卉木」、「古人佩玉」、「龍眠芙蓉谿」、「辛巳春分日」、「子弟自十七八以至廿三四」、「讀書須明窗淨几」、「易經一書言謙道最為詳備」、「譚子化書訓儉字最詳」、「人生髫稚」、「人生第一件事」等十篇。推其原因，應當是由其所據「藝海珠塵」本漏刊之故。

本書整理，以《四庫》本為底本。鑒於《聰訓齋語》中張英個人的教子策略，及其獨特的文體特徵，保留其五十篇文字原貌；在此基礎上，加以注釋、語譯、研析，並附錄相關傳記七篇及曾國藩評語數條，便於讀者知人論世，做更進一步的探析。

馮保善

二〇一七年三月十六日於南京

卷上

一

圃翁❶曰：聖賢領要之語❷，曰：「人心惟危，道心惟微。」❸危者，嗜欲之心，如隄之束水，其潰甚易，一潰則不可復收也。微者，理義之心，如帷之暎鐙❹，若隱若現，見之難而晦❺之易也。

人心至靈至動，不可過勞，亦不可過逸，惟讀書可以養之。每見堪輿家❻平日用磁石養鍼，書卷乃養心第一妙物。閒適無事之人，鎮日❼不觀書，則起居出入，身心無所棲泊❽耳。目無所安頓，勢必心意顛倒，妄想生嗔，處逆境不樂，處順境亦不樂。每見人棲棲皇皇❾，覺舉動無不礙者，此必不讀書之人也。古人有言：掃地焚香，清福已具。其有福者，佐以讀書；其無福者，便生他想。旨[10]哉斯言，予所深賞。

且從來拂意之事，自不讀書者見之，似為我所獨遭，極其難堪；不知古人拂意之事，有百倍于此者，特不細心體驗耳。即如東坡先生歿後，遭逢高孝[11]，文字始出，名震千古，而當時之憂讒畏譏，困頓轉徙潮惠[12]之間，蘇過[13]跣足[14]涉水，居近牛欄，是何如境界！又如白香山之無嗣[15]，陸放翁之忍饑[16]，皆載在書卷。彼獨非千載聞人[17]？而所遇皆如此。誠一[18]平心靜觀，則人間拂意之事，可以渙然冰釋[19]；若不讀書，則但見我所遭甚苦，而無窮怨尤[20]，嗔忿[21]之心，燒灼不寧，其苦為何如耶？且富盛[22]之事，古人亦有之，炙手可熱[23]，轉眼皆空。故讀書可以增長道心，為頤養第一事也。

記誦纂集，期以爭長，應世[24]則多苦；若涉覽[25]，則何至勞心疲神！但當冷眼，於閒中窺破古人筋節處[26]耳。予于白、陸詩，皆細注其年月，知彼于何年引退㉗，其衰健之蹟㉘皆可指，斯不夢夢㉙耳。

【注釋】❶圃翁　著者張英謙稱。❷領要之語　要領的話語；提綱挈領的話語。❸人心二句　語出《尚書．大禹謨》：「人心惟危，道心惟微；惟精惟一，允執厥中。」孔穎達疏：「危則難安，微則難明，故戒以精一，信執其中。」宋明理學認為，人心出於形體血氣，有善惡之分，放縱私欲則危殆；道心本於性命，純乎天氣地質，是無不善之天理，可以限制人心，使出於正。但天理隱微不顯，惟有精誠專一，秉中道而行，乃可得之。❹帷之暎鐙　用帷幔遮掩燈光。暎，同「映」。猶隱也。鐙，同「燈」。❺晦　隱晦；隱藏。❻堪輿家　古時占候卜筮者之一種，以相地看風水為業者，俗稱風水先生。❼鎮日　整日；從早到晚。❽栖泊　停泊；寄居。❾栖栖皇皇　即棲遑，忙碌不安貌。❿旨　美好。⓫東坡先生二句　東坡先生，蘇軾（西元一〇三七－一一〇一年），字子瞻，號東坡居士，眉州眉山（今屬四川）人，北宋文學家。其詞開豪放一派，與辛棄疾並稱「蘇辛」。其詩歌題材廣闊，清新豪健，與黃庭堅並稱「蘇黃」。南宋高宗趙構（西元一一二七－一一六二年在位）與孝宗趙昚（西元一一六三－一一八九年在位）均深喜東坡作品，「高宗即位，贈資政殿學士，以其孫符為禮部尚書。又以其文置左右，讀之終日忘倦，謂為文章之宗」（《宋史．蘇軾傳》）；孝宗為東坡全集撰序，讚其「可謂一代文章之宗也歟」，並追謚蘇軾「文忠」。⓬潮惠　分別指潮州、惠州，均在今廣東省。宋哲宗紹聖元年（西元一〇九四年）六月，蘇軾貶官寧遠軍節度副使，惠州安置。⓭蘇過　蘇軾第三子。字叔黨，號斜川居士。北宋文學家。紹聖元年（西元一〇九四年），蘇軾謫惠州；四年，復謫儋州，過皆隨行。宣和五年（西元一一二三年）卒於定州通判任上。《宋史．蘇過傳》載：「軾帥定武，謫知英州，貶惠州，遷儋耳，漸徙廉、永，獨過侍之。」⓮跣足　光腳；赤腳。⓯白香山之無嗣　白香山，白居易（西元七七二－八四六年），字樂天，晚年號香山居士。唐代詩人，大和三年（西元八二九年），五十八歲得子，名阿崔，於大和五年（西元八三一年）夭折。《舊唐書·白居易傳》載：「無子，以其侄孫嗣。」⑯陸放翁之忍饑　陸放翁，陸游（西元一一二五—一二一〇年），字務觀，號放翁，越州山陰（今浙江紹興）人。南宋傑出詩人，詩存九千餘首，有《劍南詩稿》等。晚年生活貧寒，其詩〈蔬食〉云：「今年徹底貧，不復具一肉。日高對空案，腸鳴轉車軸」；〈三山杜門作歌〉云：「嗚呼！人生難料老更窮，麥野桑村白髮翁」；〈貧甚戲作絕句〉云「貸米東村待不回」，「飢腸雷動尋常事」，「糴米歸遲午未炊，家人竊閔乃翁飢」。⑰聞人　有名望的人。⑱誠一　即誠壹，心志專一。⑲渙然冰釋　語出《老子》：「渙兮若冰之將釋」。渙然，消散貌。冰釋，冰塊消融。比喻疑團、猜忌、誤會等一下子消除。⑳怨尤　埋怨責怪。㉑嗔忿　氣憤；惱怒。㉒富盛　富麗盛大，此指富貴榮華。㉓炙手可熱　喻指權勢顯赫，氣焰極盛。㉔應世　應對世事。㉕涉覽　瀏覽；泛泛而觀。㉖筋節處　喻指著力或關鍵處。筋節，筋腱骨節。㉗引退　辭職，退避。㉘衰健之迹　由強健到衰老的印跡。㉙夢夢　昏亂；不明。

【語譯】田園老人說：聖賢精要的話語說：「人心危險，道心精微。」嗜欲私心，是最危險的東西，就像被堤防束縛著的流水，極其容易潰敗泛濫。一旦崩潰，便難再收拾。天理道義，則如帷幕遮蔽的燈光，若隱若現，影影綽綽，難以看到，容易隱藏起來。

人心十分靈動，不可以過於疲勞，也不能夠太過安逸，只有用讀書來養護。經常見到風水先生，在平日裡用磁石養護羅盤上的鐵針，書籍是養護心靈的第一奇妙之物。閒適安逸、無事可做的人，整日不讀書，則日常生活中便沒有了寄託。眼睛沒有了安頓的場所，勢必心意顛倒錯亂，妄想嗔怪。身在逆境，不能快樂；處於順境，也不幸福。每每見到有人忙碌不安，總覺得舉動之間，處處障礙，這便一定是不讀書的人。古人說：打掃一過，焚香一爐，已具清閒福分。有福的人，以讀書相輔；無福的人，要生出其他異想。這話講得太好了，是我深為激賞的話。

況且，從來不如意的事情，在不讀書的人看來，似乎就自己倒霉遭遇，極其難忍受，殊不知在古人中，不如意的事，有較此更嚴重百倍的，只是未細心察覺而已。即如東坡先生，死後多年，得到南宋高宗、孝宗欣賞，詩文刊布，名震千古。但生前提心吊膽，擔心讒言中傷，艱難窘迫，輾轉遷移，在潮州、惠州各地，愛子蘇過光腳涉水，住在牛欄旁邊，這是何等困苦的境地！又如白居易，老年喪子無嗣；陸游暮年，生活貧困，忍飢挨餓，在書本上都有記載。他們哪個不是極有名望的人，卻都有這樣的遭遇！心志專一，靜心觀察，則人間不如意事，可以渙然冰釋。如若不讀書，則只看見自己遭逢很苦，而心生無窮抱怨氣惱，燒灼不息，難以平靜，沒有比這更痛苦的了。何況，榮華富貴之事，古人也多曾有，氣焰顯赫，轉眼間一片乾淨。所以，讀書可以增長悟道之心，為頤養第一重要之事。

背誦、編纂、彙輯，期望以此得到提高，用來應對世事，卻多有苦惱；倘若瀏覽泛讀，則何至於勞心疲神！且需理性讀書，從閒談之中，能識破古人關鍵著力之處。我讀白居易、陸游詩，都詳細注出其中年月，知道他們哪年辭職退避，由強健到衰老的軌跡均可指出，這樣便不至於昏暗不明了。

【研析】張英這篇文字，談「讀書與涵養道心」。這裡說的「人心」，指人的凡俗之心，普通人的普通思想；「道心」，則指在具有高層次的修養之後，人所悟得的天理、義理，精神信仰層面的內容。

孟子道性善，認為人性本善，以為「人皆有不忍人之心」；人之所以為人，在於其擁有「惻隱之心」、「羞惡之心」、「辭讓之心」、「是非之心」。荀子言性惡，認為人性本惡，善是人為修養後所致，譬如人，生而好利，因此爭奪興而謙讓亡；生而有憎惡，因此殘暴興而忠義亡；生而有耳目聲色之好，因此淫亂生而禮義亡。告子認為，人性本無善惡之分，因所處之時之地不同而有異，如處西周文王、武王之世，則民好善；在西周幽王、厲王之世，則民好暴。其於人性善惡，雖然各執一詞，卻無一例外，都承認後天教育對於人所產生的重要影響，因而特別強調社會教化的重要意義。

禪宗中有這樣一則故事。一天，五祖弘忍向闔寺僧眾說：試各做一偈，老衲要看看你們的證悟，誰人可傳得老衲的衣缽。門下得意弟子神秀用心盡力做了一偈：「身是菩提樹，心如明鏡臺。時時勤拂拭，莫使有塵埃。」弘忍看了，搖頭無語。寺中磨坊裡有位雜工，叫惠能，不識字，見了神秀的偈語，請人為他解讀，聽後，也做了一偈：「菩提本無樹，明鏡亦非臺。本來無一物，何處惹塵埃！」惠能此偈，竟深得弘忍嘉許，暗中約他三更裡相見，傳與衣缽。惠能認為，大千世界，包括人的身心，一切皆是空幻；所有煩惱，來自於虛妄的執著和分別。就佛教層面而言，他所表現出的思想，的確堪稱大徹大悟。但我以為，神秀的偈語，提醒眾生不時自省，加強修養，強化自我約束，這對於塵世芸芸眾生，也許更具有現實針對性，更能讓人警醒，也更適合作為座右銘言。

人生世上，既成為社會中人，便不可避免地要受塵世種種的熏灼浸染。社會者，集會也，三教九流，五色雜陳，誘惑多，陷阱多，生活不易，成人更難。人的出身，成長環境，生活條件，接受的教育等等，均對人有重要影響，最終成為君子還是小人，天使還是魔鬼，莫不與此息息相關。閱歷豐富、洞明世事、望子成龍成聖的過來人張英，充分認識到做人、成人的意義重大，故開篇即鄭重其事，向子侄輩揭出人心、道心的區別，明確提出了約束人心、體悟道心的高標準和嚴要求。

要成人，首先是做人。飽讀詩書、服膺理學的張英，開篇便從「人心惟危，道心惟微；惟精惟一，允執厥中」這儒學的「十六字心傳」說起，講人心嗜欲如同惡魔，如同被牢固的堤壩所束縛著的激流，一旦破堤而出，便汪洋泛濫，不可收拾。但道心精微隱約，思想境界的提升，成賢成聖，又非一日之功。人心好逸靈動，過勞則逆反，揠苗助長亦欲速則不達。如何把握提升的分寸，循序漸進，穩步地朝著既定目標邁進，張英以人們習見的堪輿家用磁石養針為比，提出了以讀書來涵養道心的路徑。

關於讀書，張英講了三個方面的內容：

其一，讀書讓人生變得充實而有寄託。他指出，社會上常見一些不肯讀書的人，飽食終日，無所事事，沒有理想追求，沒有精神信念，百無聊賴，顛倒妄想，遭遇不順之事，自不能快樂，順風順水，無憂無愁，同樣感受不到幸福。這類人，無事閒忙，難於融入社會有機體中，乃多餘之人，自絕於社會，在社會中也必然不能感受到融洽。肯讀書者反之，所以，讀書是一種福分。

其二，讀書讓人眼界開闊，豁達而知變通。人生之路，不可能總是坦途。遭遇坎坷，有了不如意的事情，在不讀書的無知之人看來，似乎自己便是全天下最倒霉的人，思想上想不通，便要尋死覓活，走極端，於是悲劇發生；讀書人博覽古今，知道即便才大如蘇東坡，其生前坎坷，憂讒畏譏，數次貶官，遠放惠州、儋州諸蠻瘴之地；白居易，老年有喪子失嗣之慟；陸游，暮年貧困潦倒，忍飢挨餓。天才尚且如此，區區我輩，些微磨難，何足掛齒！何況古往今來，白衣蒼狗，「浪淘盡、千古風流人物」；朝代更替，「宮闕萬間都做了土」，多少榮華富貴，轉瞬間落了個「白茫茫一片大地真乾淨」。小小個人得失，能算多大的事兒！

其三，讀書的方法。張英認為，讀書是精神層面的事情，不要有太多的功利之想，純粹因為功利而讀書，便會讀得很苦很累；倘若是為了滿足精神的需求，瀏覽泛讀，則不至於勞心疲神；並且，讀書要領會精神，把握關鍵。他以身說法，舉自己讀書的例子，說他讀白居易、陸游詩，旨在瞭解其盛衰之跡，書讀得便大有收穫。

總結一句話，張英提倡讀書，目的即在於涵養道心，成就聖賢人格。由此也可看出他對子侄輩遠大的期許。

二

圃翁曰：聖賢仙佛，皆無不樂之理。彼世之終身憂戚，忽忽❶不樂者，決然無道氣❷、無意趣❸之人。孔子曰樂在其中❹，顏子不改其樂❺，孟子以不愧不怍為樂❻，《論語》開首說說樂❼，《中庸》言無入而不自得❽，程朱教尋孔顏樂處❾，皆是此意。若庸人，多求多欲，不循理，不安命，多求而不得則苦，多欲而不遂則苦，不循理則行多窒礙而苦，不安命則意多怨望而苦，是以跼天蹐地❿，行險儌幸⓫，如衣敝絮行荊棘中，安知有康衢坦塗⓬之樂？惟聖賢仙佛無世俗數者之病，是以常全樂體。香山字樂天，予竊慕之，因號曰樂圃。聖賢仙佛之樂，予何敢望？竊欲營履道一丘一壑⓭，倣白傅之「有叟在中，白鬚飄然」，「妻孥熙熙，雞犬閒閒」之樂云耳⓮。

【注釋】❶忽忽　失意的樣子。❷道氣　古人所謂的一種攝氣運息的養生術。❸意趣　旨趣；情趣。❹孔子句　語出《論語．述而》：「飯疏食飲水，曲肱而枕之，樂亦在其中矣。不義而富且貴，於我如浮雲。」❺顏子句　語出《論語．雍也》：「賢哉，回也！一簞食，一瓢飲，在陋巷，人不堪其憂，回也不改其樂。」❻孟子句　語出《孟子．盡心上》：「君子有三樂，而王天下不與存焉。父母俱存，兄弟無故，一樂也；仰不愧於天，俯不怍於人，二樂也；得天下英才而教育之，三樂也。」愧怍，慚愧。❼論語句　《論語》首章〈學而〉首條云：「學而時習之，不亦說乎？有朋自遠方來，不亦樂乎？人不知而不慍，不亦君子乎？」❽中庸句　語出《中庸章句》第十四章：「君子素其位而行，不願乎其外。素富貴，行乎富貴；素貧賤，行乎貧賤；素夷狄，行乎夷狄；素患難，行乎患難。君子無入而不自得焉。」謂君子能夠安於本分，無論身處什麼樣的環境，都能安然自得。❾程朱句　語出《河南程氏遺書》卷第二上〈元豐己未呂與叔東見二先生語〉：「昔受學于周茂叔，每令尋顏子、仲尼樂處，所樂何事。」朱熹《四書集注》評：「聖人之心，渾然天理，雖處困極，而樂亦無不在焉。」並引程子曰：「非樂疏食飲水也，雖疏食飲水，不能改其樂也。不義之富貴，視之輕如浮雲然。」又引曰：「須知所樂者何事。」❿跼天蹐地　惶恐不安的樣子。《詩經・小雅・正月》：「謂天蓋高，不敢不局；謂地蓋厚，不敢不蹐。」跼，屈身。蹐，小步。⓫行險徼幸　冒險行事以求利。⓬康衢坦塗　四通八達的平坦大道。《爾雅・釋宮》：「四達謂之衢，五達謂之康。」⓭竊欲句　《舊唐書・白居易傳》載：「居易罷杭州，歸洛陽，于履道里得故散騎常侍楊凭宅，竹木池館，有林泉之致。」張英在這裡是說自己仰慕白樂天，欲效其造園亭為樂。履道，躬行正道。丘壑，山嶺溪谷，風景優美的地方，比喻隱者之所。⓮倣白傅四句　白居易曾任太子少傅，省稱白傅。其〈池上篇〉有云：「十畝之宅，五畝之園，有水一池，有竹千竿。……有叟在中，白鬚飄然，識分知足，外無求焉。……妻孥熙熙，雞犬閒閒。優哉游哉，吾將老乎其間。」熙熙，和樂的樣子。閒閒，悠閒自在的樣子。

【語　譯】田園老人說：聖賢仙人佛子，都沒有不快樂的道理。世上那些一輩子憂愁煩惱、失意不高興的人，必定是不懂得養生，缺乏情趣的人。孔子說樂在其中，顏回貧困不改其樂，孟子以上不愧對蒼天、下不愧對別人為樂。《論語》開篇說悅、樂，《中庸》談無處不自得，二程、朱熹教導人尋覓孔子、顏回樂的所在，都是這個意思。像世俗大眾，多有貪求私欲，不遵循規律，不安於命運。多貪求而不能全部得到便痛苦，多欲望不能一一實現便痛苦，不遵循規律便舉動多遇阻而痛苦，不安於天命便心中多有抱怨而痛苦。因此，惶恐不安，冒險求利，正如身穿破爛的棉絮走在荊棘叢中，怎能知道還有走在康莊大道上的那般快樂？只有聖賢仙佛，沒有世俗中人這幾等毛病，因此常能保全快樂之身。白香山字樂天，我暗自羨慕他，因自號樂圃。聖賢仙佛的快樂，我哪敢奢望？私下盤算，擬營建如白居易履道里那樣的園亭，山谷清幽，效仿白傅〈池上篇〉「有老人居住在此，白鬚飄然」，「妻子兒女，一家和樂，雞鳴犬吠，悠閒自在」那種快樂而已。

【研　析】本篇文字談「快樂」，分三個層次：一是聖賢仙佛無不快樂；二是世俗眾生多不快樂；三是談自己的快樂追求。

張英認為，聖賢仙佛，沒有不快樂的道理，因為他們都是得道高人，縱使生存俗世，也能勘悟世界與人生的本質，進而超出世俗社會的種種負累。此皆具大智慧之人。他列舉了古代聖賢快樂的例子，譬如孔子說，吃著粗糧，喝著冷水，枕著胳膊睡覺，生命也充滿著樂趣；顏回，生存在僻陋的小巷，喝著稀飯，飲著冷水，過著別人過不下去的日子，依舊不改他的快樂；孟子提出君子三種快樂：父母在兄弟沒有什麼變故，不曾做過內心愧疚的事情，教書育人；《中庸》說安於本分，無論身處什麼樣的環境，都安然自得；程、朱對孔子、顏回快樂人生的推崇等，以此闡釋他聖賢無不快樂的觀點。

世俗社會，痴迷眾生，一般的人，因為缺乏對世界和人生本質的深入領悟，不懂得養生的道理，一輩子為俗世、俗念所累，憂愁煩惱、失意不快。張英具體分析了俗世中人不能快樂的三個原因：

一是多求多欲。俗話說，知足常樂。貪心不足，欲望無窮，天下好事又不可能盡予一人，在貪欲者，必然有欲望不能滿足的痛苦。並且，欲望有合理、不合理之分，損人利己者，滿足其一人之欲望，必定以損害他人或眾人之利益為代價。此等欲望，固然難以達成；縱然達成，或者生命不能承受貪欲之重，或者失道寡助而眾叛親離，均難以有快意的人生與美好的生命結局。

二是不遵循規律，不顧客觀實際。違背自然規律，對大自然的肆意破壞，已經讓人類嘗盡惡果，不堪其苦。就具體個人而言，限於客觀條件，也必須量力而行，適可而止。尺有所短，寸有所長，棄其所長，揚其所短，或力不能及，或一無所知，顢頇而行，必然徒勞無功。

三是不安命。國人信命，所謂命中有時終須有，命裡無時別強求，是最好的概括。命之有無，是先天具有，抑或後天生成，可以進一步探討。但每一個人，客觀、主觀情況不同，能力有大小之分，條件有優劣之別，成就有高下之殊，沉湎在既往的種種得失中，非但於事無補，其不可能有快樂的人生亦可知。孟子的以不愧不怍為樂，是聖人境界，也是正確不貳的人生道路選擇。

聖賢仙佛，沒有一般人所有的這三大毛病，所以他們能夠擁有快樂之身。張英認為，自己不敢妄比聖賢仙佛境界，也不奢求擁有他們的快樂，而唐代詩人白居易，字樂天，是樂天派，則為自己所仰慕，具有可效仿性，是最切實可效法的楷模。白居易營造履道里園亭，與山水為鄰，與草木對話，享受城市山林的清幽閒適，其〈池上篇〉所繪「有叟在中，白鬚飄然，妻子兒女，一家和樂，雞鳴犬吠，悠閒自在」，那種天倫自然閒適之樂，是現成的榜樣，也是張英為自己確定的期待實現的快樂追求。

三

圃翁曰：予擬一聯，將來❶懸草堂❷中：富貴貧賤總難稱意❸，知足即為稱意；山水花竹無恆主人，得閒便是主人。其語雖俚❹，卻有至理。天下佳山勝水、名花美箭❺無限，大約富貴人役於名利，貧賤人役於饑寒，總無閒情及此，惟付之浩歎❻耳。

【注釋】❶將來　打算用來。❷草堂　茅草蓋的堂屋。舊時文人以此謙稱所居，以標風操高雅而已。❸稱意　稱心；合乎心意。❹俚　俚俗。❺美箭　美竹。杜甫《石龕》：「為官採美箭，五歲供齊梁。」❻浩嘆　長嘆。

【語譯】田園老人說：我擬定一副對聯，打算用來掛在粗陋的堂屋中：「富貴貧賤總難稱意，知足即為稱意；山水花竹無恆主人，得閒便是主人」。對聯的用語雖然淺俗，卻包含極精深的道理。天下名山勝水、名花美竹無數，大體而言，富貴的人為名利役使，貧賤的人被飢寒役使，總是沒有閒情逸致顧及這些，只能付之長嘆罷了。

【研析】張英這則文字，其要旨在談稱心怡情。富貴貧賤，各有各的煩惱，知足即無煩惱；山水園林，無恆久的主人，得閒方能夠欣賞，纔稱得上是擁有它們的主人。物質固然是基礎，但腰纏萬貫，或為功名役使，或為利益驅逐，身不由己，欲罷不休，人為外物異化，為名韁利鎖拘繫，成為功名金錢的奴僕，縱然富可敵國，又與一己何涉？晚明陳繼儒在〈花史跋〉一文中說：「有野趣而不知樂者，樵牧是也；有果蓏而不及嘗者，菜傭牙販是也；有花木而不能享者，達官貴人是也。」或為生計勞苦，或為功名利祿奔競，不能超脫現實的功利，超然於物外，便很難欣賞到大自然的美妙，很難享受到現實生活的樂趣，很難感受到人生的愜意適懷、稱心怡情。所以，陳繼儒在世人忙於追逐功名顯達、富貴榮華的時候，毅然決然地選擇了歸隱。他要追求散淡閒適，要真切地享受生活的快樂和生命的意義，追求做獨立的「我」，個性的「我」。這在封建官本位的社會，在銷蝕自我，排斥個性的舊中國，顯得十分難能可貴。身為達官顯貴的張英，曾經滄海，並沒有迷失自我，清醒理性如故，同樣令人嘆賞。他要將此製作對聯，懸掛室中，不是矯情而故作清高；在此將其寫入家訓的事實，便說明了他不獨要警醒自我，更是在為子孫說法。

四

圃翁曰：唐詩如緞如錦❶，質厚而體重，文麗而絲密❷，溫醇爾雅❸，朝堂❹之所服也；宋詩如紗如葛❺，輕疎纖朗❻，便娟❼適體，田野❽之所服也。中年作詩，斷當❾宗唐律；若老年吟詠適意，闌入❿於宋，勢所必至，立意學宋，將來益流⓫而不可返矣。五律斷無勝於唐人者，如王、孟⓬，五言兩句便成一幅畫。今試作五字，其寫難言之景，盡難狀之情，高妙自然，起結超遠，能如唐人否？蘇詩⓭五律不多見，陸詩⓮五律，大率非其所長，參唐宋人氣味，當於五律見之。

【注釋】❶如緞如錦　緞，一種質地厚密有光澤的絲織品。錦，有彩色花紋的絲織品。❷文麗而絲密　文彩華麗而細密。❸溫醇爾雅　溫醇，滋味濃厚。爾雅，雅正。❹朝堂　原為漢代正朝左右官議政的地方，後泛指朝廷所在的地方。❺如紗如葛　紗，輕細的絹。葛，多年生草本植物，莖皮可製葛布。❻輕疏纖朗　輕薄疏朗細巧明亮。❼便娟　輕盈美好的樣子。❽田野　草野；農村。❾斷當　一定要。❿闌入　擅自闖進不該進去的地方。⓫流　放縱；無節制。⓬王孟　即王維和孟浩然。王維（西元七〇一－七六一年），字摩詰，蒲州（今山西永濟）人，其山水田園詩反映了盛唐該類詩最高成就，今人有整理本《王維集校注》。孟浩然（西元六八九－七四〇年），字浩然，襄州襄陽（今屬湖北）人。盛唐著名山水田園詩人，有《孟浩然詩集》。⓭蘇詩　指蘇軾詩。⓮陸詩　指陸游詩。

【語　譯】田園老人說：唐詩像緞像錦，體質厚且重，文彩華麗細密，雅正而滋味濃厚，是在朝廷上穿的衣服。宋詩像紗像葛，輕薄疏朗細巧明亮，輕盈美好身體舒適，是在田野鄉村穿的衣服。中年作詩，一定要宗法唐人律詩；像老年吟詠快意，闖進宋詩體格，是勢在必然的事。立意學習宋詩，將來便更無節制，難以回頭了。五言律詩斷然沒有比唐人好的，正如王維、孟浩然，兩句五言，便成為一幅畫卷。目今試寫五言，摹繪難以言說的景物，盡寫難以描狀的情志，高妙自然，開頭結尾韻味幽遠，能比得上唐人嗎？蘇軾五言律詩創作不多見，陸游五言律詩過於淺率，不是他的長項。體悟唐宋人詩歌的意趣韻味，應當在五律中可以看出。

【研　析】張英這則文字，談學詩心得，反映了他對於唐、宋詩歌不同的審美認知，表明了他在習詩、教詩過程中鮮明的價值取向。

唐、宋詩之爭由來已久，論者已夥。對於宋詩之變，更是毀譽不一。詩論家繆鉞先生〈論宋詩〉謂：宋人「變唐人之所已能，而發唐人之所未發」，「宋詩雖殊於唐，而善學唐者莫過於宋」，允稱公論。繆文具體辨析了唐宋詩歌的異同，謂：「唐詩以韻勝，故渾雅，而貴蘊藉空靈；宋詩以意勝，故精能，而貴深折透闢。唐詩之美在情辭，故豐腴；宋詩之美在氣骨，故瘦勁。唐詩如芍藥海棠，穠華繁彩；宋詩如寒梅秋菊，幽韻冷香。唐詩如啖荔枝，一顆入口，則甘芳盈頰；宋詩如食橄欖，初覺生澀，而回味雋永。譬諸修園林，唐詩則如疊石鑿池，築亭闢館；宋詩則如亭館之中，飾以綺疏雕檻，水石之側，植以異卉名葩。譬諸遊山水，唐詩則如高峰遠望，意氣浩然；宋詩則如曲澗尋幽，情境冷峭。唐詩之弊為膚廓平滑，宋詩之弊為生澀枯淡。雖唐詩之中，亦有下開宋派者，宋詩之中，亦有酷肖唐人者；然論其大較，固如此矣。」詩家體味，自是透闢深細，頗中肯綮，可以參對，來理解張英關於唐宋詩的評價。

整體而觀，唐詩的氣象顯然非宋詩能夠比肩。如張英例舉，孟浩然長於五言，古、近體均有佳作；王維詰體兼擅，五古、五律尤工。張英謂「如王、孟，五言兩句便成一幅畫」，信然；更謂「五律斷無勝於唐人者」，總體而言，確乎如此。然正如繆老所言，唐宋詩歌，各有優長；唐宋詩人，亦各有其強弱。「唐詩之中，亦有下開宋派者，宋詩之中，亦有酷肖唐人者」。具體到詩人個人，可謂人各一面，各有不同；同一詩人，也非僅有一面。所以，張英所言「中年作詩，斷當宗唐律」云云，只能是從某種角度，一般而論而已；至於「老年吟詠適意，闌入於宋，勢所必至」，雖然合乎一般老年情懷，卻也未必盡然。唐詩是中國詩歌史上的巔峰，唐律體現了唐詩的最新成就，法乎其上，可得其中，法乎其中，所得其下，以唐人律詩作為學習詩歌的範本，可稱允當。

五

圃翁曰：昌黎〈聽穎師琴〉詩❶有云：「呢呢兒女語，恩怨相爾汝。忽然勢軒昂，猛士赴戰場。」又云：「失勢一落千丈強。」❷歐陽公以為琵琶詩❸，信然。予細味琴音，如微風入深松，寒泉滴幽澗，靜永古澹❹。其上下十三徽❺，出入❻一絃至七絃，皆有次第，大約由緩而急，由大而細，極於和平沖夷❼為主，安有呢呢兒女，忽變為金戈鐵馬之聲？常建〈琴〉詩❽：「江上調玉琴，一絃清一心；泠泠七絃遍，萬木沉秋陰。能令江月白，又令江水深；始知枯桐枝，可以徽黃金。」真可謂字字入妙，得琴之三昧❾者。味此，則與昌黎之言迥別矣。

古來士大夫學琴，類不能學多操❿。白香山止〈秋思〉一曲。范文正公止〈履霜〉一曲⓫。高人撫絃動操⓬，自有夷曠沖澹⓭之趣，不在多也。古人製琴一曲，調適宮商⓮，但傳指法⓯，後人強被⓰以語言文字，失之遠矣。甚至俗譜用《大學》及〈歸去來辭〉、〈赤壁賦〉⓱強配七絃，一字予以一音，且有以山歌小曲溷⓲之者，其為唐突⓳古樂甚矣，宜為雅人之所深戒也。

大抵琴音以古淡為宗，非在悅耳，心境微有不清，指下便爾荊棘⑳。清風明月之時，心無機事㉑，曠然天真㉒，時鼓一曲，不躁不懶㉓，則緩急輕重合宜，自然正音出於腕下，清興超於物表㉔，放翁詩曰：「琴到無人聽處工㉕。」未深領斯妙者，自然聞古樂而欲臥，未足深論也。

【注釋】❶昌黎聽穎師琴詩　昌黎，韓愈（西元七六八—八二五年），字退之，河陽（今河南孟州）人，自稱郡望昌黎，後世稱韓昌黎。唐代著名古文家、詩人。今人有《韓愈全集校注》。〈聽穎師琴〉原題〈聽穎師彈琴〉，詩云：「昵昵兒女語，恩怨相爾汝。劃然變軒昂，勇士赴敵場。浮雲柳絮無根蒂，天地闊遠隨飛揚。喧啾百鳥群，忽見孤鳳凰。躋攀分寸不可上，失勢一落千丈強。嗟余有兩耳，未省聽絲篁。自聞穎師彈，起坐在一旁。推手遽止之，濕衣淚滂滂。穎乎爾誠能，無以冰炭置我腸！」「昵昵兒女語」四句，謂琴聲如情侶間親密的私語，恩恩怨怨，爾汝相稱，忽然間音調激越高昂，如勇猛的將士奔赴戰場。昵昵，親密狀。爾汝，《世說新語‧排調》載：「晉武帝問孫皓：聞南人好作爾汝歌，頗能為否？」江南小調情歌中男女爾汝互稱，表示關係親密。劃然，忽然。軒昂，高舉貌。❷失勢句　謂琴聲突然下降，一落千丈還多。強，勝過；超過。❸歐陽公句　歐陽公，歐陽修（西元一〇〇七—一〇七二年），字永叔，號醉翁、六一居士，吉水（今屬江西）人，北宋文學家、史學家，卒諡文忠，有《歐陽文忠集》。《東坡題跋・歐陽公論彈琴》載：「歐陽文忠公嘗問僕：『琴詩何者最佳？』余以此答之。公言：『此詩固奇麗，然自是聽琵琶詩，非琴詩。』」❹靜永古澹　美好悠長，古樸淡雅。❺十三徽　古琴音位的標誌，弦上凡十三處，故曰十三徽。❻出入　往來。❼沖夷　沖和平易。❽常建琴詩　常建，生卒年並字號、里籍不詳，開元十五年（西元七二七年）進士，天寶年間曾任縣尉，《全唐詩》存詩一卷。有〈江上琴興〉詩，第四句作「萬木澄幽陰」，第七句作「始知梧桐枝」。調，調試；演奏。玉琴，琴的美稱。泠泠，形容聲音清越悠揚。枯桐，《全唐詩》作梧桐，琴的美稱，典出《後漢書・蔡邕傳》：「吳人有燒桐以爨者，邕聞火烈之聲，知其良木，因請而裁為琴，果有美音，而其尾猶焦，故時人名曰焦尾琴焉。」徽金，金飾的琴徽，或為琴徽的美稱。❾三昧　奧妙；訣竅。❿操　琴曲。⓫范文正公句　范仲淹（西元九八九－一〇五二年），字希文，蘇州吳縣（今江蘇蘇州）人，北宋政治家、文學家，卒諡文正，有《范文正公集》。履霜，即〈履霜操〉，琴曲歌辭名。陸游《老學庵筆記》卷九載：「范文正公喜彈琴，然平日止彈〈履霜〉一操，時人謂之范履霜。」⓬撫絃動操　撫絃，撥弄琴弦；彈琴。動操，彈起琴曲。⓭夷曠沖澹　夷曠，平和曠達。沖澹，淡泊。⓮調適宮商　調和音律。調適，協調。宮商，五音中宮、商二音，泛指音律。⓯指法　彈奏樂器時手指動作的原則和方法。⓰強被　強加；硬套。⓱赤壁賦　蘇軾所作，有前、後二賦。⓲溷混雜；雜亂。⓳唐突　冒犯；褻瀆。⓴荊棘　比喻紛亂。㉑機事　機密巧詐之事。㉒天真　單純；自然本性。㉓不躁不懶　不疾不徐。㉔清興超於物表　清興，清雅的興致。物表，物外；世俗之外。㉕工　精；巧。

【語　譯】田園老人說：韓昌黎〈聽穎師彈琴〉詩中說：「琴聲如情侶間親密的私語，你我稱呼，恩恩怨怨。忽然間音調激越高昂，恰如勇猛的將士奔赴戰場。」又說：「突然間琴聲陡降，恰似跌入千餘丈下。」歐陽修先生認為這是寫彈琵琶的詩，確是如此。我仔細體味琴聲，像是微風吹入深密的松林，像是清冽的山泉滴落在幽深的山谷，悠長美好，古樸淡雅。琴的上下十三個音位，往來於第一弦到第七弦間，都有次序，大體由緩到急，由宏大到細微，極其沖和平易為主，哪裡有從男女竊竊私語，忽然變為金戈鐵馬悲壯激昂之聲？常建〈江上琴興〉詩中描繪：「江水之上撥動琴弦，撥弄一弦心淨一分。清越悠揚七弦撥過，叢林清蔭益發澄明。能令江上月色更顯皎潔，又使江水益顯幽深。方知焦枯梧桐枝幹，可以成為美妙琴徽。」真可謂字字臻於神妙之境，深得彈琴的奧妙。於此體味，便與韓昌黎所言迥然有別了。

自古以來，士大夫學琴，大抵不能學很多的琴曲。白香山只擅〈秋思〉一曲，范文正先生僅彈〈履霜操〉一曲，高超的人撫動琴弦，自會有平和曠達淡泊之趣，不在於彈曲的多少。古人譜製一首琴曲，調試音律，僅僅傳授手指動作的原則和方法，後人硬是套上語言文字，便離得太遠了。甚至俚俗的琴譜，用《大學》及〈歸去來辭〉〈赤壁賦〉，生硬地配上七弦，每一字給它一個音調。又有人用山歌小曲混雜入琴曲中，這也太過於褻瀆古樂了，當為高雅的人深以為戒。

大抵琴聲以古雅澹泊為根本，不在於悅耳動聽。心境稍微有些不清淨，手指動作便要紛亂。風清月朗的時候，心中沒有機密巧詐的事情，曠達純真，偶爾彈奏一曲，不疾不徐，則緩急輕重自然恰當，手腕下發出醇正的樂聲，清雅的興致超出塵外。陸放翁詩說：「琴彈到忘我，聽起來自然精妙。」不曾深切領會此等美妙的人，自然聽古樂便打瞌睡，不足以去深論了。

【研　析】韓昌黎〈聽穎師彈琴〉為唐詩中的名篇，然該詩所詠，究竟係琴聲，抑或琵琶之聲，卻是眾說紛紜，言人人殊。

最早指出該詩詠寫琵琶聲者，是北宋大文學家歐陽修。據《東坡題跋・歐陽公論彈琴》記載：

歐陽修考問蘇軾，詠琴詩中，哪一首寫得最好？蘇軾以韓愈〈聽穎師彈琴〉作答。歐陽修說：「此詩固然寫得奇麗，卻是聽琵琶詩，而非琴詩。」

對於歐陽修這一看法，贊同、反對者歷來不乏其人。反對者，如宋人蔡絛寫成於北宋宣和年間的《西清詩話》，其中記載，有三吳僧義海，以琴名世，他認為歐陽修自然是一代英傑，然而，他關於〈聽穎師彈琴〉的看法，卻是講錯了。南宋人樓鑰（西元一一三七—一二一三年）認為，韓愈〈聽穎師彈琴〉詩，近乎古今絕唱，前十句形容曲盡，是必為〈廣陵散〉而作，他曲不足以當。歐陽修以為是琵琶詩，蘇軾檃括為琵琶詞，二公皆為天人，自不敢妄加評論他們，然其於琴理，均未有深究。清人朱彝尊（西元一六二九—一七〇九年）說：該詩「寫琴聲之妙入髓，又一一皆實境。繁休伯稱東子，柳子厚志箏師，皆不能及，可謂古今絕唱。六一善琴，乃指為琵琶，竊所未解。純是佳唐詩，亦何讓杜！」對歐陽修的看法同樣大惑不解。贊成者，如明人張萱（約西元一五五三—一六三六年）說，自己的亡妾兼擅彈琴和演奏琵琶，自己也曾經仔細揣摩該詩，認為歐陽修所言確鑿。又認為琴是雅樂，音主和平，若昌黎詩，兒女相語忽變為戎士赴敵，又如柳絮輕飄，百鳥喧啾，上下分寸，失輒千丈，此等音調，躁急過甚，非琴音所宜有。張英也顯然是「擁歐派」，他認為琴聲如微風入深松，寒泉滴幽澗，靜永古澹；其上下十三徽，出入一弦至七弦，皆有次第，大約由緩而急，由大而細，極於和平沖夷為主，斷然沒有呢呢兒女忽變為金戈鐵馬之聲的道理。

王文誥《蘇文忠詩編注集成》中說，韓詩「昵昵兒女語」等四句，皆琴之變聲，猶如荊軻、高漸離的變徵為羽，倘若韓愈所聽為〈關雎〉〈伐檀〉一類，斷然不會有此等描寫。他認為，歐陽修有此看法，是不知音樂有正聲變調的緣故。琴曲溫雅和平、雍容舒緩，只是一般情況；韓愈所詠，是變徵之音。此論不無道理，可備一說。其次，韓愈時代，確有名叫穎的琴師，為西域僧人，李賀也有〈聽穎師彈琴歌〉寫及。其三，以韓愈的修養，當不至於琴、琵不辨。

但張英認為，古來士大夫學琴，專擅一曲，如白香山擅〈秋思〉，范文正擅〈履霜〉，乃在於寄託其夷曠沖澹之趣，反映了一種高遠的人生境界，並不以多取勝；大抵琴音以古淡為宗，在於表現心境，非在悅耳。此就發舒情志、個人自娛、涵養道德性情、提升修養、人生境界而言之，所言甚是，誠所謂「未深領斯妙者」，不足以與之深論也」。

六

圃翁曰：古人以眠、食二者為養生之要，務臟腑腸胃，常令寬舒有餘地，則真氣❶得以流行而疾病少。吾鄉吳友季❷善醫，每赤日寒風行長安❸道上不倦，人問之，曰：「予從不飽食，病安得入？」此食忌過飽之明徵也。燔炙熬煎、香甘肥膩之物❹最悅口，而不宜於腸胃。彼肥膩易於粘滯，積久則腹痛氣塞，寒暑偶侵則疾作矣。放翁詩云：「倩盼作妖狐未慘，肥甘藏毒鴆猶輕。」❺此老知攝生❻哉！

炊飯[7]極輭熟，雞肉之類只淡煮，菜羹清芬，鮮潔渥之[8]，食只八分飽，後飲六安[9]苦茗一杯，若勞頓飢餓歸，先飲醇醪[10]一二杯以開胸胃。陶詩云：「濁醪解飢劬。」[11]蓋藉之以開胃氣[12]也。如此，焉有不益人者乎？且食忌多品，一席之間，遍食水陸[13]，濃淡雜進，自然損脾[14]。予謂或雞魚鳧豘[15]之類，只一二種飽食，良為有益。此未嘗聞之古昔，而以予意揣當如此。

安寢乃人生最樂。古人有言「不覓仙方覓睡方」[16]，冬夜以二鼓[17]為度[18]，暑月以一更為度。每笑人長夜酣飲不休，謂之消夜[19]。夫人終日勞勞[20]，夜則宴息[21]，是極有味，何以消遣為？冬夏皆當以日出而起，於夏尤宜。天地清旭[22]之氣，最為爽神，失之甚為可惜。予山居頗閒，暑月日出，則起收水草清香之味。蓮方斂而未開，竹含露而猶滴，可謂至快。日長漏永[23]，不妨午睡數刻，焚香垂幙，淨展桃笙[24]。睡足而起，神清氣爽，真不啻天際真人[25]。況居家最宜早起，倘日高客至，僮則垢面，婢且蓬頭，庭除㉖未掃，竈突猶寒㉗，大非雅事。昔何文端公㉘居京師，同年詣之㉙，日晏㉚未起，久之方出。客問曰：「尊夫人亦未起耶？」答曰：「然。」客曰：「日高如此，內外家長皆未起，一家奴僕，其為奸盜詐偽，何所不至耶？」公矍然㉛，自此至老不宴起。此太守公㉜親為予言者。

【注釋】❶真氣　人體中的元氣。❷吳友季　張英友人。清代安徽桐城人，曾行醫京城。❸長安　古都城名，位於今西安。唐以後多以之作為都城的代稱。這裡指清代京城北京。❹燔炙熬煎句　燒烤烹煮的香甜肥膩食物。燔炙，燒與烤。❺放翁詩三句　陸游有〈養生〉詩云：「受廛故里老為氓，三十餘年學養生。倩盼作妖狐未慘，肥甘藏毒鴆猶輕。忠言何啻於金藥，赤口能燒萬里城。陋巷藜羹心自樂，傍觀虛說做公卿。」此處引詩二句，謂妖豔的美女比狐狸精害人更慘，肥美甘甜的食物比毒酒所藏的毒還重。倩盼，即倩盼，又作「盼倩」，語出《詩經・衛風・碩人》：「巧笑倩兮，美目盼兮。」形容女子顧盼時的美麗姿態。妖，怪異邪惡之物。慘，狠毒；厲害。鴆，傳說中的毒鳥，以其羽毛泡酒，飲之即死，通常以為毒酒的代稱。❻攝生　養生。❼炊飯　煮飯。❽渥　濃厚。❾六安　在今安徽西部，以六安瓜片茶葉知名。❿醇醪　醇厚的美酒。⓫陶詩句　陶潛〈和劉柴桑〉有云：「谷風轉淒薄，春醪解飢劬」。劬，勞累。⓬胃氣　傳統中醫指人的胃部生理功能及其精氣。⓭水陸　這裡指水中陸地所產食物。⓮脾　這裡指人的內臟之一，在胃左側，有造血、調節血量、產生淋巴球與抗體的功能。⓯鳧豘　水鴨和小豬。「豘」同「豚」。⓰古人有言句　見陸游〈午夢〉詩：

「苦愛幽窗午夢長，此中與世暫相忘。華山處士如容見，不覓仙方覓睡方。」⑰二鼓　二更天。古時夜間以更為計時單位，一夜分五更，每更約兩個小時。⑱度　限度。⑲消夜　消遣夜間時光。⑳勞勞　忙碌；辛勞。㉑宴息　休息。㉒清旭　清朗的朝暉。㉓漏永　時間長。㉔淨展桃笙　鋪開清潔的竹席。桃笙，指以桃枝竹子編織的竹席。㉕天際真人　天上的仙人。㉖庭除　庭院。㉗竈突猶寒　指尚未生火煮飯。竈突，灶上的煙囪。㉘何文端公　明代人何如寵（西元一五六九－一六四二年），字康侯，號芝岳，安徽桐城人。神宗萬曆二十六年（西元一五九八年）進士，仕至禮部尚書、武英殿大學士，卒諡文端。㉙同年詣之　同年，古代科舉考試中同科考中者互稱。詣，造訪；晉謁。㉚日晏　時候已晚。㉛瞿然　驚駭、驚悟的樣子。㉜太守公　指姚文燮（西元一六二八－一六九二年），字經三，號羹湖，安徽桐城人，畫家、文學家，順治十六年（西元一六五九年）進士，曾官雲南開化府（今文山市）同知，署阿迷州（今開遠縣）知州，曾為張英繪〈賜金園圖〉，著有《無異堂文集》等。

【語譯】田園老人說：古人以睡眠、飲食二者為養生的要訣，務必使臟腑腸胃經常寬舒，留有餘地，則體中元氣得以流行無阻，少生疾病。我的同鄉吳友季精於醫術，無論烈日當空，還是寒風襲人，經常奔走於京城路途，不知疲倦。有人問他秘訣，說：「我從來不吃得過飽，疾病怎能侵入呢？」這便是飲食忌諱過飽的明證。燒烤烹煮、香甜肥膩的食物，最是可口，卻不宜於腸胃。那些肥膩的東西，容易粘連滯積，積久不化，便腹痛阻塞元氣，偶然寒暑之氣侵犯，便要生病了。放翁詩說：「妖豔的美女作怪，比狐狸精更狠毒，鴆酒的毒害，較肥美甘甜的食物含毒還輕。」這老先生很懂得養生道理！

飯要煮得十分軟熟；雞肉之類，只要清淡地煮；清香的菜羹，以新鮮潔淨的菜蔬濃煮而成。

只吃八分飽，飯後飲上一杯清苦的六安茶。如果是勞累飢餓歸來，先飲上一兩杯醇厚的美酒，用來開開胸胃。陶淵明詩說：「濁酒解除飢餓疲勞」，是要藉此以開胃。這樣做，哪裡有不對人有益的事情？並且，飲食忌諱吃的品種太多，一桌酒席上，水中陸地所產吃遍，濃的淡的胡亂食用，自然損傷脾胃。我說，雞、魚、鴨、豬等肉，每餐只要一兩種吃飽，確為有益。這點，不曾聽古人說過，而是我自己揣摸應當如此。

睡得安穩，是人生最大的樂事。古人說，「不去尋覓成仙之方，而要找安睡之方」。睡眠的時間，冬夜以二更為限度，夏季以一更為限度。常常笑人長夜縱酒不歇，卻稱之為消遣夏夜時光。人從早到晚忙碌，夜間便休息，這極有趣味，還要消遣幹什麼？冬天夏日，都應該在日出時起身，在夏日尤其適宜。清晨，天地間朝暉之氣，最為讓人神清氣爽，失去極其可惜。我住在山中時頗為清閒，夏月，日出便起身，呼吸水草的清香，荷花還收斂不曾開放，竹葉上的晨露還在滴落，可謂極其快意。白天，時間漫長，不妨午睡數刻，焚上香料，落下睡帳，鋪開精潔的竹席。睡足起來，神清氣爽，簡直就是天上的神仙。況且居家過日子，最應該早早起來。倘若太陽升起很高，主人還沒有起身，僮僕臉還沒洗，丫鬟頭髮未梳，庭院沒有打掃，飯沒有燒煮，很是不雅觀。過去，何文端先生居住京城的時候，有同年去拜訪他，很晚了還沒起來，過了很久纔出來。客人問道：「尊大人也沒起來嗎？」回答說：「是。」客人說：「太陽已昇得這樣高了，男女主人都沒有起來，一家奴僕，盜竊欺詐，他們哪方面不做盡？」文端先生驚悟，從此以後，直到老年，不再戀床晚起。這是文孌太守親自向我講的事情。

【研析】張英這則文字，集中談養生問題，開篇便端出「古人以眠、食二者為養生之要」一語，亦千古不刊之論。睡眠、飲食，在中醫養生學中，確是極為重要的兩個內容。

關於飲食，張英主要談了四個方面的內容：其一，食無求飽。他認為恪守此條，可以使人的臟腑腸胃中覺得寬舒，體內的元氣得以流行無礙。並且，他還例舉了其同鄉、醫生吳友季的例子，說他無論盛夏嚴寒，經常奔波於京城路途，總是精力充沛飽滿，不知疲倦，就因為恪守「從不飽食」的信條，是會養生的緣故。俗語說「飯吃八分飽」，長期飲食過飽，將會造成消化系統負荷過重，並損傷內臟器官和免疫功能；過剩的熱量，還會形成體內脂肪沉滯堆積。其二，清淡為宜。他認為，燒烤烹煮、香甜肥膩的食物，固然可口，卻不利於腸胃。現代醫學也認為，燒烤類食物，常因為不能完全烤熟，不衛生，有寄生蟲，吃了會引起急性腸胃炎。油膩食物，高脂肪，低纖維，膽固醇和脂肪酸含量高，長期沉積於血管，會造成動脈硬化、血栓；進入結腸，還會轉化為致癌物。所以，陸游詩認為油膩燒烤食物的危害甚於鴆酒，並非危言聳聽。陸游有詩道：「世上個個學長年，不悟長年在目前。我得宛丘平易法，只是吃粥致神仙。」此最是養生家語。其三，食忌多品。張英認為：「一席之間，遍食水陸，濃淡雜進，自然損脾。」他主張一餐之中，雞魚鳧豬，大葷之物，一二種可為有益。物資匱乏之時期，人們待客之道，常常以一席之上，雞鴨魚肉，十大碗，水陸雜陳，方為至尊。其實，這不僅是暴殄天物，也有違勤儉之道；山吃海喝，更要嚴重損害腸胃，破壞人體的健康。其四，有益消化。張英反對「燔炙熬煎、香甘肥膩之物」，提出「食忌多品」，以及「炊飯極輭熟，雞肉之類只淡煮，菜羹清芬，鮮潔渥之，食只八分飽，後飲六安苦茗一杯，若勞頓飢餓歸，先飲醇醪一二杯以開胸胃」等等，都是本著有益消化的原則。飲食，首先是為了充飢，其次為提供營養，補充生命需要的能量，美味佳餚，最根本的目的，無非以其賞心悅目來開人的胃口；倘若不能消化，成為身體機能的負擔，甚至危害及生命自身，自然與飲食之道不合。張英關於飲食的論述，言簡意賅，頗中肯綮，堪為養生要言。

關於睡眠，張英開門見山，提出了「安寢乃人生最樂」的觀點，並引陸游的名言「不覓仙方覓睡方」，以「睡方」勝於「仙方」，來進一步彰顯睡眠對於養生極其重要的影響。具體而論，首先，張英認為，睡眠「冬夜以二鼓為度，暑月以一更為度」，不宜更晚。他尖銳批評了那些通宵酣飲，沒有節制的人。他不理解，白天終日辛勞，到了夜晚，睡眠休息，這是何等快意有趣的事情，為什麼還有人要去尋求另外的消遣，去過什麼夜生活！其次，張英認為，不可貪睡，不能睡懶覺。他說，無論是冬天還是夏日，都應該日出而起，特別是夏日清晨，可以呼吸天地間的朝暉之氣，能夠讓人感覺神清氣爽。他現身說法，舉自己的例子，說他曾經有一個夏日，住在山中，難得清閒，日出而起，呼吸水草的清香，觀賞荷花的含苞待放，與竹葉上晶瑩的晨露滴落，快意至極。其三，張英認為，睡懶覺有損家風。他說，太陽已經高高昇起，主人還在貪睡，僮僕臉沒洗，丫鬟髮未梳，庭院沒有打掃，飯沒有燒煮，於家庭而言，不僅沒有生機，更顯得沒有家教。應該說，張英關於睡眠的具體闡釋，從中醫學、現代醫學、家族文化諸視角而論，均有其充分的道理。從醫學角度來說，人體小宇宙，同樣存在著日出日落、陰陽平衡、修養生息。日出而作，日落而息，並不僅僅是古代農業文明的產物，於養生也關涉匪淺。曾有人舉現代養雞的事例，認為，追求雞蛋高產，徹夜照明，是以打亂母雞作息規律，紊亂其生理時鐘為代價的；對於人而言，現代孩童的早熟與現代人的早衰，也均與不遵守作息規律，生理時鐘紊亂，身體機能無法很好地實現新陳代謝，存在著直接關係。

張英這篇文字，是他的養生心得，是其對於養生學具體實踐的個人總結，故殷切傳之子侄後輩。其以身說法，或以身邊具體事例驗證，親切可感，令人信服。

七

圃翁曰：山色朝暮之變，無如春深秋晚。四月則有新綠❶，其淺深濃淡，早晚便不同。九月則有黃葉，其頳黃茜紫❷，或暎朝陽，或迴夕照❸，或當風而吟，或帶霜而殷❹，皆可謂佳勝❺之極。其他則烟嵐雨岫❻，雲峰霞嶺❼，變幻頃刻，孰謂看山有厭倦時耶？放翁詩云：「遊山如讀書，淺深在所得。」❽故同一登臨❾，視其人之識解❿學問以為高下苦樂，不可得而強也。予每日治裝⓫入龍眠⓬，家人⓭相謂⓮：「山色總是如此，何用日日相對？」此真淺之乎言看山者。

【注釋】❶新綠　初春草木顯露出的嫩綠色。❷頳黃茜紫　指黃葉在日光映照下幻變出來的各種顏色。頳，紅色。茜，絳紅色。紫，藍紅合成色。❸迴夕照　返回夕陽的映照。迴，返回；掉轉。❹殷　深紅或赤黑色。

❺佳勝　優美。❻烟嵐雨岫　煙雨籠罩的峰巒。烟嵐，山林中的霧氣。雨岫，雨霧籠罩著的峰巒。❼雲峰霞嶺　高聳的山嶺。雲峰，高聳入雲的山峰。霞嶺，高山峻嶺。❽遊山二句　見陸游〈天王廣教院在蕺山東麓予年二十餘時與老僧惠迪游略無十日不到也淳熙甲辰秋觀潮海上偶繫舟其門曳杖再游悅如隔世矣〉詩，原作「遊山如讀書，淺深皆可樂」。❾登臨　登山臨水；遊覽。❿識解　見識；見解。⓫治裝　整理行裝。⓬龍眠　山名，在桐城市西北，蜿蜒如龍，故名。⓭家人　僕人。⓮相謂　交談；相互告語。

【語譯】田園老人說：早晚間山的顏色變化，沒有比深春晚秋更大。四月則有嫩綠，它的深淺濃淡，早晚間便有不同。九月有黃葉，其紅、黃、絳紅、紫色，或映照朝陽而生，或反射夕陽而來，或迎風鳴唱，或霜打而變深紅，均可謂優美至極。其他便是煙霧籠罩的山巒，高聳入雲的峰嶺，頃刻間變幻層出，誰說看山有厭倦的時候？陸放翁詩說：「遊山恰如讀書，領略深淺在於領悟多少。」所以，同樣的遊覽，要看遊覽者的見識學問，來分其觀賞的高下苦樂，不是可以勉強的。我每日整理行裝，進龍眠山，家僕相互說：「山景總是這樣，哪裡用得著天天相向？」這真是看山景的人對於觀山最膚淺的認識。

【研析】張英這則文字，堪稱一篇山水審美論。「遊山如讀書，淺深在所得」，遊山玩水，領悟之多少，因觀賞者個人修養而有異，亦是不刊之論。

以唐代詩人王維為例，其〈山居秋暝〉有云：「空山新雨後，天氣晚來秋。明月松間照，清泉石上流。竹喧歸浣女，蓮動下漁舟。隨意春芳歇，王孫自可留。」此詩被人譽稱為「詩中有畫」的代表作，表現了詩人山居隱逸的衷心樂趣。王維二十一歲舉進士，雖然仕途坎坷，卻也衣食無憂，其先後隱居淇上、嵩山和終南山，並在終南山築輞川別業，可證。而因超凡的文化素養、文藝天賦，豐富的人生閱歷，過人的見識，衣食無憂的生活狀態，他得以寫出一系列卓越不群的山水審美詩篇，成就了其唐代山水詩派翹楚的地位。

很自然又想起了《儒林外史》第一回中的相關描寫。放牛娃王冕酷好並痴迷於讀書。一邊放牛，一邊讀書，自得其樂。一天，正在放牛，忽然下起雨來。「一陣大雨過了。那黑雲邊上鑲著白雲，漸漸散去，透出一派日光來，照耀得滿湖通紅。湖邊上山，青一塊，紫一塊，綠一塊。樹枝上都像水洗過一番的，尤其綠得可愛。湖裡有十來枝荷花，苞子上清水滴滴，荷葉上水珠滾來滾去。」王冕看了一回，心裡想道：「古人說：『人在畫圖中』，其實不錯。可惜我這裡沒有一個畫工，把這荷花畫他幾枝，也覺有趣。」此等詩情畫意的勝景，自是純真自然、高潔無邪的放牛娃王冕眼中所見。面對同樣的風景，吳敬梓筆下還寫了三個不知名的人，寫他們觥籌交錯，推杯換盞，熱鬧豔羨地議論著功名富貴，而於七泖湖旖旎秀美的風光了不關心，更全無會心。兩相映照，可見出鑒賞自然山水，又與人的胸襟情操、思想境界有關。

元雜劇名著《梧桐雨》第三折寫安祿山攻陷京城，帝王藝術家李隆基逃亡途中，唱〈駐馬聽〉曲子：「隱隱天涯，剩水殘山五六搭；蕭蕭林下，壞垣破屋兩三家；秦川遠樹霧昏花，灞橋衰柳風瀟灑；煞不如碧窗紗，晨光閃爍鴛鴦瓦。」逃亡中的李隆基眼中所見，一水一山，一垣一屋，一花一木，滿是肅殺、淒涼、破敗，這是亂離人、丟失江山人眼中的「審美」。所謂「感時花濺淚，恨別鳥驚心」，情緒心境，生存狀態，自然也會影響到人的審美，審美的感受也因此而有別。

誠如張英所說：「同一登臨，視其人之識解學問以為高下苦樂」。審美需要審美的眼睛，見識、學問，亦為登臨觀覽、遊山玩水不可或缺；生存狀態與當下心境，同樣深刻影響著人對於山水自然的審美鑒賞。「淺之乎言看山者」的家僕，缺乏張英所具備的物質條件與審美眼睛，不具備張英消閒自得的心緒，奴僕在主人面前，自然要「低人一等」而「甘拜下風」了。

八

圃翁曰：人家僮僕最不宜多畜❶，但有得力二三人，訓諭❷有方，使令❸得宜，未嘗不得兼人❹之用；太多則彼此相諉❺，恩養❻必不能周，教訓亦不能及，反不得其力。且此輩，當家道盛，則倚勢作非，招尤結怨；家道替❼，則飛揚跋扈❽，反唇❾賣主，皆勢所必至。予欲令家僕皆各治生業❿，可省遊手遊食⓫之弊，不至於冗食⓬為非也。且僮僕甚無取乎黠慧⓭者。吾輩居⓮家居官，皆簡靜⓯守理，不為闇昧⓰之事；至衙門政務，皆自料理，不煩幹僕巧權門之應對⓱，為遠道之輸將⓲，打點機密，奔走勢利⓳。所用者，不過趨蹌⓴灑掃，負重徒步之事耳，焉用聰明才智為哉？至於山中耕田鋤圃之僕，乃可為寶。其人無奢望，無機智㉑，不為主人斂怨。彼縱不遵束約，不過懶惰愚蠢之小過，不必加意防閑㉒，豈不為清閑之一助哉？

【注　釋】❶畜　容留。❷訓諭　訓誨；教導。❸使令　使喚；差遣。❹兼人　能力倍於別人，勝過別人。❺相諉　互相推卸責任。❻恩養　愛護養育。❼替　衰微；衰落。❽飛揚跋扈　驕橫放肆，盛氣凌人，舉動超越軌度。❾反唇　反對；做對。❿治生業　經營事業；謀生計。⓫遊手遊食　遊手好閒，不務正業，不勞而食。⓬冗食　吃閒飯。⓭黠慧　機敏聰慧。⓮居　處在；處於。⓯簡靜　簡約沉靜。⓰闇昧　不明不白；隱秘不公開。⓱不煩句　幹僕，精明能幹事的僕人。巧，善於；擅長。權門，權貴豪門。應對，應酬；對答。⓲輸將　運送，繳納賦稅。⓳勢利　權勢和財利。⓴趨蹡　奔走侍奉。㉑機智　機巧；機詐。㉒防閑　防備禁阻。

【語　譯】田園老人說：家庭中的僕役，最不適合容留太多，只要得力能幹的二三人，教導有方，差遣恰當，一人未嘗不能起到兩人的作用。僕役太多，則相互推卸責任，愛護養育必然難以周到，教誨訓導也跟不上去，反而不能得到他們的幫助。況且這些人，在家道興盛的時候，則依仗勢要，做壞事，招惹怨恨；當家道衰微的時候，則驕橫放肆，背棄出賣主子，都是勢所必至的事情。我想著讓家中僕役各自經營生計，可以省去遊手好閒、不勞而食的弊端，不至於吃閒飯、幹壞事。並且，機敏聰慧的僕役，很不可取。我們這些人，無論在家還是做官，都簡約沉靜，遵紀守法，不做不明不白的事情。至於衙門中行政事務，都是親自料理，不需要麻煩精明能幹的僕人擅長和權貴豪門打交道，無需要長途運送、打點機密、為權勢和財利奔走。所用的人，不過是隨身侍奉，打掃庭院，徒步做體力活，也就這樣的事情罷了，哪裡用得上聰明才智呢？至於山中耕田鋤地的僕役，竟是寶貝。他們沒有奢望，沒有機巧機詐，不會給主人積聚怨恨，縱然不遵守管教，不過懶惰、愚蠢這些小小過錯，不必要特別注意防備，豈不是有助於清閒嗎？

【研析】明末清初，桐城張氏已成為地方上的大戶望族。文獻記載，自張英曾祖父張淳在明代隆慶年間為官，特別是張英之後，人才代出，門庭鼎盛，有「父子大學士」、「三世得謚」、「四世江蘇學政」、「五朝金榜題名」、「六代翰林」等諸多美稱。這樣的家族，較之《紅樓夢》裡曾經似烈火烹油般的賈府，有過之而無不及。賈府究竟有多少僕役，沒有人確切統計，但其各大小主子貼身使喚僕役之眾，已可見出其數量是何其龐大。明清筆記小說中，也多有記載當時社會官宦大族人家使用僕人的情況，如清初顧炎武《日知錄》中說：「今日江南士大夫……一登仕籍，此輩競來門下，謂之投靠，多者亦至千人。」僕人既多，魚龍混雜，管理自然就成為問題。如《紅樓夢》中描寫，眾多的僕人，泥沙俱下，便不乏偷雞摸狗、喝酒打牌、聚眾賭博，甚至驕橫肆惡、為非作歹之徒。賈探春說：「這樣大族人家，若從外頭殺來，一時是殺不死的，這是古人曾說的『百足之蟲，死而不僵』，必須先從家裡自殺自滅起來，纔能一敗涂地！」賈府的衰敗，起於內因，也與這些僕人不無關係。閱歷豐富的張英，見到過太多大家族衰敗的例子，防患於未然，專條談及這一問題，以為後世子孫戒。

在這段文字中，張英主要談了三個方面的內容。首先，就一般而論，認為官宦人家，實在沒有必要使喚太多的僕役。一個和尚挑水吃，兩個和尚抬水吃，三個和尚沒水吃。僕役太多，職責不明，管教跟不上，遇事相互推諉，倒不如三兩個人，教導有方，差遣適當，一人可以有兩人的作用。況且，有刁僕悍奴，家道興盛時，狐假虎威，背著主子，借著勢要，招搖過市，橫行霸道，給主人招惹怨恨；遇家道衰敗，蔑棄恩義，出賣或噬咬主子，甚為其害。所以對於僕人，要有選擇謹慎地使用。其次，就自家來談，不需要用太多的僕役。張英說，自家都是奉公守法的人，克己奉公，愛崗敬業，靠知識能力工作吃飯，衙門中的公務，由自己打理，不允許僕人插手；不走歪門邪道，沒什麼見不得人的事情要做，也沒做過見不得人的事情，更不需要精明能幹的僕人去搞外交，和權貴豪門打交道，去擺平事端。其三，關於僕役的選擇與使用。張英說，自家使用的僕役，無非隨身侍奉，打掃庭院，粗使喚、出體力而已，不需要十分聰明伶俐；僅會耕田鋤地，老實巴交的僕役，沒有機巧機詐，沒有非分之想，遵紀守法，縱然懶惰、愚蠢，卻不會給家裡招惹怨恨，也不需要特別防備。由此可見，張英選擇僕人，首重的是人品。他主張僕役行有餘力，讓他們經營生計，免得遊手好閒、無事生非。

張英的時代，家奴惡僕驕橫不法，或負恩噬主，並不鮮見，如明人談修《避暑漫筆》中說：「余慨今之下陳輩，凭藉勢豪以肆其惡；勢衰輒棄舊主，轉投勢要。」顧炎武《日知錄》中說：「人奴之多，吳中為甚，其專恣暴橫，亦惟吳中為甚」，「而其用事之人，則主人之起居食息，以至於出處語默，無一不受其節制」。顧炎武並記載了明代權相嚴嵩家僕永年、張居正家僕游守禮招權納賄的事例。有鑒於此，張英鄭重其事，近乎瑣碎地告誡子侄，可見其持家之嚴。也正因如此家風，纔成就了桐城張氏數百年輝煌的歷史。

九

圃翁曰：昔人論致壽之道❶有四：曰慈❷，曰儉❸，曰和❹，曰靜❺。

人能慈心❻于物，不為一切害人之事，即一言有損于人亦不輕發，推之戒殺生以惜物命❼，慎剪伐以養天和❽，無論冥報不爽❾，即胸中一段吉祥愷悌❿之氣，自然災沴⓫不干，而可以長齡矣。

人生福享，皆有分數⓬。惜福之人，福嘗⓭有餘；暴殄⓮之人，易至罄竭⓯，故老氏以儉為寶⓰，不止財用當儉而已，一切事常思儉嗇⓱之義，方有餘地。儉於飲食可以養脾胃，儉於嗜慾可以聚精神，儉於言語可以養氣息非，儉於交遊可以擇友寡過，儉於酬錯⓲可以養身息勞，儉於夜坐可以安神舒體，儉於飲酒可以清心養德，儉於思慮可以蠲煩去擾⓳。凡事省得一分即受一分之益。大約天下事萬不得已者，不過十之一二。初見以為不可已，細算之亦非萬不可已。如此逐漸省去，但日見事之少。白香山詩云：「我有一言君記取，世間自取苦人多。」⓴今試問勞擾㉑煩苦之人，此事亦儘可已，果屬萬不可已者乎？當必恍然自失矣。

人常和悅㉒，則心氣㉓沖而五臟安。昔人所謂養歡喜神。真定梁公㉔每語人：「日間辦理公事，每晚家居，必尋可喜笑之事，與客縱談，掀髯大笑㉕，以發抒一日勞頓鬱結㉖之氣。」此真得養生要訣。何文端公時，曾有鄉人過百歲，公扣其術，答曰：「予鄉村人，無所知，但一生只是喜歡，從不知憂惱。」噫！此豈名利中人所能哉？

傳曰㉗：仁者靜。又曰：知者動。每見氣躁之人，舉動輕佻㉘，多不得壽。古人謂㉙：硯以世計，墨以時計，筆以日計，動靜之分也。靜之義有二：一則身不過勞，一則心不輕動。凡遇一切勞頓、憂惶㉚、喜樂、恐懼之事，外則順以應之，此心凝然不動，如澄潭，如古井，則志一動氣㉛，外間之紛擾皆退聽㉜矣。

此四者於養生之理，極為切實，較之服藥引導㉝，奚啻萬倍哉？若服藥，則物性易偏，或多燥滯㉞；引導吐納㉟，則易至作輟。必以四者為根本，不可捨本而務末也。《道德經》㊱五千言，其要旨不外於此。銘之座右，時時體察，當有裨益耳。

【注釋】❶致壽之道　獲取長壽的方法。❷慈　慈愛；仁愛；慈悲。❸儉　節制；約束；節儉。❹和　和順；平和；喜悅。❺靜　安靜；平靜；沉靜。❻慈心　慈悲之心。❼物命　有生命的物類。❽慎剪伐句　謂慎於伐滅，以養護人體元氣。剪伐，砍伐；伐滅。天和，人體之元氣。❾冥報不爽　死後報應沒有差錯。❿愷悌　和樂平易。⓫災沴　自然災害，這裡指災害。⓬分數　天命；天數。⓭嘗　通「常」，常常。⓮暴殄　任意糟蹋浪費。⓯罄竭　用盡；匱乏。⓰故老氏以儉為寶　語出《老子》：「我有三寶，持而保之：一曰慈，二曰儉，三曰不敢為天下先。慈故能勇。儉故能廣。不敢為天下先，故能成器長。」⓱儉嗇　節儉。⓲酬錯　或作「酬酢」，應酬交往。⓳蠲煩去擾　消除煩惱、煩勞。⓴白香山詩三句　見白居易〈感興二首〉之二。㉑勞擾　勞苦煩擾。㉒和悅　和樂喜悅。㉓心氣　中醫指心的生理功能。㉔真定梁公　梁青標（西元一六二〇—一六九一年），字玉立，一字蒼巖，號棠村，一號蕉林，真定（今河北正定）人，明崇禎十六年進士，入清補翰林院庶吉士，授編修，歷詹事府詹事、禮部左侍郎、吏部右侍郎、吏部左侍郎，以及兵部、禮部、刑部、戶部尚書，仕至保和殿大學士，有《蕉林詩文集》等。㉕掀髯大笑　大笑時啟口張鬚的樣子，激動貌。㉖勞頓鬱結　勞累疲倦凝結。鬱結，凝結。㉗傳曰二句　《論語・雍也》載：「子曰：知者樂水，仁者樂山。知者動，仁者靜。知者樂，仁者壽。」㉘輕佻　不穩重；不沉著；不莊重。㉙古人謂三句　語出北宋唐庚（西元一〇七〇—一一二〇年）〈古硯銘〉：「筆之壽以日計，墨之壽以月計，硯之壽以歲計。豈非銳者夭而鈍者壽邪？」㉚憂惶　憂愁惶恐。㉛志一動氣　心志凝住浮動之氣。志一，心志專一。動氣，生氣；發脾氣。㉜退聽　退讓順從。㉝引導　即導引，古代道家的一種養生方法。㉞燥滯　燥熱凝滯。㉟吐納　吐故納新，道家養生方法。

㊱道德經　即《老子》，春秋時期老聃撰，言道德之意，凡五千餘言。西漢河上公作《老子章句》，分為道經、德經兩部分，故名《道德經》。

【語譯】田園老人說：前人談論得以長壽的方法，有四個方面：仁慈，節儉，和順，沉靜。

人能夠對於事物慈愛，不做一切害人的事情，有損於人的話即便一句也不輕易去說，推而廣之，戒殺生而愛惜有生命的物類，慎於伐滅而養護生命元氣，不談死後報應不虛，就是胸中那一段吉祥和樂平易的氣象，自然不被災害進犯，而能夠享有長壽了。

人生享有多少福氣，都是天命註定。珍惜福分的人，常常福氣有餘。隨意浪費的人，容易達到匱竭。所以，老子以節儉為寶。不僅僅是財物應當節儉，所有事情，經常想著節儉的道理，方纔能夠存有餘地。節制飲食，能夠養護脾胃；節制嗜欲，能夠聚積精神；省儉言語，能夠保養元氣而杜絕是非；節制交遊，可以慎於交友而少犯錯誤；節制應酬，可以保養身體而終止疲勞；節制熬夜，能夠安神而身體舒適；節制飲酒，能夠心中恬靜而涵養道德；節制思慮，能夠消除憂惱煩勞。無論任何事情，省去一部分，便會得到一部分的好處。大體而言，天下事情，屬於萬不得已的，不會超過十分之一二。剛見到以為不能放下，仔細想來，也並非萬不可以。像這樣逐漸省去，每天遇到的事情就會減少。白居易詩中說：「我有一句話希望您記準：這世上有很多自尋痛苦的人。」現在請問勞苦煩擾的人，這事也完全可以放下，果真屬於萬不得已的事情嗎？一定會猛然領悟，若有所失了。

人能常常和樂喜悅，則心中和順，五臟安泰，也就是前人所說的培養歡喜神。真定人梁先生常常向人講：「白天辦理公家的事情，每天晚上在家中，一定要尋找能夠讓人高興的事情，與門客暢談，動情大笑，用來抒發一天凝聚的疲勞。」這真是得到了養生的要訣。何文端先生的時候，曾經有鄉下人過百歲，先生叩問他長壽的方法，回答說：「我是鄉村人，什麼都不知道，就一輩子只是喜歡，從來不知道憂愁苦惱。」噫！這哪裡是追名逐利的人能做到的？

典籍中說：「仁人沉靜。」又說：「聰明人活動。」經常見到那些心浮氣躁的人，行動之間，不沉著，不穩重，大抵不能夠長壽。古人說：硯臺以一世計算，墨錠以季度計算，毛筆以天數計算，這裡見出動與靜的區別。靜的意義有兩層：一是身體不過於勞累，一是心不輕易感動。凡是遇到一切疲勞、憂愁惶恐、高興快樂、驚恐懼怕的事情，外面有序應對，內心安然不動，恰如澄淨的潭水，恰如微波不興的古井，便心志凝住了浮動之氣，外邊的紛擾，都退讓順從了。

這四個方面對於養生，非常切合實際，與道教的服藥導引相比較，相差何止萬倍？比如服藥，則藥物的性能，容易偏頗，或多有燥熱凝滯。道教引導吐故納新，則容易中止停息。一定以這四者為根本，不可以捨棄根本而致力於末梢。《道德經》五千字，它的主要意思不外於此。以之為座右銘言，時常體會省察，應當有所裨益。

【研　析】張英這篇文字同樣談養生，同樣是對前人養生理論的具體闡發。其前文談養生說飲食、睡眠，那是外因；這裡著眼於個人品性，由慈、儉、和、靜，談人生長壽之道，此為養生之內因。品性關乎身體，讀張英這則文字，對此當有更深入的理解。

先說慈。《說文解字》曰：「慈，愛也。从心，茲聲。」從造字學的角度來講，慈為形聲字，从心，从兹，兹亦聲。兹謂草木茂盛，慈指具有幫助人茁壯成長之心。張英這裡所謂的「慈」，包含了慈愛、慈祥、篤愛、仁愛、慈悲、愛護眾生諸多內容，這也是人生的一個大境界。仁慈愛人、愛老慈幼、慈悲為懷、慈愛眾生的人，必然是一個有包容寬恕胸懷的人，一個對人間社會充滿愛意、善良的人，一個具有仁者之心與菩薩情懷的人，一個先人後己、超出小我、大筆寫就的人。不斤斤計較個人得失，不處心積慮算計，時時事事與人為善，關心愛護樂於助人，自然不會患得患失，不會為人事糾葛煩惱，也不必擔心樹敵過多反遭對手算計，其內心也就必然會祥雲繚繞，充滿了吉祥和樂平易景象，氣順意暢，自然不會憂鬱成結，不會因氣傷身。此「慈」與養生之大概。

其次說儉。《說文解字》曰：「儉，約也，从人，僉聲。」這是「儉」字的本意。張英這裡所謂的「儉」，有約束、節制、節省、節儉等諸多內涵。所謂人生福分天命註定，這過於玄虛的說法中，其實是蘊涵了顛撲不破的道理。生命有其不能承受之重，超出生命所能夠負荷，其結果必然是生命的毀滅。小說《金瓶梅》之西門大官人，酒、色、財、氣，無所不貪，無節制的欲望，放肆的貪欲，導致其一命嗚呼，這是放縱欲望的顯例。過猶不及，任何事物都有其客觀規律，都要受到客觀規律的約束，過度使用造成物質資源的匱竭，過度飲食造成腸胃器官的損傷，無節制的嗜欲造成精神元氣的衰竭，口無遮攔、信口開河常常惹起是非，交遊太多難免所交匪人，應酬太多、熬夜過度、思慮太甚、飲酒無度，都將嚴重損害身體。張英認為，任何事情，省去一部分，便會得到一分好處；天下事情，屬於萬不得已的極少。學會放下，學會放開，煩惱不會找上門來。轉微信文字一則，與讀者諸君共勉：「身上事少，苦少；口中言少，禍少；腹中食少，病少；心中欲少，憂少；腦中慮少，紋少。」

其三說和。《說文解字》曰：「咊，相應也。」《廣韻》曰：「和，諧也。」張英這裡所謂的「和」，包括了和樂、喜悅、和順、平和諸內涵。在江蘇鎮江市古剎金山寺裡，有一塊「生歡喜心」的匾額，頗受遊客青睞。生歡喜心，便是養歡喜神，神仙無他法，只生歡喜不生愁。一輩子只是喜歡，從來不知道憂愁苦惱，自然心中和順，五臟安泰，身體康健，足以長壽。換言之，心喜纔能夠歡生，要生歡喜心，首先必須心喜。常能心喜，也並非輕易可以做到的事情。人生總有太多的不如意，生命的衰老病死，事業的坎坷挫折，人際關係的複雜糾葛，社會的爾虞我詐……沒有積極樂觀的人生態度、豁達大度的寬闊胸襟、不以物喜不以己悲的淡定品格，很難保持心喜，自然無法生歡。

最後談靜。「靜」的義項甚為豐富：靜止不動，寂靜無聲，默不作聲，安靜平靜，沉著冷靜，沉靜穩重，清潔乾淨，精神貫注，種種不一。張英著眼於行為和思想兩個方面，闡述了靜與養生的關係：一是身體不能夠過於勞累，二是心靜。其所言甚是，所關涉養生意義匪淺。現代醫學有「過勞死」的說法，指長時間加班，超負荷工作，過度疲勞，導致猝然死亡。過勞對於人身體的危害無需贅言。相比較體力疲勞，心理疲勞更顯得具有普遍意義。悲傷憂愁，畏懼恐怖，精神壓力，其於身體的損害自不待言；而興奮過度，同樣會嚴重影響身體的健康。君不見《儒林外史》中范進中舉而大喜發瘋，以及魯編修因陞官高興而痰迷心竅，導致暴亡的故事嗎？張英告誡人們，一切的事情，都要應對有序，內心安然不動，如澄淨的潭水，微波不興的古井。心浮氣躁與喜怒無常，都會造成「心理」的過勞，「過勞死」不僅因為過度的身體疲勞，「心理」的「過勞死」尤當注意。心淨纔能心靜，以清淨心處事，以清淨心律己，守住心中的歡喜神，安逸舒適，自然百病不侵。再錄微信「八大禪語」一則：「不爭，元氣不傷；不畏，慧灼閃光；不怒，百神和暢；不憂，心底清涼；不求，不卑不亢；不執，可圓可方；不貪，富貴安康；不苟，何懼君王！」此可為「心病」良藥。

養生四個字：慈、儉、和、靜，又有密切的內在聯繫。慈者能和，和者能靜，具有靜和之心，其人也必能儉，不會生非分之想，不會有生命的肆意放縱。滿招損，謙受益，過猶不及，堪為養生長壽的座右銘言。

一〇

圃翁曰：人生不能無所適以寄其意❶。予無嗜好，惟酷好看山種樹。昔王右軍亦云❷：「吾篤嗜種果。」此中有至樂❸存焉。手種之樹，開一花，結一實，玩之偏愛，食之益甘，此亦人情也。陽和里❹五畝園❺，雖不廣，倘所謂❻「有水一池，有竹千竿」者耶？花有十二種，每種得十餘本❼，循環❽玩賞，可以終老。城中地隘，不能多植，然在居室之西數武❾，花晨月夕❿，不須肩輿策蹇⓫，自朝至夜分⓬，可以酣賞飽看。一花一草，自始開至零落，無不窮極其趣，則一株可抵十株，一畝可敵十畝。山中嚮營賜金園⑬，今購芙蓉島⑭，皆以田為本，於隙地疏池種樹，不廢耕耘。閱耕⑮是人生最樂。古人所云躬耕⑯，亦止是課僕督農⑰，亦不在沾體塗足也。

【注釋】❶人生句　謂人生不能沒有寄託感情的東西。適，去；往。意，感情；情意。❷昔王右軍二句　語出王羲之〈胡桃帖〉，原文作「吾篤喜種果」。王羲之（西元三二一—三七九年，或西元三〇三—三六一年），字逸少，號澹齋，琅琊臨沂（今屬山東）人。後遷居山陰（今浙江紹興）。東晉大書法家。因曾官右軍將軍，世稱「王右軍」。篤嗜，非常喜好。❸至樂　最大的快樂。❹陽和里　地名，在今安徽桐城西南。❺五畝園　張英桐城老家府邸南邊，有因五畝塘而得名的五畝園。❻倘所謂句　引文出自白居易〈池上篇〉：「十畝之宅，五畝之園；有水一池，有竹千竿。」倘，或許。❼本　量詞，用於草木，猶棵、叢等。❽循環　往復。❾武　半步。❿花晨月夕　猶言良辰美景。⓫肩輿策蹇　乘轎騎驢。肩輿，一種以竹木等製成的簡單轎子。策蹇，騎跛足驢。⓬夜分　半夜。⓭賜金園　張英在桐城老家所築私家園林，位於今市郊龍眠鄉。《桐舊集》載：「桐城張文端公以山水為性情，自稱圃翁，嘗以水衡錢構園居之，名賜金園。」⓮芙蓉島　舊址在今桐城郊區龍眠鄉。⓯閱耕　觀看種地。⓰躬耕　親自從事農耕。⓱課僕督農　督促僕役農耕。

【語譯】田園老人說：人生不能夠沒有一個去處來寄託其精神。我沒有什麼嗜好，只是特別喜歡觀賞山景、種植樹木。從前王右軍也說：「我非常喜好種植果樹。」這裡邊有極大的快樂。親手種植的樹木，開一朵花兒，結一顆果子，觀玩起來特別喜愛，吃起來益發甘美，這也是人之常情。陽和里五畝園，地的面積雖然不大，或許就是白香山所說的「有一方水塘，有千棵竹子」之類吧？有十二種花木，每一種有十多棵，往復輪流欣賞，盡可以歡度晚年。城中地方狹窄，不能夠更多地種植，但在住屋西幾步遠的地方，良辰美景，不必乘轎騎驢顛簸，從早晨到夜半，可以盡情地觀賞。一花一草，從剛剛綻放到凋零落地，無不盡賞其妙趣，則一棵可以頂上十棵，一畝可以抵得過十畝。以前曾在山中營造賜金園，現在又購置芙蓉島，都以田地為主體，在空隙之處，疏浚池塘，種植樹木，不懈怠地耕種。觀看種地是人生極快樂的事情，古人所說的躬耕，也只是督促僕役農耕，不在於弄得腳上身上沾滿了泥巴。

【研析】人生總需要有種種寄託：理想信仰，是大寄託，決定著人生大的去路方向；兒女成人、個人愛好等等寄託，則更具體實在地充實著人生，讓平凡的人生因此具有了意味或詩意，讓人的靈魂不再孤獨。這也正是張英講人生不能沒有寄託的原因。

張英說他自己的寄託，在於觀山植樹。其上文之談山水審美，已可見出其生命的貫注，及其與自然精神的碰撞。這裡主要談植樹。植樹之樂，其一，在於自己經營創造美的景觀，自己汗水心血澆灌，親手勞作的成果，其花觀之益美，其果食之益甘。其二，在於其中包涵著豐富的文化內蘊。王羲之的喜好種果，白居易的〈池上篇〉所繪，關於植樹的種種佳話，已然成為一個文化的話題，成為一種別具一格的文化。張英的植樹，有著一種與歷代文人植樹文化聯繫的精神上的共振。其三，在於生命的交流。「花有十二種，每種得十餘本，循環玩賞」，植物的生長，花開花落，不僅悅目，還盡可以從中咀嚼領悟人生的哲理。其四，在於生活中充滿詩意。遊山玩水，需要有錢有閒，如多年前的一首流行歌所唱：「我想去桂林，我想去桂林。從前沒有錢，有的是時間；現在有了錢，我卻沒了時間。」而就近植樹，不必專門安排時間，無須有顛簸之勞，早晚之間，便可以盡情觀賞。

由張英這則文字，令人又想起馮夢龍《三言》中的名篇〈灌園叟晚逢仙女〉，與晚明時期曾經風靡於文人群中的痴癖思潮。張岱〈祁止祥癖〉中說：「人無癖不可與交，以其無深情也；人無疵不可與交，以其無真氣也。」秋先的痴於養花，深得痴趣，體現了深情真情，體現了人性的本真。生活中的寄託，或者說是因為有其精神的寄託，也讓宦海中浮沉了數十年的張英，始終沒有迷失自我。

二

圃翁曰：山居宜小樓，可以收攬❶群峰眾壑之勢❷，竹杪❸松梢，更有奇趣。予擬于芙蓉島南向構一小樓，題曰千崖萬壑之樓，大溪環抱，群峰聳峙，可謂快矣；築小齋❹三楹❺，曰佳夢軒❻。夫人生如夢，信矣！使夕夢至此，豈不以為佳甚耶？陸放翁夢至仙館，得詩云：「長廊下瞰碧蓮沼，小閣正對青蘿峰。」❼便以為極勝之景。予此中頗有之，可不謂之佳夢耶？香山詩云：「多道人生都是夢，夢中歡樂亦勝愁。」❽人既在夢中，則宜稅駕❾咀嚼其夢，而不當為夢幻泡影❿之嗟。予固將以此為睡鄉⓫，而不復從邯鄲道上向道人借黃粱枕也⓬。

【注釋】❶收攬　收聚。❷勢　形勢；姿態。❸竹杪　松竹末梢。❹齋　家居的房屋。❺楹　量詞，這裡指間。❻軒　敞亮的亭臺樓閣、房室。❼長廊二句　見陸游〈夢遊山水奇麗處有古宮觀云雲臺觀也〉第三、四句詩，原作「曲廊下闞白蓮沼，小閣正對青蘿峰」。闞，同「瞰」，看；俯視。青蘿，青色的常青藤。蘿，松蘿，又名女蘿，地衣類植物，攀生在石崖、松柏或牆上的一種植物。❽多道二句　見白居易〈城上夜宴〉詩，為末二句，原作「從道人生都是夢，夢中歡笑亦勝愁」。❾稅駕　猶言解駕停車，休息。❿夢幻泡影　佛教以為，世間事物皆如夢境、幻術、水泡、影子，一切皆空，世事無常。⓫睡鄉　睡夢中的境界。⓬而不復句　謂悟徹人生，不再為名韁利鎖束縛。典出唐人傳奇小說〈枕中記〉。故事云：盧生於邯鄲旅店遇道士呂翁，感慨窮困。呂翁從囊中拿出一枕給他。盧生枕之入睡。夢中娶美妻、中進士、做高官、建大功，拜相十年，歷盡榮華富貴。醒來，黃粱米飯尚未煮熟。後人稱之為邯鄲夢或黃粱夢，喻指人生空幻。

【語譯】田園老人說：山中最適宜的居所是小樓，在此可以收聚群峰眾壑形勢，一覽而盡。松竹樹梢，更有奇妙之趣。我打算在芙蓉島，朝南建造一座小樓，樓名叫千崖萬壑之樓。有大溪環抱，有林立的山峰高聳，可謂快意！建造小屋三間，起名叫佳夢軒。人生如夢，確是如此。假如夜間夢遊到此，難道不覺得這是極好的景象嗎？陸放翁夢中到了仙人修道的地方，有詩云：「長廊上俯視碧綠的蓮池，小樓閣正對著爬滿青藤的山峰。」便認為是十分美麗的風景。我的「千崖萬壑之樓」中，很有些這樣的景致，能不認為這是美夢嗎？白香山詩中說：「人們多說人生皆是夢幻，歡樂之夢總比愁苦之夢更好。」人生既然如在夢中，便應該停下車子休息，玩味一下夢境，而不應該只是嗟嘆人生如夢、幻、泡、影之無常。我也將以人生為夢境，不再從邯鄲道上，去向道人借取枕頭，做黃粱夢了。

【研　析】古詩有云：「生年不滿百，常懷千歲憂。晝短苦夜長，何不秉燭游！為樂當及時，何能待來茲？愚者愛惜費，但為後世嗤！仙人王子喬，難可與等期。」該詩以神仙難成，嘲諷了當時社會眾生的痴迷，不能領悟生命的本意，迷惑於功名富貴，爭名逐利，大限來時，一切皆空。此固有生命覺醒的意義，然肆意揮霍人生，及時行樂，終不符合養生的道理，亦非一種恰當可取的人生觀。

相比較，張英這篇文字表現出來的人生觀，要顯得更為積極，也更值得咀嚼。「夫人生如夢，信矣！」非也！在張英「人既在夢中，則宜稅駕咀嚼其夢，而不當為夢幻泡影之嗟」，予「不復從邯鄲道上向道人借黃粱枕」等文字表述中，其本意已經彰然可見了。他對於流俗觀點的反對態度，也不難由此看出。話說回來，即便張英贊同「人生如夢」，在他，無非以為生命有限，人生應該活得更加燦爛，更豐富多彩，有更多的詩情畫意；每個人都應該積極擁抱人生，品味人生，享受人生，有更高的幸福指數，而不是相反。

在這篇文字裡，張英便具體闡釋了其詩意人生的一個側面。小樓山居，小屋三間，眺萬壑大溪，觀千崖群峰，賞竹杪松梢，品溪流淙淙，可謂暢快極了！但這些，也只是張英想像中的圖畫，夢寐以求的理想，是存於心中，而尚未能夠落地的詩意人生。雖然不能如唐代詩人王維一般，置身於自然勝景中，然而，有此等胸襟，心中裝有這般勝景，亦足見其快意瀟灑！「夢中歡樂亦勝愁」，夢裡如此，醒來又何嘗不然！人生不如意事常有，生活本就是五味雜陳。與其患得患失，不如寧靜淡泊；與其嘆世傷時，不如豁達樂觀；與其沉湎於苦痛，不如咀嚼幸福的滋味；與其憂愁人生的苦短，不如真切地過好每一天的日子；奉獻固然體現著人生的境界，享受人生亦是「生命」的題中應有之意。

二

圃翁曰：人生於珍異❶之物，決不可好。昔端恪公❷言：「士人於一研❸一琴，當❹得佳者。研可適用，琴能發音，其他皆屬無益。」良然！磁器最不當好。磁佳者必脆薄，一醆❺值數十金。僮僕捧持❻，易致不謹❼，過於矜束❽，反致失手。朋客歡讌❾，亦鮮樂趣。此物在席，賓主皆有戒心，何適意之有？磁取厚而中等者，不至大粗，縱有傾跌❿，亦不甚惜，斯為得中之道⓫也。名畫法書⓬及海內有名玩器⓭，皆不可畜⑭，從來賈禍招尤⑮，可為龜鑑⑯。購之不啻千金，貨⑰之不值一文。且從來真贗難辨，變幻奇⑱於鬼神，裝潢易於竊換。一軸⑲得善價，繼至者遂不旋踵⑳。以偽為真，以真為偽，互相訕笑㉑，止可供噴飯㉒。昔真定梁公有畫字之好，竭生平之力收之，捐館㉓後為勢家㉔所求索殆盡，然雖與以佳者，輒謂非是，疑其藏匿，其子孫深受斯累。此可為明鑑㉕者也。

【注釋】①珍異　珍貴奇異。②端恪公　姚文然（西元一六二〇—一六七八年），字弱侯，號龍懷，桐城人。明崇禎十六年（西元一六四三年）進士。仕清，官至刑部尚書，為清初名臣。卒諡端恪。③研　通「硯」。硯臺，磨墨之具。④當　必；必定。⑤醆　同「盞」。量詞。⑥捧持　恭敬地托著、拿著。⑦不謹　不小心。⑧矜束　過於端莊不苟。⑨歡讌　同「歡宴」。歡快的飲宴。⑩傾跌　跌倒。⑪得中之道　適當、適宜的方法。⑫法書　名家書法範本。⑬玩器　供賞玩的器物。⑭畜　收藏。⑮賈禍招尤　招來災禍、怨恨。⑯龜鑑　龜可卜吉凶，鏡能別美醜，喻指可供人對照學習的榜樣或引以為戒的教訓。⑰貨　賣；出售。⑱奇　甚。⑲軸　指裝成卷軸形的書畫。⑳不旋踵　來不及轉身，喻指時間極短。㉑訕笑　譏笑。㉒噴飯　本意謂吃飯時忍不住笑而噴出飯粒，後借指惹人發笑。㉓捐館　即捐館舍，拋棄館舍，死亡的委婉稱法。館舍，房舍。㉔勢家　有權勢的人家。㉕明鑑　明顯的鑒戒或借鑒。

【語　譯】田園老人說：人的一生，對於珍貴奇異的東西，一定不能嗜好。從前端恪先生說：「儒生對於一只硯臺一把琴，必定要得到好的。硯臺能夠適用，琴能夠發出音響，其他都屬於無用的方面。」確是這樣。瓷器最不應該喜好。好的瓷器，必然又脆又薄，一盞價值幾十兩銀子。僕役恭敬地托著，容易造成不小心，束手束腳，反而導致失手。友朋客人歡快的飲宴，也少有樂趣。這東西擺在席上，客人主人都有戒備之心，哪裡有什麼快意？瓷器選取質厚中等的，不至於太粗糙，縱然跌落地上，也不太可惜，這纔是適當的方法。著名的繪畫書法，以及海內有名的賞玩器物，都不可以收藏。這些從來都是招來災禍、怨恨的東西，可引以為鑒。購買何止千金，出售不值一文。況且從來真假難辨，變幻莫測甚於鬼神。裝裱時容易被暗中換去，一軸書畫有了好的價錢，瞬間便有贋品跟著出來，以假為真，以真為假，相互譏笑，只能夠令人失笑。從前真定梁先生有收藏繪畫、書法的癖好，竭盡生平財力收藏，死後，被權勢之家索取殆盡。然而，雖然將好的給了他們，總說不是這個，懷疑將真的藏起，他的子孫深受這東西連累，這可以作為明顯的鑒戒。

【研　析】明代中期以後，經濟復蘇，專制統治鬆弛，社會消費觀念也逐漸由傳統的崇尚儉樸，向追求奢華享樂轉移，如正德《姑蘇志》談蘇州的變化：「吳下號為繁盛，四郊無曠土，其俗多奢少儉，有海陸之饒，商賈并輳，精飲饌、鮮衣服、麗棟宇，婚喪嫁娶，下至燕集，務以華縟相高。女工織作，雕鏤涂漆，必殫精巧。」嘉靖《江陰縣志》說風俗變化：「國初時民居尚儉朴……成化以後，富者之居僭侔公室，麗裾豐膳，日以過求。」有關記載不勝枚舉。

日常器用，在專制時代，在等級社會，原有極嚴格的規定，但到了此時，多成為一紙空文。如晚明松江人何良俊《四友齋叢說》中記載：「近年以來，吾松士夫家所用酒器，唯清河、沛國最號精工。沛國以玉，清河以金。玉皆漢物，金必求良工訪古器儀式打造，極為精。每一張燕，粲然眩目。」其中還記載了嘉興一人家款待客人時的奢華場面。張翰《松窗夢語》也記錄了江南社會日常生活中競相攀附的風氣：「其民利魚稻之饒，極人工之巧，服飾、器具，足以炫人心目，而志於富侈者爭趨效之。」

在這樣一個背景下，古玩書畫收藏，成一時之風氣。如何良俊自稱「藏書四萬卷，名畫百籤，古法帖鼎彝數十種」（《列朝詩集小傳》丁集上）；吳江史鑒家「陳三代、秦漢器物，及唐宋以來書畫名品」多件（《匏翁家藏集．隱士史明古墓表》）；長洲顧國本「多蓄古書法帖」，「藏書數千卷，率皆秘本。唐宋以來法書名畫，充棟插架，以及尊罍彝器，杯盎几案，入其室無一近今物」（葉昌熾《藏書紀事詩》卷四）；常熟錢謙益絳雲樓「旁龕金石文字，宋刻書數萬卷。列三代、秦漢尊彝環璧之屬，晉、唐、宋、元以來法書名畫。官、哥、定州、宣、成之瓷，端溪、靈璧、大理之石，宣德之銅，果園廠之髹器，充軔其間」（顧苓《河東君傳》）。過旺的消費需求，龐大的市場，管理的混亂，導致了造假盛行，贗品充斥，沈德符《萬曆野獲編．玩具．假骨董》記載：「骨董自來多贗，而吳中尤甚，文士皆借以糊口。近日前輩，修潔莫如張伯起，然亦不免向此中生活。至王伯穀則全以此計然策矣。」造假竟然成為一種產業。

顯而易見，張英這則文字所講，有著很強的現實針對性。其雖然以此訓誡子孫，並沒有居高臨下，空洞說教，而是擺事實、說道理，通過具體危害，闡明其「人生於珍異之物，決不可好」

的態度和觀點。先說瓷器，作三面觀：就僕役講，拿著價值昂貴，又脆又薄的瓷器，壓力山大，太緊張，容易失手；就客人言，親朋歡聚，本為求得愉悅，因為擔心弄壞了昂貴的餐酒器皿，戰戰兢兢，無法開懷，敗了心情；就主人言，一件損壞，所費不貲，浪費不小。所以，他主張家用器皿，可以選價位中等，結實耐用的，既價不甚貴，也不嫌寒酸，縱然跌壞，也不十分可惜。再說收藏，他講了四點：一是有名的書畫器玩，購買何止千金，花費太大；二是贗品流行，真假難辨，容易上當吃虧；三是裝裱時容易被人倒換，損失而不知；四是身後惹豪強掠奪，為子孫留下禍患。器為人用，人不可為器所役，本末不能倒置，張英從人自身的適意著眼，又能換位思考，為客人，乃至為僕人著想，斯為境界，堪為點讚。

三

圃翁曰：天體至圓，故生其中者，無一不肖❶其體。懸象❷之大者莫如日月，以至人之耳目手足，物之毛羽，樹之花實，土得雨而成丸，水得雨而成泡。凡天地自然而生皆圓，其方者皆人力所為。蓋稟天之性者，無一不具天之體。萬事做到極精妙處，無有不圓者。聖人之德，古今之至文法帖❸，以至一藝一術❹，必極圓而後登峰造極❺。裕親王❻曾暢言其旨，適與予論相合。偶論及科場文❼，想必到圓處始佳；即飲食做到精美處，到口也是圓底。余嘗觀四時之旋運❽，寒暑之循環，生息之相因❾，無非圓轉❿。人之一身與天時⓫相應，大約三四十以前是夏至⓬前，凡事漸長；三四十以後是夏至後，凡事漸衰；中間無一刻停留。中間盛衰關頭，無一定時候，大槩在三四十之間，觀於鬚髮可見：其衰緩者其壽多，其衰急者其壽寡。人身不能不衰，先從上而下者多壽，故古人以早脫頂為壽徵；先從下而上者多不壽，故鬚髮如故而腳輭⓭者難治⓮。凡人家道⓯亦然，盛衰增減，決無中立之理，如一樹之花開到極盛，便是搖落之期，多方保護，順其自然，猶恐其速開，況敢以火氣⓰催逼之乎？京師溫室之花，能移牡丹各色桃於正月，然花不盡其分量⓱，一開之後，根榦輒萎，此造化之機⓲，不可不察也。嘗觀草木之性，亦隨天地為圓轉：梅以深冬為春，桃李以春為春，榴荷以夏為春，菊桂芙蓉以秋為春，觀其節枝含苞之處，渾然⓳天地造化之理，故曰：「〈復〉，其見天地之心乎！」⑳

【注釋】❶肖　仿效；類似。❷懸象　天象，多指日月星辰。❸至文法帖　極好的文章和名家書法範本。❹一藝一術　一種伎藝術業。❺登峰造極　達到山峰絕頂，喻指造詣達到極高的境界。❻裕親王　指裕憲親王，名福全（西元一六五三—一七〇三年），號瀞園主人，順治皇帝次子，康熙皇帝的哥哥，康熙六年（西元一六六七年）封裕親王，授撫遠大將軍，卒諡憲。❼科場文　科舉考試中的文章。❽四時之旋運　四季的運轉。❾生息之相因　生殖蕃息，相互因襲依託。❿圓轉　旋轉。⓫天時　天道運行的規律。⓬夏至　二十四節氣之一，在農曆五月中旬，這一天北半球白天最長。至，陽氣至極。⓭輭　同「軟」。⓮治　旺盛。⓯家道　家庭命運。⓰火氣　物體燃燒時發出的熱氣。⓱分量　指物質分為若干份時所得的數量。⓲機　事物變化之所由。⓳渾然　全然；完全。⓴故曰三句　出自《易經．復》：「〈復〉，其見天地之心乎！」謂由復卦可見天地自然使陽氣生長的用心。復，往返，反復。

【語譯】田園老人說：天體極圓，因此生長在其中的東西，無一不仿效它的形體。大的天象，沒有超出日月的，以至於人的耳目手足、動物的獸毛羽毛、樹木的花果。土遇雨水成泥丸，水遇到下雨成水泡，所有天地自然生成的東西都是圓的。其中有方形的，都是人力所為形成。大概稟賦自然屬性的東西，無一不具有天的形狀。各種事情，做到極其精妙的地步，沒有不圓滿的。聖人的品德，古往今來極好的文章書法，以至於每一種伎藝術業，必然極其圓滿，然後纔能夠登峰造極。裕憲親王曾經暢論其意義，恰好和我的論點符合。偶然談到科舉考場上的文章，想必達到圓的地步纔好。就是飲食，做到極其精美的地步，進入口中，也是圓的。我曾觀察四季的運轉，寒暑的循環，生殖蕃息相互依託，無非旋轉。人的一身與天道運行的規律相呼應，大體上講，三四十歲以前，是夏至以前，所有事情逐漸增長發展；三四十歲以後，是夏至以後，所有事情逐漸衰弱，這中間沒有一刻停留的時候。中間盛衰關鍵處，沒有一定的時候，大概在三四十歲之間。從鬍鬚頭髮可以看出：其中衰退緩慢的，其人多享有壽數；衰退快速的，其享壽則少。人的身體不能不衰退，首先從上往下衰退的，多長壽，因此古人以禿頂為長壽的表徵；而首先從下往上衰退的，大多不長壽，因此，鬍鬚頭髮依然而腳已軟的人，生命難以旺盛。人間家庭的命運，也是這樣，盛衰增減，決然沒有居中間的道理。比如一棵樹上的花，綻放到了最盛，便是凋殘零落的期限。多方面保護，順其自然，還擔心它開得太快，何況以燃燒的熱氣催促逼迫它呢？京城溫室中的花，能夠推移牡丹和各種顏色的桃花在正月期間開放，然而所開之花不及其原本的大，一旦開放之後，根部與主幹也每每枯萎。這是自然變化的規律，不能不體察。曾經觀察草木的生命，也隨著天地旋轉：梅花以深冬為春天，桃、李以春天為春天，石榴、荷花以夏天為春天，菊花、桂花、芙蓉以秋天為春天。觀察它們的枝節含苞之處，全是天地自然本性。因此說：「往復之中，可見天地自然的用心！」

【研　析】有網路資料說，現代醫學研究證明，禿頂者有四大生理優勢：聰明，不易患心血管病和骨質疏鬆症，不易患癌症，壽命較長。復據網載，日本人的研究成果透露，通過連續十二年對二百四十二名五十至七十九歲禿頂男性的觀察、測量，發現他們體內激素含量較高，死亡率僅是非禿頂者的百分之四十八。激素含量多，是雄性激素分泌量大的一個表徵，也就是說，由雄性激素過多，造成了男性的禿頂，禿頂者也因此而長壽。看來，張英文字中所講的「古人以早脫頂為壽徵」，在現代醫學中，已經得到了證明。然其所謂人之衰老，「先從下而上者多不壽」云云，卻與俗語所說的「人老先老腳」不符。有網路文章分析「人老先老腳」曰：生理的衰老，最先是腦的綜合功能，腦—軀體平衡功能因衰老變得遲鈍，伴隨著其他系統器官，特別是雙腿雙足肌肉力度、本體感覺、靈敏度的衰老，於是出現了「人老先老腳」的現象。這一分析相比較張英的說法，顯然更能令人信服。

張英這則文字，還有兩個方面值得我們特別關注：

其一，敬畏自然。張英對於自然顯示出十足的敬畏。如他說：因為天體極圓，生長於其中的事物，莫不效法其形體，從至大的日月，到人的耳目手足、動物的獸毛羽毛、樹木的花果，乃至土遇雨成泥丸、雨入水而成泡，大凡天地間自然生成的東西，都是圓的；甚至於人之所為，各類事情，最精妙的境界，也無一不圓；聖人的品德，最好的文章、書法，以及任何一種伎藝，亦必圓而登峰造極；至於四季輪轉，生殖蕃息，周而復始，自然也在此理範圍之內。他認為花木有本性，一樹之花，待到徹底綻放，同時也就是其凋殘零落的開始。他以溫室養花為例，指出京城溫室之花，雖然能夠提前牡丹和各色桃花開放的時間，但其所開之花不及其原本規模，並且一旦開放之後，根部與主幹每每枯萎。在他看來，這些都是違背自然本性的做法。張英的解說未必盡屬合理，也不免牽強附會，但存此敬畏戒懼，心中有底線，做事有分寸，其治國理政，便能夠順天行事，而不至於肆無忌憚、逆天而為。

其二，順應自然，恪守規律。自然天體的運行，一年四季的轉換，所有生物的生長衰敗，都有其必然的軌道，客觀的規律。花草樹木如此，個人家族亦然。人體小宇宙，如自然一般，人的生命也有其春夏秋冬。張英認為，大體而言，人在三四十歲以前，如夏至以前之草木，是為生長繁盛期；三四十歲以後，如過了夏至，是走向衰微的下坡期。盛衰轉換的轉捩點難有一定，或遲或早，因人而異。善於調養健體，多方保護，則可為延緩，可以延年益壽，卻難以青春永駐，長盛不衰。因此，順應自然，並非放任自然，也有可為之事。

張英對於自然的敬畏，以及他對人與自然之間關係的這種辯證的認識，對於今天的我們，依然富有啟示意義。

一四

圃翁曰：人往往於古人片紙隻字❶珍如拱璧❷，其好之者索價千金，觀其落筆神彩，洵可寶❸矣！然自予觀之，此特❹一時筆墨之趣所寄耳。

若古人終身精神識見，盡在其文集中，乃其嘔心劌肺❺而出之者，如白香山、蘇長公❻之詩數千首，陸放翁之詩八十五卷。其人自少至老，仕宦之所歷、遊跡之所至、悲喜之情、怫愉❼之色，以至言貌謦欬❽、飲食起居、交遊酬錯，無一不寓其中，較之偶爾落筆，其可寶不且萬倍哉？予怪世人於古人詩文集不知愛，而寶其片紙隻字，為大惑也。

予昔在龍眠，苦於無客為伴，日則步屧❾於空潭❿、碧澗⓫、長松⓬、茂竹之側，夕則掩關⓭讀蘇、陸詩，以二鼓為度，燒燭焚香，煮茶延兩君子於坐，與之相對，如見其容貌鬚眉然。詩云：「架頭蘇、陸有遺書，特地攜來共索居⓮；日與兩君同臥起，人間何客得勝渠⓯？」良非解嘲⓰語也。

【注釋】❶片紙隻字　片言隻字。❷拱璧　大璧，多用來比喻極珍貴之物。❸洵可寶　實在值得珍愛。洵，誠然；實在。❹特　僅僅；只是。❺嘔心劌胏　即劌心刳胏，形容費盡心思，刻意而為。嘔心，形容構思時的勞心苦慮。劌，傷也。❻蘇長公　即蘇軾，其為蘇洵長子，時人尊稱為「蘇長公」。❼怫愉　即怫鬱，抑鬱不暢。❽謦欬　咳嗽，借指談吐、談笑。❾步屧　步行；漫步。屧，木板拖鞋。❿空潭　澄澈的深淵。⓫碧澗　碧綠的山澗溪水。⓬長松　藥草名。李時珍《本草綱目‧草一‧長松》載：「長松生古松下，根色如薺苨，長三五寸，味甘微苦，類人參，清香可愛。」這裡疑指高松。⓭掩關　閉門。⓮索居　離開眾人獨自散處一方。

⑮渠 他。⑯解嘲 被人嘲笑而自做解釋。

【語 譯】田園老人說：人們往往對於古人的片言隻字，如大璧那樣珍惜。其中喜好的，要價千金。觀看其下筆神彩，確實值得珍愛。但在我看來，這僅僅是一時的筆墨旨趣寄託而已。就古人一生精神見解而言，盡體現在他們的文集中，這是他們劇心刳肺費盡心思寫出的文字。如白香山、蘇長公的詩幾千首，陸放翁的詩八十五卷。這些人自少年到老年，做官的經歷，遊蹤所到之處，悲喜之情，抑鬱不暢的表情，以至於言談笑貌，飲食起居，交遊應酬，無一不寄寓其中。較之偶爾下筆，它們值得珍惜，不將有萬倍嗎！我奇怪世上的人，對於古人的詩文集不知道珍愛，卻珍惜他們的片言隻字，這是極其胡塗的。

以前我住在龍眠山，苦於沒有客人做伴。白天漫步在澄澈的深淵、碧綠的山澗溪水、高松茂竹側畔；晚上閉門讀蘇軾、陸游詩。以二更為限度，點燃蠟燭，焚起香料，煮上茗茶，邀請兩位君子入座，和它們相對，如同看見作者的容貌鬚眉一樣。有詩云：「架子上有蘇、陸留下的著作，是特地帶了來共同隱居。每日裡與兩君同睡同起，人世間哪位貴客能勝其人？」真不是自我解嘲的話。

【研 析】在張英看來，古人的書法墨寶，固然值得珍愛，因其筆下神彩，確乎非同尋常，但無非「一時筆墨之趣所寄」；而古人詩集文集，其中寄託著作者畢生「精神識見」，是其嘔心瀝血之作，能見其畢生行蹤、言談笑貌、喜怒哀樂、交往應酬，其價值較之片言隻字的書法，更勝過萬倍。張英談到自己住在龍眠山時，深夜閉門讀蘇、陸的情景，很自然讓人想起孟子的話來：「以友天下之善士為未足，又尚論古之人。頌其詩，讀其書，不知其人可乎？是以論其世也，是尚友也。」孟子曾經很以塵世中值得交往的人太少而苦惱，後來，他想到了古代的聖賢，讀他們的著作，同他們心靈對話之後，豁然開朗：讀書也是交友！不出門就能與歷代賢人交友，豈不快哉！

讀書即交友。因為讀書，我們知道子路聞過則喜；伯夷、叔齊餓死不食周粟；屈原寧可投身魚腹也不願隨波逐流；陶淵明辭官歸田不為五斗米折腰；李白「安能摧眉折腰事權貴，使我不得開心顏」；岳飛精忠報國捨身成仁；包拯廉明清正是非明察……他們的錚錚鐵骨、凜凜正氣，如高山仰止，與日月同輝，感染著我們的思想，陶冶了我們的情操。對聖經賢傳，如面諍友，其中明白告訴我們何事當行，何事該止，何者為榮，何者為恥，何為經驗，何為教訓，何處平地，何處溝壑。什麼是原則，什麼能變通，什麼該追求，什麼當屏棄，如何做人，怎樣行事……知無不言，言而務盡，推心置腹，坦誠相見，這是何等磊落、無私的朋友！讀二十五史，敘朝代興廢，講歷代史事，品人物種種，是其所是，非其所非，不掩惡、不虛美，示範著什麼是史家精神。品詩文別集，錦繡文章，文學家向我們袒露著火樣的激情，真切的喜怒，千人千面的人生體悟，洞燭幽微的社會認知。讓我們從中感受到他們對自然、生命的熱愛，對真善美的追求，對假醜惡的鞭撻。讀小說家言，像聽友人娓娓不倦地講述故事：金戈鐵馬，花前月下，神仙妖魔，物欲橫流……凡大千世界所有，小說中大都有之，形形色色，五彩雜呈，不僅讓人對身邊的社會看得更透，還讓我們對身外的社會多些感知。

清朝初年，張潮寫了本《幽夢影》，有一段妙語：「對淵博友，如讀異書；對風雅友，如讀名人詩文；對謹飭友，如讀聖賢經傳；對滑稽友，如閱傳奇小說。」孟子講讀書如交友，張英講日與古人同臥起，張潮說交友如讀書。其實，每個人的人生，都是一本獨特的書，而每本書，又何嘗不是著書人對於社會人生的深切感悟！讀書是交友，書籍是我們取之不盡、用之不竭的寶藏。

一五

圃翁曰：予嘗言享山林之樂者，必具四者而後能長享其樂，實有其樂，是以古今來不易覯❶也。四者維❷何？曰道德，曰文章，曰經濟❸，曰福命❹。

所謂道德者，性情不乖戾❺，不谿刻❻，不褊狹❼，不暴躁，不移情於紛華❽，不生嗔❾於冷暖❿，居家則肅雝⓫簡靜足以見信於妻孥，居鄉則厚重⓬謙和足以取重⓭於鄉里，居身⓮則恬淡寡營⓯足以不愧於衾影⓰，無忤於人，無羨於世，無爭於人，無憾於己，然後天地容其隱逸⓱，鬼神許其安享，無心意顛倒之病，無取舍轉徙⓲之煩。此非道德而何哉？

佳山勝水，茂林修竹，全恃我之性情識見取之；不然，一見而悅，數見而厭心生矣。或吟詠古人之篇章，或抒寫性靈⑲之所見，一字一句便可千秋⑳，相契無言亦成妙諦㉑。古人所謂：「行到水窮處，坐看雲起時。」㉒又云：「登東皋以舒嘯，臨清流而賦詩。」㉓斷非不解筆墨人所能領略。此非文章而何哉？

夫茅亭草舍，皆有經綸㉔；菜隴瓜畦㉕，具見規畫。一草一木，其布置亦有法度㉖。淡泊而可免饑寒，徒步而不致委頓㉗。良辰美景而匏樽㉘不空，歲時伏臘㉙而雞豚可辦，分花乞竹㉚不須多費而自有雅人深致㉛，疏池結籬不煩華侈而皆能天然入畫，此非經濟而何哉？

從來愛閒之人類不得閒，得閒之人類不愛閒。公卿將相，時至則為之，獨是山林清福為造物之所深吝。試觀宇宙間，幾人解脫？書卷之中，亦不多得。置身在窮達毀譽之外，名利之所不能奔走㉜，世味㉝之所不能縛束，室有萊妻㉞而無交謫㉟之言，田有伏臘而無乞米之苦，白香山所謂事了心了㊱，此非福命而何哉？

四者有一不具，不足以享山林清福，故舉世聰明才智之士，非無一知半見略知山林趣味，而究竟不能身入其中，職㊲此之故也。

【注釋】❶覯　遇見；看見。❷維　乃；是。❸經濟　經世濟民；經營調劑的能力。❹福命　享福的命運。❺乖戾　悖謬；不合情理。❻谿刻　刻薄；苛刻。❼褊狹　心胸氣量或見識狹隘。❽紛華　繁華；富麗。❾生嗔　生氣；發怒。❿冷暖　喻指世態炎涼。⓫肅雝　莊嚴和諧。⓬厚重　敦厚持重。⓭取重　見重；取得敬重。⓮居身　立身處世。⓯寡營　欲望少，不鑽營謀私利。⓰衾影　獨自一人。北齊劉晝《新論·慎獨》：「獨立不慚影，獨寢不愧衾。」⓱隱逸　隱居。⓲轉徙　變化。⓳性靈　思想情感；性情。⓴千秋　千歲，形容歲月長久。㉑妙諦　精妙的真諦。㉒行到二句　謂走到水源的盡頭，也便是坐下來欣賞雲彩昇起的時候。語出王維〈終南別業〉詩。㉓登東皋二句　謂登上東面水田邊向陽的高地歌唱，面對清澈的溪流吟詩。語出陶潛〈歸去來兮辭〉。皋，田澤旁邊的高地。舒嘯，放聲長嘯。㉔經綸　整理絲縷，編絲成繩，引申為籌劃治理。㉕菜隴瓜畦　泛指田園。隴，通「壟」。畦，田塊。㉖法度　規矩。㉗委頓　衰病。㉘匏樽　或作「匏尊」，用匏製作的酒樽，泛指飲具。匏，葫蘆的一種。㉙歲時伏臘　一年中的節日。歲時，一年；四季。伏臘，古代兩種祭祀伏祭、臘祭的統稱，泛指節日。又借指生活或生活所需的物質資料。㉚分花乞竹　以自種之花換取他人之竹。㉛雅人深致　高雅之人意興深遠。㉜奔走　驅使。㉝世味　人世的況味。㉞萊妻　老萊子之妻，賢婦的代稱。典出漢劉向《列女傳·賢明·楚老萊妻》。據載：萊子逃世，耕於蒙山之陽。楚王遣使，欲聘其出仕。萊子妻曰：「妾聞之：可食以酒肉者，可隨以鞭捶；可授以官祿者，可隨以鈇鉞。今先生食人酒肉，受人官祿，為人所制也，能免於患乎？妾不能為人所制。」遂行不顧，至江南而止。老萊子乃隨其妻而居之。㉟交讁　競相責難。《詩經·邶風·北門》：「我入自外，室人交徧讁我。」㊱白香山句　語出白居易〈自在〉詩：

「心了事未了，飢寒迫於外。事了心未了，念慮煎於內。我今實多幸，事與心和會。內外及中間，了然無一礙。所以日陽中，向君言自在。」㊲職 惟；只。表示主要由於某種原因。

【語譯】田園老人說：我曾經談到享受隱居快樂的人，一定要具備四個條件，然後能夠長久地享有此種快樂，真真切切地享受這種快樂，因此，古往今來，不容易遇到。四者是什麼？道德，文章，經營調劑的能力，享福的命運。

所謂道德，性情不悖謬，不刻薄，心胸氣量不狹隘，性格不暴躁，不為繁華富麗變易情志，不因世態炎涼而生悶氣。閒居在家，則莊嚴和諧，簡約沉靜，足以贏得妻子兒女的信任；生活在鄉里，則敦厚持重，謙虛平和，足以得到鄉里的敬重；立身處世，則恬淡不謀私利，獨自一人，都足以沒有愧疚。不被人觸犯，不被世人豔羨，與人無爭，對自己不存在不滿。此後，天地容受他隱逸山林，鬼神允許他安然享受，沒有反復無常的毛病，沒有取捨不定的困擾。這不是道德又是什麼？

優美的山水，茂密的叢林，修長的竹子，都有賴於個人的性情見識獲得。不然，初見喜歡，幾次看到，就會產生厭煩之心。或者吟詠古人的詩篇，或者抒寫性靈的發現，一字一句，便可以永久留傳，沒有聲音話語而契合無間，成為精妙的真諦。如古人所說：「走到水源的盡頭，坐下來欣賞雲起雲飛。」又說：「登上東面水田邊向陽的高地盡情歌唱，面對著清澈的溪流朗聲吟歌。」斷然不是那些不懂得文字筆墨的人所能夠領會到的。這不是文章又是什麼？

用茅草修蓋的亭臺屋舍，也都有一番籌劃設計；瓜菜田園，一一都有規劃；一草一木，它們的分佈陳列，也有規矩。恬淡寡欲而可以免除飢寒，徒步行走而不至於衰病。良辰美景，飲具不會空無所有；年中節日，禽畜之肉可以整備。以自家所種之花，換取他人的竹子，不用太多破費，便自有高雅之人深遠的意興；疏浚池塘，編製籬笆，無需為豪華奢侈費心，卻都能夠成為天然圖畫。這不是經濟才能又是什麼？

從來喜愛清閒的人，大抵不能擁有清閒；擁有清閒的人，大多不愛清閒。文臣武將等達官顯貴，時運來了便可以做。唯獨山林隱逸的清閒之福，是創造萬物的主宰者深所吝惜的東西。試看天地之間，有幾個人看破一切？書籍中也不能多見。置身困頓顯達、詆毀讚譽之外，功名利祿不能驅使，人世的況味不能夠束縛。家有賢妻，便沒有競相責難的苦處；田園有了收成，便沒有討米的難堪。這就是白香山所說的事了心了，無事心淨。這不是享福的命運又是什麼？

這四條，有一條不具備，便不能夠完全享有隱居山林的清閒之福。所以，整個世上，聰明有才智的人，並不乏具有一定見解，能大概體味隱居之趣的人，但終究不能夠隱居山林，享有此趣，正因為這個緣故。

【研　析】古來論說「隱逸」的文字甚多。南朝宋范曄《後漢書》首開「逸民」欄，具體論析隱逸初衷的不同：求其志者，全其道者，鎮其躁者，圖其安者，憤世俗以保其清潔者。遼、金時期，大文學家元好問寫過一篇〈市隱齋記〉，則談到隱逸場所的有別，「隱於農、於工、於商、於醫卜、於屠釣，至於博徒、賣漿、抱關吏、酒家保，無乎不在」，還進而辨析了「小隱」和「大隱」的不同。明朝人都穆《聽雨紀談・隱說》，則著重討論了天隱、地隱、人隱、名隱的不同。明朝另類思想家李卓吾在其名著《藏書》中，分隱逸為三類：時隱，身隱，身心俱隱。張英這篇文字，則別開生面，談享有隱逸之樂的不易，還進一步闡釋，要能夠長久地享有隱逸的快樂，真真切切地享有隱逸的快樂，必需具備四個條件：道德，文章，經濟，福命。我們來看他的具體論述。

首先說道德。張英認為，身在草野，做一個布衣文人，要真正快樂，一是需要澹泊明志，「不以物喜，不以己悲」，淡定豁達，不慕榮華，不患得患失，不眼皮太薄；二是要性情平和，能包容，家庭和睦，妻子兒女在靈魂深處贊同他的選擇，欽佩他的人格，家族成員思想一致，甘於淡泊；三是鄰里和諧，不狐假虎威，勾結衙門，欺凌弱小，魚肉鄉鄰，在鄉里之間，有口皆碑，受人敬重，不被人罵，不為人忌，不遭人算計；四是為人方正，不損人利己，不做虧心事，心中坦蕩，身體康泰。如此，既無內憂，也無外患，更無身心的苦痛，「寵辱不驚，看庭前花開花落；去留無意，望天空雲捲雲舒」，在和諧的環境中，方能夠享有隱逸自在的快意。

其次說文章。張英認為，生活在鄉村山林，置身於大自然中，要有發現自然美的眼睛和欣賞自然美的心靈。缺乏發現美的素養，不具備發現美的眼睛，你不可能發現身邊旖旎的景致、美麗的環境，不可能深切感受自然美的蘊含。而不具備審美的心靈，不能與天為徒，於天人之間全無心會，則無法與大自然進行心靈的對話，也不可能從花開花落、雲起雲飛、蟬噪鳥鳴、潺潺流水中，感悟到生命的真諦，感受到人生的境界，進而抒寫放飛的心靈與性靈的發現。

其三說經濟。張英認為，要享有隱逸之樂，籌劃運營，經濟的頭腦，也不可缺少。簡陋的茅舍亭臺，無需多費，靠精心籌劃，同樣可以造出詩意；瓜菜田園，一草一木，經營有方，同樣可以免除飢寒，可以見出品味；良辰美景，薄酒略備；逢年過節，有肉可享。有花燦然，有竹修然，一方池塘，田園風光，天然畫圖，自有雅人意興。這些，均需要運籌擘劃，經濟而不簡單。不然，如陶淵明「夏日長抱飢，寒夜無被眠；造夕思雞鳴，及晨願烏遷」，或如杜甫「朝扣富兒門，暮隨肥馬塵；殘杯與冷炙，到處潛悲辛」，更何有隱逸之樂可言？

第四說福命。張英認為，達官顯貴，時運來時，便可做得；唯隱逸之樂，須有此等福氣與命運，方纔可以享有。試看世間，愛清閒的人，大抵不能擁有清閒；有清閒的人，大多不愛清閒。既要個人看破所有，超越名韁利鎖，還要家有賢妻，舉案齊眉，安於貧賤；家中有糧，心中不慌，沒有乞討的痛苦。誠如白香山所言，事了方能心了，無事方可心淨。難矣哉！

選擇隱逸已難，再要如此四條一一俱備，看來，能長久地享有隱逸的快樂，能真真切切享受隱逸的快樂，古往今來，即便「書卷之中，亦不多得」。能享者，真可謂大福之人也！

一八

圃翁曰：予於歸田❶之後，誓不著緞，不食人參。夫古人至貴❷，猶服三澣❸之衣。緞之為物，不可洗，不可染，而其價六七倍於湖州縐紬與絲紬❹。佳者三四錢❺一尺，比於一疋布之價。初時華麗可觀，一沾灰油便色改而不可澣洗。況予性疏忽❻於衣服，不能整齊❼，最不愛華麗之服。歸田後，惟著絨褐❽、山繭❾、文布❿、湖紬⓫，期於適體養性⑫。冬則羔裘⑬，夏則蕉葛⑭，一切珍裘細縠⑮，悉屏棄之，不使外物妨吾坐起⑯也。老年奔走應事務，日服人參一二錢。細思吾鄉米價，一石⑰不過四錢。今日服參價如之，或倍之，是一人而兼百餘人糊口之具⑱，忍⑲孰甚焉？侈孰甚焉？夫藥性原以治病，不得已而取效⑳於旦夕，用是補續血氣，乃竟以為日用尋常之物，可乎哉？無論物力不及，即及，亦不當為。予故深以為戒。倘得邀恩遂初㉑，此二事斷然不渝吾言也。

【注釋】❶歸田　辭職回鄉務農。❷貴　地位顯要。❸三澣　唐代制度，官吏十日一次休沐，稱沐為澣濯。後人分別稱每月的上、中、下三旬為上澣、中澣、下澣，合稱三澣。這裡指洗過三次。澣，洗。❹湖州縐紬與絲紬　湖州，地名，位於今浙江省北部，古來以盛產絲綢著名。縐紬，織有皺紋的綢子。絲紬，蠶絲或人工絲織品的總稱。❺錢　古人計量單位，一錢等於十分，十錢等於一兩。❻疎忽　隨便。❼整齊　整治。❽絨褐　絨，細布。褐，粗布衣。❾山繭　用野蠶絲織成的綢。❿文布　染有花紋的布。⓫湖紬　湖州出產的綢。⓬養性　養生。⓭羔裘　用紫羔（羊）製的皮衣。⓮蕉葛　即蕉布，用蕉麻纖維織成的布。⓯珍裘細縠　珍貴的皮衣和精細的紗綢。縠，縐紗。⓰坐起　舉止行動。⓱石　舊時容量單位，十斗為一石，十升為一斗。⓲具　飲食之器，引申為酒食。⓳忍　忍心；狠心。⓴取效　收效。㉑邀恩遂初　獲得恩寵，完成歸田的心願。遂初，得遂初願，指辭官隱居。

【語　譯】田園老人說：我將來辭官回鄉以後，發誓不穿緞子衣服，不吃人參。古代身份極其尊貴的人，尚且穿用洗過三次的衣服。緞子作為物品，不能夠洗滌，不能夠染色，但其價格是湖州縐紬和絲紬的六七倍，上等的要三四錢買一尺，等於一匹布的價格。剛穿時華麗漂亮，一旦被灰塵油膩沾染，便改色不能洗去。何況我性格隨便，不能夠整治衣服，最不喜歡華麗的服裝。辭官回鄉以後，只穿粗細布、野蠶絲織成的綢、染花紋的布、湖州出產的綢，希望穿著舒服，養生而已。冬天便穿羊皮衣，夏天便穿蕉麻纖維布，所有的珍貴皮衣和精細的紗綢，全部摒棄，不讓身外之物妨礙我的行止。老年人忙碌應酬事務，每天服用一二錢人參。仔細想來，我家鄉的米價，一石不過四錢銀子，現在服用的人參，價格相等或加倍，這是一個人而兼有百餘人的口糧，有比這更狠心的嗎？有比這更奢侈的嗎？藥的性能，原本用來治病，不得已時取得臨時效果，用此補充接續血氣，竟然將它當成普通日用的東西，可以這樣做嗎？不要說可供物質稀少，就是夠用，也不應該這樣做。我因此深以為戒。倘若可以獲得朝廷恩寵，得遂初願，辭官回鄉，這兩件事，斷然不違背我講過的話。

【研　析】一則普通不過的文字，也沒有什麼特別深奧的內涵，讀來依然如此強烈地激蕩著人心，震撼著人的思想，令人深深為之感動。

張英在文中講到，待到朝廷批准，退休還鄉，發誓不穿緞製的衣服，不吃人參。因為緞子的價格，有湖州絲綢的六七倍高；上等的緞子，一尺之價，可以買布一匹，且不耐穿。所以退休以後，他要冬穿羊皮衣，夏穿蕉麻布，所有珍貴的皮衣和精細的紗綢，一概摒棄。至於人參，每天服用一二錢之價，可以購米一石，這是一人在用百餘人的口糧，太過奢侈，所以亦當謝絕。

張英何等人也？康熙六年（西元一六六七年）二甲第四名進士；十一年（西元一六七二年）授翰林院編修，後陞侍讀學士；十六年（西元一六七七年）入值南書房；二十八年（西元一六八九年）擢工部尚書，調任禮部尚書；三十八年（西元一六九九年）拜文華殿大學士；四十年（西元一七〇一年）致仕，位居一品。退休之前，康熙十八年，長子廷瓚考取二甲第二名進士；康熙三十九年，次子廷玉考取進士。復據《聰訓齋語》卷上末其長子張廷瓚所記，康熙三十六年（西元一六九七年）春，張英於退朝之後，「隨所欲言，取素箋書之，得八十四幅」，可知其中內容約撰於是時。位極人臣的張英，年至花甲，兒子也有出息，拋去當時人所謂的「三年清知府，十萬雪花銀」不論，任其兩袖清風，著緞服參，再尋常不過的消費，然其特意書之，以家訓形式示之兒孫，可見耿耿於懷已久，絕非一般的矯情。再聯繫張英的其他故事，如其夫人親為女工，家用花銷嚴格計畫，生日不擺宴慶賀等等，我們更有理由相信，這些話全出自其肺腑之言。借一斑以窺全豹，康熙帝讚其「始終敬慎，有古大臣風」，對他始終信任有加，可謂知人。

源遠流長的中華傳統美德，不僅體現在聖人的經典中，更反映在不絕如縷的個人具體踐行中。桐城張氏，之所以能夠一門七代十三進士，有「父子大學士」、「三世得謚」、「四世江蘇學政」、「五朝金榜題名」、「六代翰林」，人才輩出，綿延幾百年不絕的輝煌局面，正得力於其家族優秀文化傳統一脈相承的作育。以三百年前的張英為鏡子，現代社會的官員們，不知當作何想？

一七

圃翁曰：古人美王司徒之德曰：「門無雜賓。」❶此最有味。大約門下奔走❷之客，有損無益。主人以清正高簡❸安靜為美，於彼何利焉？可以啖❹之以利，可以動之以名，可以怵之以利害，則欣動❺其主人。主人不可動，則誘其子弟，誘其僮僕。外探無稽之言以熒惑其視聽，內洩機密之語以誇示其交遊，甚且以偽為真，將無作有，以徼倖其語之或驗，則從中而取利焉。或居要津之位❻，或處權勢之地，尤當遠之益遠也。又有挾術技❼以遊者，彼皆藉一藝以售其身❽，漸與仕宦相親密，而遂以乘機遘會❾，其本念決不在專售其技也。挾術以遊者，往往如此。故此輩之樸訥迂鈍者，猶當慎其晉接❿；若狡黠便佞⓫、好生事端、蹤跡詭秘者，以不識其人、不知其姓名為善。勿曰：我持正，彼安能惑我？我明察，彼不能蔽我！恐久之自墮其術中而不能出也。

【注　釋】❶古人二句　門無雜賓，謂不亂交朋友，家中沒有亂七八糟的客人。《晉書・劉惔傳》載：劉惔「累遷丹楊尹。為政清整，門無雜賓。……性簡貴，與王羲之雅相友善」。羲之叔父王導（西元二七六—三三九年）嘗官司徒。此是否美王導之語，待查。❷奔走　趨附。❸清正高簡　清白節儉。清正，清白正直。高簡，清高節儉。❹啖　利誘。❺欣動　引動。❻要津之位　顯要的職位、地位。❼術技　即術藝，指技術、技能。❽售其身　推銷自己。❾遘會　投合；攀附。❿晉接　接見；交接。⓫便佞　阿諛逢迎，巧言善辯。

【語　譯】田園老人說：古人讚美王司徒的道德品質，說「他家中沒有亂七八糟的客人」，這話很有意味。大體而言，門庭之下趨附著的門客，有害處沒有好處。主人喜歡清正節儉安靜，對於他們而言，有什麼好處？可以以利益引誘，可以以名譽打動，可以以利害恫嚇，便以此引動主人。主人不能夠引動，便誘惑他的子女，誘惑他的僕役。在外打聽一些沒有根據的話語，用來眩惑主人的視聽；向家人洩露機密的事情，用來誇示炫耀他的交際。甚至以假為真，將無當有，僥倖企望所說的或許靈驗，便從中獲取好處。人或者處於顯要的位置，或者處在有權有勢的地步，尤其應當遠離他們。又有依憑技術、技能來結交的人，他們都是憑藉一種技藝來推銷自己，逐漸與官員相互親密，而終於乘機攀附，在他們的本念，必定不在於專門推銷其技藝。依恃技藝去與人交往的，往往是這個樣子。所以，這些人中，樸質不善言辭的人，還可以謹慎接見，如詭詐善辯、阿諛逢迎，喜歡滋生事端，行蹤詭秘的人，以不認識此人、不知道他的姓名為好。千萬別說，我持身方正，他哪裡能夠蠱惑得我？我明察秋毫，他不能夠將我蒙蔽！恐怕時間長了，自己掉進他的圈套中，而不能夠出來了。

【研　析】孟嘗君、平原君、春申君、信陵君，所謂的戰國四公子，可謂赫赫有名。其招賢納士，有一技之長即獲供養的故事，更為人所熟知。有文獻記錄，當時孟嘗君、春申君、信陵君門下食客，多達三千，平原君養士也有數千之眾。

迄於明代中期，文臣武將，多聘幕客；即使富商大賈，也多有幫閒清客，如晚明沈德符《萬曆野獲編》中記載，嘉靖年間，胡宗憲、趙文華等，因為朝廷喜好青詞，招納文士，代為捉刀。其他武將，也多效仿。隆、萬年間，邊庭帥府，山人墨客鋪天蓋地，財政竟因此輩欲壑難填而枯竭。有一位蕭如薰都督，為寧夏制帥，附庸風雅，山人墨客如蠅附羶，如蟻之集。蕭夫人嫁妝多，最後到了當去簪珥的地步，仍不能滿足夫君浩大的開支。從這裡可以知道，當時的幕府中，清客隊裡，實在是藏汙納垢。

李卓吾還講到一則山人黃生的故事。黃某先是在京師干謁權貴，又往長蘆打秋風，還要隨長蘆長官再赴新任，到了九江，因見到另外的顯要，便捨舊從新，改換門庭，別投新主。到麻城，目的是要打林汝寧的秋風，前此林汝寧為官三任，他已是無一任不往，往必滿載而歸，此時要繼續打林汝寧的秋風，偏偏又要以清高標榜，於是往來李、林中間，對李說，林汝寧邀我隨遊嵩山少林，以此掩飾其秋風客實質。對林則說，我實在捨不得李卓老，不願離去，以此顯其清高。

晚明人辟岡在他的一封書信裡，對晚明山人的品類，有過詳細的歸納：出身卑微，不讀書而冒名儒生，以引人注意；盜取美名，一闊臉就變，頓忘其本來面目，以大家自居，對人評頭品足；略有小技，人模人樣，應酬往來，居之不疑；聞聽某人好客，千方百計求與交往，以貴人為可居奇貨，方得攀附，便忘舊恩，隨意毀謗為之牽線的人；察言觀色，曲意奉承，侍奉左右，求其美譽，希望揚名；偶然邂逅，旋即拜訪，巴結守門之人，希望得以引進；對人不論老幼，一概自稱晚生，交往不分深淺，對人便誇知己，以此自詡，誇耀人脈；號稱山人，沒有絲毫草野文人本色，穿綢緞，騎大馬，花天酒地，顯擺得意；為了邀寵，舌可舐癰，稍違己意，便爾罵座；最糟糕的一類，表面親熱，暗窺隱私，捉人把柄，要挾以逞私欲。

這便是當時社會真實的景況。據此，我們不難理解張英為什麼會對門客有如此多的感慨憎惡，以及為什麼要在訓誡子孫的家訓中，為之專立一款。

一八

圃翁曰：予性不愛觀劇。在京師，一席之費動踰數十金，徒有應酬之勞而無酣適[1]之趣，不若以其費濟困賑急，為人我利普[2]也。予六旬之期，老妻禮佛[3]時，忽念誕日例當設梨園[4]宴親友，吾家既不為此，胡不將此費製綿衣袴百領，以施道路饑寒之人乎？次日為余言，笑而許之。予意欲歸里時，倣陸梭山居家之法[5]，以一歲之費分為十二股，一月用一分。每日於食用節省，月晦[6]之日，則總一月之所餘，別作一封，以應貧寒之急，能多作好事一兩件，其樂逾於日享大烹之奉[7]多矣，但在勉力而行之。

【注　釋】❶酣適　暢快舒適。❷利普　利益普施。❸禮佛　拜佛。❹梨園　指戲曲演出。唐朝玄宗時教練宮廷歌舞藝人的場所，後世借指戲班或演戲場所，這裡指戲曲演出。❺倣陸梭山居家之法　陸梭山，名九韶（西元一一二八—一二〇五年），字子美，號梭山居士，江西撫州人。南宋學者。與弟陸九齡、陸九淵並稱「三陸」。著有《梭山文集》等。其《居家正本制用篇》中有云：「今以田疇所收，除租稅及種蓋糞治之外，所有若干，以十分均之，留三分為水旱不測之備，一分為祭祀之用，六分分十二月之用。取一月合用之數，約為三十分，日用其一。」❻月晦　月盡之日，農曆每月的最後一天。❼大烹之奉　進獻的盛饌美食。

【語　譯】田園老人說：我稟性不喜歡看戲。在京城，一桌宴席的費用，常常幾十兩銀子，空有應酬的辛勞，而沒有暢快舒適的趣味，不如用此花費，救濟貧困急需，做人我普惠的事情。我六十歲生日，老妻拜佛的時候，忽然想到，生日慣例，應該安排戲曲演出，宴請親友，我們家既然不做此事，為什麼不將這筆費用縫製棉衣棉褲百件，用來施捨道路上飢寒的人呢？次日向我說起，含笑讚許。我打算辭職返鄉後，效法梭山居家過日子的辦法，將一年的費用，分為十二股，一月一份。每日在食用方面的節省，月底最後一天，便歸總一個月的剩餘，另外作一封保存，用來應對貧寒急需。能夠多做一兩件好事，這種快樂，比享受盛饌美食的進獻強多了。只是在於要勉力去做它。

【研　析】這則文字，再次讓人具體感受到張英所具有的高尚美德、博愛情懷，以及他所達到的一種令人起敬的人生境界。

明代中期以後，大眾娛樂文化勃興，戲劇更成為一種「令舉國若狂」的大眾娛樂文化形式。達官顯貴、富商大賈甚至多家養戲班，節日時令，春節、迎春、元宵、端陽、賽會、中元、中秋，人生禮儀，生子、婚禮、壽禮、喪禮，以及官府、貴族、富商、文人的種種宴集，約定俗成，演戲成為「規定」的內容，不可或缺。《紅樓夢》中寫到的賈府，曾經先後辦過兩個戲班。為了迎接元春省親，原有的演員老了，於是重購演員，再行組建新的戲班。其中還提到李家、薛家、史家、忠順王府、南安王府、臨安伯府等家族，均養有優伶，蓄有家班。書中演戲場面頗多，如第十一回賈敬生日、第十八回元妃省親、第二十二回寶釵生日、第五十回過年、第七十一回賈母生日等。這是權貴之家。民間戲曲演出，也十分常見。節日、生日、生子、婚嫁、喪葬、社交、廟會、神誕、陞官發財、還願等，都可以成為演戲的因由。以蘇州城鄉正月至歲尾神誕演出為例，如財神五路誕日、土神誕日、百花生日、東嶽誕日、城隍神誕、呂洞賓生日、東總管金神誕日、藥王生日、蠶皇誕日、王大哥生日、關帝誕辰、雷尊誕日、老郎生日、道教神仙九皇大帝生日、西總管金神誕、柳毅誕日、水仙神誕，種種名目不一，名為娛神，實則娛人而演出。清人陸文衡《嗇庵隨筆》卷四描述：「我蘇民力竭矣，而俗靡如故。每至四五月間，高搭臺廠，迎神演劇，必妙選梨園，聚觀者通國若狂。」清初〈蘇州竹枝詞・豔蘇州〉其二有云：「家歌戶唱尋常事，三歲孩子識戲文。」可見民間戲劇演出繁盛之一斑。

在這樣一個大的時代環境裡，位極人臣、子賢孫肖的張英，生日不設宴，不演戲，家庭開銷嚴格計畫，顯得何等的另類而鶴立雞群。這不僅體現了他節儉的美德，省儉用度，以有餘施捨給道路飢寒，救濟貧困、應貧寒之急需，則可見其博愛仁慈的情懷；而能夠夫妻共同自覺，「為人我利普」，以「能多作好事一兩件，其樂適於日享大烹之奉多矣」，樂此不疲，更可見其超脫凡俗的境界。

一九

圃翁曰：移樹之法，江南以驚蟄❶前後半月為宜。大約從土掘出之根，最畏春風，故須用土裹密，用草包之，不宜見風，甚不宜於隔宿。所以吳門❷、建業❸來賣花者，行千里，經一月而猶活，乃用金汁土❹密護其根，不使露風之故。近地移植反不活者，不知此理之故也。其新生細白根係，生氣❺所托，尤不當損。人但知深根固蒂，不知亦不宜太深種植。書謂加舊跡一指❻，若太深則泥水傷樹皮，斷然不茂矣。凡樹，大約花時移則彼精脈❼在枝葉，易活，於桂尤甚。花已有蓓蕾，移之多開，然此最泄氣，故移樹而花盛開者多不活，惟葉茂則其樹必活矣。牡丹移在秋，當春宜盡去其花，若少愛惜，則其氣泄，樹即活亦不茂，數年後多自萎。樹之作花❽甚不易，氣泄則本傷。古人云：「再實之木，其根必傷❾。」人之於文章功名也亦然，不可不審也。

【注釋】❶驚蟄　二十四節氣之一，在陽曆三月五日或六日。此時氣溫上昇，春雷發動，蟄伏過冬的動物驚起活動，故名。❷吳門　蘇州的代稱，因為春秋吳國故地，故稱。❸建業　三國孫吳都城，今南京。❹金汁土　糞青和過的土。❺生氣　使萬物生長發育之氣。❻一指　一個指頭。❼精脈　精氣血脈。❽作花　長出花蕾；開花。❾再實之木二句　語出《文子・符言》：「眾人皆知利利，而不知病病，唯聖人知病之為利，利之為病。故再實之木其根必傷，多藏之家其後必殃，夫大利者反為害，天之道也。」

【語譯】田園老人說：移栽樹木的方法，江南以驚蟄前後半個月內為適宜。大概從土中挖掘出來的根系，最害怕春風，因此必須用土包裹嚴密，用草繩包紮，不宜見到風，尤其不宜於隔夜。之所以從蘇州、南京過來賣花的人，行走千里，經歷一個月的時間，花木還活著，是用金汁土嚴密保護其根部，不讓它遇風的緣故。近地移植花木反而不活，是因為不知道這層道理的原因。花木新生的細白根系，是生命元氣寄託的所在，尤其不應該損傷。人們只知道根深蒂固，殊不知也不宜於種植得太深。書上說，按照移植前掩埋於土中的痕跡再增加一個指頭，如果土掩得太深，便要泥水傷害樹皮，斷然不能茂盛了。所有花木，大約盛開的時候移植，其精神血脈在枝葉上，容易存活，對於桂花尤其突出。花木已經有了苞蕾，移植大多開花，但這最是洩露生氣。因此移植後花木而花盛開的，大抵不能存活；樹葉繁茂，其樹必然存活。牡丹移植在秋天，在春天應該徹底去掉其花，如果稍有愛惜，則它的生氣洩露，即使樹活了也不茂盛，幾年後大多自己枯萎。花木含苞開花極其不容易，生氣洩露則根本受傷。古人說：「果樹一年兩次結果，它的根部必然受傷。」人的寫文章、求功名，也是這個道理，不能夠不審慎啊。

【研析】孔子說過，讀詩能夠培養人的聯想力，提高人的觀察力，加強人的集體意識，達到諷刺目的；還可學習其中的道理侍奉父母，服務朝廷，從中知道很多鳥獸草木的名稱。從張英的這則文字裡，我們就不僅知道了草木之名，瞭解了草木之性，懂得了草木「經濟」，還感悟到了人生與做人的道理。聖人其言，果然不虛。

上文張英談隱逸之樂，說到「經濟」。他認為，簡陋而不富裕的條件，只要有經濟頭腦，籌劃布置得宜，無需多費，一樣可以安排得有聲有色、富有詩意，一樣可以過得充滿雅人意趣。而植樹種花，不僅關涉到生活小環境的美化，經營得法，花木也還可以創造利潤，成為生活之資。從張英的議論中，我們可以看出，此老確乎深通此道。

令人警醒的，是花木移植帶給人的啟迪。花木移植，土包繩捆，想方設法，在於保護其根部，保護其生命的元氣；傷及元氣，便要傷及根本，便要危害到性命。鮮花的綻放固然很美，卻是生氣的表露，元氣的外洩。所以移植花木之後，首先需要做的工作是培植恢復其元氣。一旦花木移後未久，鮮花盛開，則元氣洩盡，大抵不能夠存活。張英引古人語：「再實之木，其根必傷。」謂樹木一年兩次掛果，必然元氣大傷。花木如此，人又何異？所以張英深有感慨地說：「人之於文章功名也亦然，不可不審也。」

仔細揣摩張英的議論，大約有這樣兩層意思：一是為人不可鋒芒太露。社會是群體構成，人與人共同組成了社會，人需要在相互依賴的社會土壤中共生。目中無人，唯我獨尊，咄咄逼人，不留餘地，成為孤家寡人，便會脫離生存的土壤，自絕於社會這個基礎，從而也使自己根本暴露，失去「土壤」的保護，傷及自家生命。二是人生要量力而行。天上從來不會掉下餡餅，一分耕耘一分收穫，成功來自於堅持不懈的努力追求，正如滿樹的鮮花綻放，來自於漫漫寒冬的艱難蓄積。人生的輝煌令人羨慕，但不懂科學，不講方法，一味地蠻幹，不惜身體，去追求沒有盡頭的榮光，如樹木一年兩次掛果，必然元氣洩盡，最終因生命不能承受之重，走向毀滅。此可為鑒。

二〇

圃翁曰：予少年嗜六安茶，中年飲武夷❶而甘，後乃知岕茶❷之妙。此三種可以終老，其他不必問矣。岕茶如名士❸，武夷如高士❹，六安如野士❺，皆可為歲寒之交。六安尤養脾，食飽最宜。但鄙性好多飲茶，終日不離甌椀❻，為宜節約耳。

【注釋】❶武夷　這裡指武夷山所產茶葉。狹義的武夷山在武夷山市西南，為福建第一名山，特產巖茶等。❷岕茶　茶名，產於浙江長興境內羅岕山，為茶中上品。❸名士　名望高而不做官的人。❹高士　志行高潔的隱士。❺野士　粗野之士；草野之人。❻甌椀　大碗。甌，盆盂一類的瓦器。椀，碗之古體，一種口大底小的圓形食器。

【語　譯】田園老人說：我年輕時候喜好飲六安茶，中年飲武夷山茶覺得甘美，以後知道岕茶的妙處。這三種茶葉可以終身飲用，其他的茶不必去問了。岕茶如享有名望而不做官的人，武夷山茶如志行高潔的隱士，六安茶如草野之人，都可以作為晚年的朋友。六安茶尤其養脾，最適宜在飽食之後飲。但我喜歡多飲，整天離不開大碗，是因為宜於節約罷了。

【研　析】這則文字說飲茶。而個人飲茶嗜好的變化，從一個側面反映出張英崇尚簡單的生活習慣和觀念。

古老的中國，是一個講究茶道、有著豐厚茶文化底蘊的國度。如學人所論，不同的階層，有不同的品茶指向：貴族重「茶之品」，文人雅士重「茶之韻」，禪宗講究「茶之德」（參禪悟道），世俗平民重「茶之味」（享樂人生）。位極人臣的張英，貴族文人的身份，其飲茶品種的單調，卻似乎要歸於世俗平民一類。年輕時好六安茶，中年嗜武夷山茶，晚年喜歡上岕茶，整日以大碗飲，其飲茶品種的單一，使用茶具的簡陋，可覘知其生活習慣的簡單儉樸。

「開門七件事，柴米油鹽醬醋茶」。茶不僅是社會各階層的必需品，還成為一種特殊的文化載體。張英所謂「岕茶如名士，武夷如高士，六安如野士」，綜合觀照其「少年嗜六安茶，中年飲武夷而甘，後乃知岕茶之妙」，是否亦為人生不同階段的寫照？年輕時激情洋溢，自由奔放，如山林野士，少有約束；中年時涉世漸深，獨立不惑，如高士般孤潔高傲；年老時閱盡人生，益加宏通，包容萬物，如名士般德高望重？或者竟是以茶品茶名立論：六安茶常見，武夷茶難得，岕茶乃中國第一名茶？望讀者諸君細辨之。

二二

圃翁曰：《論語》云：「不知命，無以為君子。」❶考亭註：「不知命則見利必趨，見害必避，而無以為君子。」❷予少奉教❸於姚端恪公，服膺斯語，每遇疑難躊躕之事，輒依據此言，稍有把握。古人言「居易以俟命」❹，又言「行法以俟命」❺，人生禍福榮辱得喪，自有一定命數，確不可移，審此，則利可趨而有不必趨之利，害宜避而有不能避之害。利害之見既除，而為君子之道始出。此「為」字甚有力。既知利害有一定，則落得做好人也。權勢之人，豈必與之相抗以取害？到難於相從處，亦要內不失己果❻，謙和以謝之，宛轉以避之。彼亦未必決能禍我。此亦命數宜然，又安知委曲從彼之禍，不更烈於此也？使我為州縣官，決不用官銀媚上官，安知用官銀之禍，不甚於上官之失懽❼也？

昔者米脂令蕭君❽，掘李賊之祖墳。賊破京師後，獲蕭君，置軍中，欲甘心❾焉。挾至山西，以二十人守之。蕭君夜遁，後復為州守❿，自著《虎吻餘生》記其事。李賊殺人數十萬，究不能殺一蕭君，生死有命，寧不信然耶？予官京師日久，每見人之數應為此官，而其時本無此一缺⓫，有人焉竭力經營，幹辦⓬停當，而此人無端值之，或反為此人之所不欲，且滋詬詈。如此者不一而足，此亦舉世之人共知之，而當局則往往迷而不悟。其中之求速反遲，求得反失，彼人為此人而謀此事因彼事而壞，顛倒錯亂，不可究詰⓭。人能將耳目聞見之事平心體察，亦可消許多妄念也。

【注　釋】❶論語云三句　謂不懂命運的人，不可能成為君子。語出《論語・堯曰》：「孔子曰：不知命，無以為君子也；不知禮，無以立也；不知言，無以知人也。」❷考亭註四句　見朱熹《四書集注》引程子曰：「人不知命，則見害必避，見利必趨，何以為君子？」朱熹（西元一一三〇—一二〇〇年），字元晦，一字仲晦，號晦庵，晚稱晦翁，又稱紫陽先生、考亭先生等。祖籍婺源（今江西婺源），生於南劍州尤溪（今福建尤溪縣）。南宋著名理學家、教育家、詩人。著有《四書章句集注》等。❸奉教　接受教導。❹居易句　謂安於本分而為。語出《中庸》：「故君子居易以俟命，小人行險以徼幸。」朱熹注：「居易，素位而行也。俟命，不願乎外也。徼，求也。幸，謂所不當得而得者。」❺行法句　謂君子依法度而行，等待命運的安排。語出《孟子·盡心章句下》：「君子行法，以俟命而已矣。」❻己果　個人的果斷。❼失權　失去歡心。❽米脂令蕭君　米脂令，米脂縣縣長。米脂，縣名，在今陝西省東北部，無定河中游。蕭君，當為「邊君」之誤。邊大綬，字素一，號長白，直隸任丘（今河北）人。崇禎十二年（西元一六三九年）舉人，曾任陝西米脂知縣。崇禎十五年（西元一六四二年），受陝西總督汪喬年命，掘毀李自成祖墓。被自成軍俘獲，押解途中逃脫。入清，於順治八年（西元一六五一年）任太原知府。撰有《邊大綬虎口餘生紀》，見《甲申朝事小紀》二編。❾甘心　快意，使之快意。謂殺之而後快。❿州守　明清時期的知府，府一級行政長官，指綏德州太守。⓫缺　官職的空額。⓬幹辦　經辦；辦理。⓭究詰　查考；追究查問。

【語譯】田園老人說：《論語》中說：「不懂得命運的人，不可能成為君子。」考亭先生注釋說：「不懂得命運，則看見好處一定奔赴，見到有害必然逃避，便不可能成為君子。」我年輕時，受姚弱侯先生教導，銘心牢記這些話，每每遇到疑難無法決定的事情，就以這話為準則，做事稍稍有了一些把握。古人說「安於本分，等待命運安排」，又說「依法度而行，等待命運的安排」。人的一生，禍患、幸福、榮光、屈辱、得失，自然有一定運數，確定不能改變。知道了這些，便會利益可以奔赴，又有不一定要奔赴的利益，禍患應該避讓，又有不能夠避讓的禍患。已然消除了利益與禍患的成見，於是成為君子的路徑，便清晰顯示出來。這個「為」字極有其分量。既然知道利、害有一定命數，便落得去做一個好人。有權勢的人，何必和他抗衡來招致禍患？到了難以相處交往時，也要心中不失去自己的果決，以謙和的態度謝絕他，以宛轉的方法迴避他，他也未必一定能禍害於我。這也是命中註定該如此，又怎知委曲求全地追隨，其所造成的禍害，不比謝絕迴避更嚴重呢？倘若我做州官縣官，決不用公款去討好上級，怎知挪用公款的禍患，不比失去上司的歡心更嚴重呢？

從前，陝西米脂縣長蕭先生，挖掘李自成祖墳。李自成打下京城後，手下人抓獲了他，押在軍中，要殺之而後快。從京城撤退的時候，帶著他到了山西，用二十個兵丁看守他。蕭先生趁著夜色逃遁。後來又做了知府，撰寫了《虎吻餘生》，記載自己的這些故事。李自成殺人幾十萬，終究不能夠殺掉一個蕭先生，生死有命，難道不是這樣的嗎？我在京城待的時間久，常常見到，人命中註定該做這樣的官，但當時原本並沒有這一空缺。於是，有人竭力運作，經辦停當，這個命中註定的人，無緣無故得到這一位置，或者他反而還不想做，並且引起他的辱罵。像這樣的事情，不只一件。這也是世人都知道，但當事人卻往往痴迷不醒的事情。其中的求速反而延遲，求得反而失去，那人為這人而謀求，這事因那事而破壞，顛倒錯亂，無法查問清楚。人若能夠將耳目聞見的事情，平心靜氣地體察，也可以消除許多不切實際的念頭。

【研　析】撇開「命運」一詞神秘玄虛的成分，張英這則文字，可謂閱盡人生、參破「社會江湖」與「人生江湖」的「知命」話語。其教人為人處世知所進退，亦欲為「君子」者所當讀，欲全身於滾滾紅塵俗世、官海波濤中者不可不讀。它給予我們的啟示，大要有三：

首先，為人要淡定。知道何者當為，何者不當為。人的一生，其禍患、幸福、榮光、屈辱、得失，是不存在著定數，這是一個千古以來聚訟紛紜的難解話題。在我們看來，追求，更重要的是一種過程，及其所具有的意義。心想事成，更多的是一種美好的祝福和夢想。所謂謀事在人、成事在天，盡人事而由天命，其所指，也無非是對於一種積極進取態度和過程的肯定。扼住命運的咽喉，並不意味著你想要什麼命運，就能夠擁有什麼樣的命運。知道命運未必由你個人的主觀願望所決定，知道人生想得到的未必一定可以得到，不想要的未必不來，徹底參破這樣的道理，即便天大的好處擺在你的面前，也會懂得有的可以去獲取，有的不必，或者不能去獲取；有的禍患可以躲避，進而主動避讓；有的禍患註定無法逃避，你就必須有擔當，挺起胸膛，將其扛起，而大可不必猥瑣避讓。

其次，安於本分，依法而行。「皇帝輪流做，明年到我家」，這是天生石猴孫悟空的一派天真「妄語」。千里之行，始於足下，成就任何事業，總是要從當下做起，從自身做起，切切實實做好自身身分要求你必須做好的事情。做兒女，孝養父母是你的本分；做學生，認真學習是你的本分；身為員工，做好職責所應做的工作是你的本分。兒女成了「皇帝」，這是忤逆犯罪；學生不遵守學校紀律，不好好讀書，除非你除了自己的學籍；員工不好好工作，對老板發號施令，也只有被炒失業的一條出路。本分也是一種不可少的秩序，只有各人守好自己的本分，做好本職的工作，守土有責，纔會有社會的和諧文明與進步。

其三，堅守人生的底線。兒女聽命父母，下級服從上級，員工聽從老板，這是禮儀規則的要求。但「只有不是的兒女，沒有不是的父母」，這是愚忠愚孝，並不可取。父母不是，你盡可以婉轉地提出自己的意見。上司要拉你一道圖謀不軌、違法亂紀，讓你做違背道德良心的事情，雖然其有權有勢，你不能夠撤他的職，不可以改變事情的走向，甚至直面抗衡要招致禍患，在這樣的情勢之下，張英認為，你大可不必去雞蛋碰石頭，要講究策略，可以委婉地回絕他，策略地迴避他，如此，他未必一定能夠禍害於你。而喪失原則，委曲求全，無原則地追隨附逆，所造成的禍害，將會比你選擇迴避拒絕，要更為嚴重。古往今來，因為盲從或無奈而追隨主子，終於倒霉的人，不勝其舉，其中不乏違心追隨者在，此可為殷鑒。

張英引古人言「居易以俟命」、「行法以俟命」，讓人安於本分，依法度而行，等待命運安排，這並不是一般的消極等待，也不同於期望天上掉下餡餅，而是要求人先盡人事，再聽天命。欲速則不達。縱使有捷徑，也必須堅守正道。現代社會依然流行的「公關」，也要控制在法度許可的範圍內。張英特意提到的「使我為州縣官，決不用官銀媚上官，安知用官銀之禍，不甚於上官之失懽也」，這是清醒人說的清醒話。現代官場中，慷公家之慨，以納稅人的銀子，以國家的財物，賄賂討好上司，最終等到的，也許不是「提拔」，而是牢獄之災，甚至是生命的代價。張英說，挪用盜用公款的禍患，比失去上司的歡心更為嚴重。誠哉斯言！

三

圃翁曰：人生適意之事有三：曰貴，曰富，曰多子孫。然是三者，善處之則為福，不善處之則足為累。至為累，而求所謂福者，不可見矣！

何則？高位者，責備❶之地，忌嫉❷之門，怨尤之府，利害之關，憂患之窟，勞苦之藪，謗訕之的，攻擊之場。古之智人，往往望而卻步。況有榮則必有辱，有得則必有失，有進則必有退，有親則必有疏。若但計丘山之得，而不容銖兩❸之失，天下安有此理？但己身無大譴過❹，而外來者平淡視之，此處貴之道也。

佛家以貨財為五家公共之物：一曰國家，二曰官吏，三曰水火，四曰盜賊，五曰不肖子孫。夫人厚積❺，則必經營布置、生息❻防守，其勞不可勝言；則必有親戚之請求，貧窮之怨望，僮僕之奸騙。大而盜賊之劫取，小而穿窬之鼠竊❼，經商之虧折，行路之失脫，田禾之災傷❽，攘奪之爭訟❾，子弟之浪費。種種之苦，貧者不知，惟富厚者兼而有之。人能知富之為累，則取之當廉❿，而不必厚積以招怨；視之當淡，而不必深恨以累心。思我既有此財貨，彼貧窮者不取我而取誰？不怨我而怨誰？平心息忿，庶不為外物所累。儉於居身而裕於待物，薄於取利而謹於蓋藏⑪，此處富之道也。

至子孫之累，尤多矣。少小則有疾病之慮，稍長則有功名之慮，浮奢不善治家之慮，納交匪類⑫之慮。一離膝下，則有道路寒暑飢渴之慮，以至由子而孫，展轉無窮，更無底止⑬。夫年壽既高，子息⑭蕃衍，焉能保其無疾病痛楚之事？賢愚不齊，升沉各異，聚散無恆，憂樂自別，但當教之孝友，教之謙讓，教之立品⑮，教之讀書，教之擇友，教之養身⑯，教之儉用，教之作家⑰。其成敗利鈍⑱，父母不必過為縈心；聚散苦樂，父母不必憂念成疾。但視己無甚刻薄，後人當無倍出之患；己無大偏私⑲，後人自無攘奪之患；己無甚貪婪，後人自當無蕩盡之患。至於天行⑳之數，稟賦之愚，有才而不遇，無因而致疾，延良醫，慎調治，延良師，謹教訓，父母之責盡矣，父母之心盡矣。此處多子孫之道也。

予每見世人處好境而鬱鬱不快，動多悔吝㉑憂戚，必皆此三者之故。由不明斯理，是以心徧見隘，未食其報，先受其苦。能靜體吾言於擾擾之中，存熒熒㉒之亮，豈非熱火坑中一服清涼散㉓，苦海波中一架八寶筏㉔哉？

【注　釋】❶責備　以盡善盡美要求人。❷忌嫉　妒忌；猜忌。❸銖兩　一銖一兩，極輕的分量。❹譴過　過錯。❺厚積　廣儲；豐富的儲備。❻生息　生殖蕃息，收益取利。❼穿窬之鼠竊　穿窬，穿壁窬牆的省稱，挖牆洞爬牆頭，引申為偷竊、小偷。鼠竊，鼠竊狗盜，小偷小盜。❽災傷　天災人禍造成的傷害。❾爭訟　因爭論而訴訟。❿廉　少；不貪；不苟取。⓫蓋藏　儲藏。⓬納交匪類　結交行為不端之人。匪類，行為不端的人；強盜。⓭底止　終止。⓮子息　子嗣；兒女。⓯立品　培養品德。⓰養身　保養身體，維持生活。⓱作家　做人家；治家；理家。⓲成敗利鈍　成功失敗；順利挫折，指結果的好壞。⓳偏私　袒護私情；不公道。⓴天行　天體自然運行，即天命。㉑悔吝　悔恨；追悔顧惜。㉒熒熒　小火光閃爍的樣子。㉓散　粉末狀藥物。㉔八寶筏　佛教語，八寶合成之筏，謂能渡苦海中眾生到達幸福的彼岸。

【語　譯】田園老人說：人的一生中，有三種快意的事情：顯貴，富有，眾多的子孫。然而這三種，能夠善於處理，便是福氣，處置不好，便足以成為負累。等到成為負累，再來尋求所謂的幸福，已經是不能夠見到了！

為什麼這樣說呢？顯貴的位置，最是人們要求盡善盡美的地方，是妒忌猜忌的入口處，是埋怨責備集中的宅邸，是利害攸關的要處，是憂患的窟穴，是勞苦的淵藪，是毀謗譏刺的目標，是進攻打擊的所在，古代有智慧的人，往往知難而退。況且，有榮譽便一定會有屈辱，有所得便一定會有失去，有進便一定會有退，有親近便一定會有疏遠。倘若只是算計丘山一般大的所得，卻不容許一銖一兩的失去，天下哪有這樣的道理？只是自己不犯大的過錯，並且對於外來的種種，淡然處之，這便是對待顯貴位置的合理方法。

佛教認為，錢財是五家公有的東西：一是國家，二是官吏，三是水火，四是盜賊，五是不成器的子孫。人廣為儲備，便必然要籌劃營運、分布安置，生殖蓄息、防備守護，這種辛勞，難以說盡；也必然有親戚求助，希望得以滿足，貧窮的人心生不平，僕役的欺騙盜取。大的方面有強盜的劫掠，小的方面有小偷小盜；經商中的虧損，旅途上的丟失，莊稼遭自然災害損傷，起於爭奪引發的訴訟，子弟的浪費，種種苦處，貧窮的人不清楚，只有富人備嘗了這一切。人能夠知道富有會成為負累，便少獲取一些，而沒有必要以更多的聚集來招致怨恨；看淡一切，便不必為恨得太深而累心。想想我既然有了這些錢財，那些窮人不從我這裡取得，又從誰處取得？不怨恨我，又怨恨誰？心平氣和平息怨憤，或許不為身外之物所累。自我生活節儉，而待人接物寬裕；獲取利益微薄，又謹慎收藏，這便是對待富有的道理。

至於子孫的負累，尤其很多。年幼時有生病的擔心，漸漸長大後有功名前程的憂慮，擔心其浮華奢靡不喜於治家，擔心其結交壞人誤入歧途。一旦離開父母身邊，便有路途上冷熱飢渴的憂心。以至於由兒子到孫子，反復無窮，更沒有終止的時候。年紀到了高壽，子嗣繁衍，哪裡能夠保證所有的人沒有疾病痛苦的事情？賢德愚笨不等，陞降各自有別，聚散沒有恆定，憂愁快樂自有區別。只是應該教會他們孝順友愛，教會他們謙虛禮讓，教會他們培養品德，教會他們讀書學習，教會他們正確選擇朋友，教會他們保養身體，教會他們節約用度，教會他們治家理家。其最終結果如何，父母沒有必要過於縈繞心懷；聚散苦樂，父母沒有必要為之憂慮成病。只需對照自己，沒有太苛刻別人，後輩兒孫，便應當沒有加倍的禍患；自己沒有太大的不公道，後輩兒孫，自然沒有爭奪的禍患；自己沒有太過貪婪，後輩兒孫，便應當沒有家產蕩盡的禍患。至於天命運數，稟賦愚笨，有才華卻沒機會發達，無緣無故的生病，延請好的醫生，謹慎調治，延聘好的老師，嚴格教導，父母的責任已經完成，父母的良苦用心已經用盡了。這便是對待多子孫的辦法。

我常常看到世上人，有身處好的境地，卻鬱鬱不樂，時常多悔恨憂愁煩惱，必然都是在這三個方面不善於處置的緣故。由於不明白這個道理，因此心胸狹隘、見識短淺，還沒有承受做錯事的果報，先已經飽受了苦楚。能夠靜心體會我這些話，在紛擾塵世中，保存些微的亮光，難道不是身在火坑之中，服用了一劑清涼藥，人生苦海中，來了一艘超度的八寶船嗎？

【研　析】身為政治家的張英，其對於社會人生的思考，同樣顯示出他過人的理性。這則文字，談世俗社會公認的人生三種快意之事——顯貴、擁有財富、多子多福，也有著極富辨正的思想分析。張英認為，對待此三事，需要有一種正確合理的態度，只有恰當地對待，纔能夠成為真正的幸福；否則，非但不能夠成為快意，且足以成為嚴重的負累，讓人不堪其苦，苦不堪言。

這絕對不是標新立異，也不是故作危言聳聽。張英對此有令人信服的分說。

首先，顯貴固然令人羨慕，但需要名實相符，要靠自己相應的能力貢獻與道德修為，成為世人的典範，讓人心服口服。己身正，不令而行；己身不正，雖令不行。其次，高高在上，無限風光在險峰，則不免豔羨妒忌者有之，覬覦其位甚而暗算其人者有之。因此，顯貴之位，很容易成為妒忌猜忌、矛盾鬥爭的焦點。其三，身在其位，便不能不顧及民情民意，不能為所謂的政績，一味蠻幹；也不能得過且過，尸位素餐。做表面文章，搞形象工程，不以民為本，不體恤民生，要引起百姓的反對，水能載舟，也能覆舟；而不求有功，但求無過，無所作為，人民同樣不會滿意，上司也不會同意；缺乏擔當，沒有主見，事事騎牆，最終也將無牆可騎，走投無路。其四，要做顯貴，要任勞，還要任怨。樹大招風，高位貴顯，難免遭人妒忌；眾口難調，有贊成，也必然會有反對，有理或者無理的埋怨責備，均要有承受的雅量。因為位高權重，任何決定，甚至一言一行，都關乎民命，利害攸關，職責所在，所以，稱職的顯貴，必定戰戰兢兢，如履薄冰，心中裝著戒懼，事事存著敬畏，如《琵琶記》中蔡伯喈唱詞所說，「穿著紫羅襴，到拘束我不自在，我穿的皂朝靴，怎敢胡去踹」，「我口裡吃幾口慌張張要辦事的忙茶飯，手裡拿著戰欽欽怕犯法的愁酒杯」。正因如此，也如張英所講，古代很多有智慧的人，往往視宦途為畏途，知難而退。禍福相依，有榮必有辱，有得必有失，有進必有退，有親必有疏，顯貴者要有胸襟、能包容，要有能正確對待榮辱得失的肚量，要有一顆平常之心，對於外來的種種，淡然從容地應對，這纔是應有的態度和方法。

關於錢財，有名言曰：生不帶來，死不帶去。或者說：赤條條來去無牽掛。此皆看破之語。財富的積攢委實不易。元雜劇《老生兒》中，商人劉從善說到他的財富：「哎，錢也！我為你呵，也曾痛殺殺將俺父母來離，也曾急煎煎將俺那妻子來抛；哎，錢也！我為你呵，那搭兒裡不到，幾曾憚半點勤勞！遮莫他虎嘯風崒律律的高山直走上三千遍，那龍噴浪翻滾滾的長江也經過有二百遭，我提起來魂散魄消。」又《東堂老》雜劇中，商人李實教育揚州奴：「那無錢的非關命，咱人也須要個幹運的經營」，決不可以「穩坐的安然等」，並現身說法，「我這般寬鬆的有，也是我萬苦千辛積攢成」，是「肯向前，敢當賭，湯風冒雪，忍寒受冷」，吃盡了千辛萬苦，積攢得來。有一則現代故事，說有一個巨富，整天聽到自己豪華辦公樓的下面，傳來歡快的笑聲，於是讓秘書去瞭解。秘書彙報，說是一對普通市民夫妻，沒心沒肺，沒有任何煩惱，所以有如此歡樂。巨富不肯相信。秘書說：您的苦惱，在於錢多；他的歡快，在於錢少。您贈百萬巨鈔給他，可以肯定，他們將再也笑不起來。巨富仍不相信，但決定一試。錢送出後，果然再聽不到天籟般的笑聲。更出乎巨富意外的是，這對夫妻很快將錢還了回來，說是他們不知道該如何處置，很是苦惱糾結，現在決定退還，要過他們快活自在的生活。這則近乎天方夜譚的故事，卻真實揭示了財富給人帶來的巨大壓力。其實，張英在這則文字裡，也具體闡釋了財富得來的不易，與財富帶給人的負累。錢財的得來，要籌劃營運、分布安置，要生殖蓄息、防備守護；要防偷防盜防劫；要應對經商虧本與自然災害的損傷；要避免兒孫敗家；而親戚的求助，不能得其所請，則心懷怨恨。所以，張英認為，知道錢有負累的一面，便沒必要看得太重，看淡則不會累心，生活節儉，待人寬裕，微薄獲取，謹慎收藏，這是對待財富的正確態度。

關於子孫的負累，其例尤多。子女的健康、成長、事業、離別，無不在父母牽掛中。年幼時，擔心其生病；成長中，擔心其誤入歧途；長大後，關心婚嫁和事業成敗；離家後，又擔心其冷熱飢渴。由兒子到孫子，無窮無盡，沒有終止。月有陰晴圓缺，好事難以占盡，子嗣眾多，誰也無法保證所有的人無病無災，所有的人個個天才，所有的人一帆風順。在張英看來，重要的是，應該教會他們樹立高尚的品德，孝順友愛，謙虛禮讓；為他們延聘好的老師，嚴格教導，教會他們讀書學習、正確地交友；教會他們善於保養身體；教會他們節約用度，懂得治家理家。父母該做的做了，用心已盡，職責已盡，兒孫自有兒孫福，其各自的命運，稟賦的愚笨，有沒有發達，身體的健康與否等等，就沒必要太過於縈繞心懷。這便是對待兒孫的正確態度。

讀張英這則文字，可以讓人更全面地認識位子、票子、孩子，更深入地感知禍福相依的道理，更清醒地理解人生幸福的根本所在，即在於人內心對於自我的把握。一顆平常心，存熒熒之良知，不啻「熱火坑中一服清涼散，苦海波中一架八寶筏」，置身於滾滾紅塵、紛擾世界之中，方可免「鬱鬱不快」、「悔吝憂戚」，而能夠真正長久地享有人生之福。

二三

圃翁曰：予自四十六七以來，講求❶安心之法。凡喜怒哀樂勞苦恐懼之事，只以五官四肢應之；中間有方寸之地❷，常時空空洞洞，朗朗惺惺❸，決不令之入，所以此地常覺寬綽潔淨。予製為❹一城，將城門緊閉，時加防守，惟恐此數者闌入❺。亦有時賊勢❻甚銳，城門稍疏，彼間或闌入，即時覺察，便驅之出城外，而牢閉城門，令此地仍寬綽潔淨。十年來，漸覺闖入之時少，不甚用力驅逐。然城外不免紛擾，主人居其中，尚無渾忘天真❼之樂，倘得歸田遂初，見山時多，見人時少，空潭碧落❽或庶幾矣。

【注　釋】❶講求　修習研究。❷方寸之地　一寸見方的地方，指心。❸朗朗惺惺　光亮清晰的樣子。❹製為　製造；製作。❺闖入　擅自闖入。❻賊勢　指喜怒哀樂勞苦恐懼諸事對人影響的力量。❼渾忘天真　渾然忘我而進入天真混沌之態。❽空潭碧落　謂心胸澄明高闊。空潭，澄澈而深遠。碧落，天空；青天。

【語　譯】田園老人說：我從四十六七歲以來，修習研究安定心情的方法。一切喜怒哀樂勞苦恐懼的事情，只是用五官四肢去應對；中間方寸心境，常常空虛澄淨，光亮清晰，斷然不讓各種情緒進入，所以心中常常覺得寬綽乾淨。我為心境製作一座城池，將城門緊緊關閉，時刻嚴加防守，惟恐這幾種情緒擅自闖進。也有些時候，這些情緒勢頭很猛，城門稍微鬆弛，它們也偶然闖入，即刻發現，便將它們驅趕到城外，又牢牢關閉城門，令此心境仍然寬綽乾淨。十年以來，漸漸感覺到它們闖入的時候少，不再費大力氣驅逐。然而心境以外紛擾之事不斷，主人居住其中，還沒有獲得渾然忘我天真混沌狀態的快樂。倘若得以辭官還鄉，看見山的時間多，看見人的時間少，如空潭碧落一般的心境，或許可以相近了。

【研　析】俗語說，累莫大於心累。記得日本有一本暢銷勵志讀本，書名便是《所有的累都是心累》。書中，著者僧人阿魯和尚說，苦累皆由心生，不管多忙碌，修得一顆自在心，所有的累，都會隨之煙消雲散。這也是張英之所以要「講求安心之法」的原因所在。

這則文字中，張英具體講了他的「安心」之法。張英以形象的比喻，說自己為了安心，專門為心境設了一座城池，城門禁閉，嚴加防守，一切喜怒哀樂勞苦恐懼的事情，僅僅是以五官四肢去應對，斷然不使其侵入方寸心境，從而使心境常保澄澈清淨、光亮透明。

紅塵俗世之中，有著形形色色的誘惑；人生，也總有各種各樣的欲望和追求。位子、票子、孩子、房子、車子、面子，以至於生老病死，事事切身相關，無法迴避，難以超脫。圍繞著生存和發展，競爭的壓力愈演愈烈。如何纔能保持一顆清淨之心不受或少受侵襲干擾？如何纔能夠築牢心境的城池，拒絕種種不良情緒的侵入和興風作浪？首先，還得「正心」，也就是要保持清淨自在之心。「心既得正，身隨之而正。以既無貪、嗔、痴之情念，何由而有殺、盜、淫之劣性乎？」有了正心，便不會有貪欲、嗔怪、痴心妄想，也就不會有殺人、放火、偷盜、淫蕩之行。「得勝名譽，心不悕樂；被諸毀謗，情無憂戚；若致譏訶，志無貶退；於稱贊所，善住法性」，得到美譽不沾沾自喜，被人毀謗不憂愁悲傷，遭遇斥責挖苦而志向不墮，獲得稱讚能夠保持真性，不為外物所遷。這些，皆賴於有此「正心」在。有「正心」在，可以遏制自己的欲望，免得其放逸，如牧牛者，嚴加看管所牧之牛，不使其亂吃人家的莊稼，如劣馬上了轠繩籠頭，使其得到有效管制。有「正心」在，可以隨時調適心緒，如彈琴，弦鬆無法鳴響，太緊則要崩斷毀壞，必需妥當調整，使之緩急適中。有「正心」在，一切顛倒妄想、固執己見、邪見妄語、畏懼膽怯，如塵垢之被清除，自然「身心清淨，諸境清淨；諸境清淨，身心清淨」。即便塵世的煩惱無法避免，有「正心」在，「心性洽乎塵勞煩惱，而不為塵勞煩惱所汩沒，如蓮生於淤泥，而不因淤泥汙染其質」，出汙泥而不染，亦可常保清淨自在之心。

阿魯和尚說，對待財富、感情、名利等等的正確態度，不是不追求，而是不強求，這樣纔能不為其所累。只有修得一顆安穩自在的心，領悟得之是我幸，不得是我命，便能夠消除所有的心累。不管有多忙碌，不管遇到什麼樣的困境，心不再累，人就會活力充沛，自在地面對人生的一切。現實生活中，本就是酸甜苦辣五味雜陳，要正確面對，盡心即可。現代社會中，生活的節奏日益加快，工作的壓力日益加劇，要給心靈留有獨立的空間，要懂得勞逸結合，工作再忙，也要抽空放飛一下自己的心情。「夫心為一身之主，萬行之本。心不明，欲身正而行端者，鮮矣！是故世間一切種種苦惱，皆從妄想顛倒所生」，「世間之燈，莫若心燈最明。心燈一舉，則毫芒剎海，光明如晝」，讓我們每一個人都能夠常保心燈光明，掃除一切顛倒妄想，擁有一個充實而愉悅的人生吧。

二四

圃翁曰：予之立訓❶，更無多言，止有四語：讀書者不賤，守田者不饑，積德者不傾❷，擇交❸者不敗。嘗將四語律身訓子，亦不用煩言夥說❹矣。雖至❺寒苦之人，但能讀書為文，必使人欽敬，不敢忽視。其人德性❻亦必溫和，行事決不顛倒，不在功名之得失、遇合❼之遲速也。守田之說，詳於《恆產瑣言》❽；積德之說，六經❾、《語》❿、《孟》⓫、諸史百家，無非闡發此義，不須贅說；擇交之說，予目擊身歷最為深切，此輩毒人如鴆⓬之入口，蛇之螫⓭膚，斷斷不易⓮，決無解捄⓯之說，尤四者之綱領也。余言無奇，止布帛菽粟⓰，可衣可食，但在體驗親切耳。

【注釋】❶立訓　訂立訓導之詞。❷傾　傾覆；覆滅。❸擇交　有選擇地交友。❹煩言夥說　謂多餘而讓人討厭的言論。煩言，猶繁言，多話，讓人不滿的話。夥，多。❺至　極至。❻德性　品行；品質。❼遇合　碰到，相遇而彼此投合。多指臣子遇到賞識并善用其才的君主。❽恆產瑣言　作者另著書名，是一部教訓子弟，講守田置產、人生處世之書。❾六經　指《詩》《書》《禮》《樂》《易》《春秋》等六部儒家經典。其中《樂經》一書，後世學者或以為其內容已包括在《詩》《禮》之中，或以為是書亡佚於秦國焚書。❿語　指《論語》，儒家經典，孔子弟子及其再傳弟子關於孔子言行的記錄，共二十篇。⓫孟　指《孟子》，儒家經典，孟子的學生萬章、公孫丑等記錄孟子言論而成，共七篇。⓬鴆　傳說中毒鳥名，其羽毛浸於酒，即成毒酒，飲之即死。⓭螫　毒蟲或毒蛇咬刺。⓮斷斷不易　斷然無法改變。⓯解捄　解救。⓰布帛菽粟　指平常的衣物食品。布帛，古代一般以麻、葛織品為布，以絲織品為帛。菽，豆類。粟，小米。

【語譯】田園老人說：我訂立訓導之詞，沒有其他多餘的話，只有四句：讀書的人不會低賤，守護農田的人不會饑荒，積累善行的人不會傾覆，有選擇交友的人不會受害。曾經將這四句用以律己和教導兒女，也用不著再講多餘而讓人討厭的話了。即便十分貧寒的人，只要能夠讀書寫文章，必然使人欽敬，不敢忽視。此人品行，也必然溫和，做事情斷然不會顛三倒四，並不在於功名的得失，發達的遲早。關於守護農田的觀點，詳見於《恆產瑣言》一書中。積累善行的議論，「六經」《論語》《孟子》和各種史書諸多學說，無非闡發它的意義，不須多講。有選擇地交友，我親見親歷，最為懇切。這些歹人，如鴆鳥之毒入口，如毒蛇咬刺肌膚，絕對無法改變，斷然沒有能夠解救的說法，尤其為四句中最核心的話。我所說的話，沒有什麼特別不一般的，只是如平常的衣物食品，能穿著，能飲食，只是在於體驗的真切罷了。

【研析】讀書、守田、積德、擇交，以此四者作為「律身訓子」的信條，可見其在張英心目中重要的位置。

俗語說「行行出狀元」，但相比較，「萬般皆下品，唯有讀書高」，在中國古代社會，為更多的人接受信奉。古代文獻，特別是明清家訓中，多談及讀書教育的問題，如江蘇丹陽《荊氏族譜》中說：「讀書變化氣質。人不讀書，便有一種粗鹵之氣。」蘇南新陽《趙氏族譜》中說：「子孫才分有限，無如之何，然不可不使讀書，貧則訓蒙亦足以食，但使書種不絕可也。」杭州世族汪氏遺訓：「人家生子，無論智慧，總要教他讀書，一以拘其身體，一以化其氣質也。至廿歲以后，能讀書者讀書，不能讀書者管生意管家務，皆是緊要之事。」這都是作為家訓，對於後世子孫所提出的明確要求。筆記如清代無錫錢泳《履園叢話》中說：「欲子弟為好人，必令勤讀書，識義理，方為家門之幸，否則本根拔矣。」揭示了近同的內涵。讀書讓人明義理，有教養，具識見，懂規矩，知廉恥，辨美醜善惡，有思想道德的防線，「不敢妄為些小事，只因曾讀數行書」，人文精神修養與情懷，乃健全人格與健康心理所必需。所以，張英在此首先論讀書。讀書還有另一層重要意義，便是金榜題名，改換門楣，光宗耀祖。「朝為讀書郎，暮登天子堂」，這是古代很多讀書人的夢想，也是眾多讀書人家庭的熱切期盼。只有讀書種子不絕，代有人才，科第不斷，纔能保證家族的持續興旺。應該說，張英所謂的「讀書者不賤」，「能讀書為文，必使人欽敬，不敢忽視」，是包含了這樣的意義在其中的。

張英在其《恆產瑣言》中，還專門論說了「守田」之事。中國是傳統的農業社會，歷朝歷代，以農為本。家中有糧，心中不慌。張英認為，天下財物，多有水火、盜賊等憂患，唯獨田產，不憂水火，不憂盜賊，是天下眾物中最堅固牢靠而可以經久的東西。富貴是暫時的，耕讀則可以持久。在張英的閱歷中，見過太多的家庭賣田而貧窮，保田而富足，所以反復致意，力戒子孫賣田，強調耕讀。

誠如張英所說，關於「積德」，在經史百家諸多文獻中，有著很多的論述。太上立德，其次立言，再次立功，謂之三不朽，以立德居首，可見其重要性。「窮則獨善其身，達則兼濟天下」，即使困窘落魄，也要加強自身修養；「不患位之不尊，而患德之不崇」，在地位與道德之間，道德具有更重要的意義；「善為吏者樹德，不能為吏者樹怨」，謂做官要樹德而不可積怨；「富貴不能淫，貧賤不能移，威武不能屈」，謂無論身處什麼樣的環境中，都不能改變自己的品質。其例不勝枚舉。在張英看來，德性讓人溫和，做事不至於顛三倒四，這是為人立身之本，科第則在其次。

張英多次講到「擇交」，這裡再次論及，並特意強調，認為其「尤四者之綱領也」。斯為過來人語，非有豐富人生閱歷者，不能有深切感悟。「近朱者赤，近墨者黑」，「蓬生麻中，不扶而直；白沙在涅，與之俱黑」，均喻指環境對於人成長所產生的重要影響，人皆盡知。然談何容易！古往今來，人家子弟，以交友不慎而誤入歧途者，滔滔皆是。清人小說《歧路燈》有具體描寫，並為之提出「用心讀書，親近正人」八字箴言。青少年犯罪，至今仍然是一個社會難題，而交友常常是其中一個重要的原因。張英說自己對此目擊身歷，最為深切，稱交此匪人，如飲劇毒，如遭毒蛇咬刺，不可救藥，雖無新意，句句家常普通，卻字字千鈞，堪為座右銘言。

卷下

二五

圃翁曰：人生必厚重❶沉靜，而後為載福之器❷。王謝子弟❸，席豐履厚❹，田廬僕役無一不具，且為人所敬禮❺，無有輕忽之者。視寒畯❻之士，終年授讀❼，遠離家室，脣燥吻枯，僅博束脩❽數金，仰事俯育❾咸取諸此，應試則徒步而往，風雨泥淖，一步三嘆，凡此情形，皆汝輩所習見。仕宦子弟則乘輿驅肥❿，即僮僕亦無徒行者，豈非福耶？乃與寒士一體怨天尤人，爭較錙銖得失，寧非過耶？古人云⓫：「予之齒者去其角，與之翼者兩其足。」天地造物，必無兩全。汝輩既享席豐履厚之福，又思事事周全⑫，揆之天道⑬，豈不誠難？惟有敦厚謙謹、慎言守禮，不可與寒士同一感慨欷歔，放言高論⑭，怨天尤人，庶⑮不為造物鬼神所呵責也。況父祖經營多年，有田廬別業⑯，身則勞於王事⑰，不獲安享。為子孫者，生而受其福，乃又不思安享，而妄想妄行，寧不大可惜耶？思盡人子⑱之責，報父祖之恩，致鄉里之譽，貽後人之澤，惟有四事：一曰立品，二曰讀書，三曰養身，四曰儉用。世家子弟原是貴重，更得精金美玉⑲之品，言，思可道，行，思可法，不驕盈⑳，不詐偽，不刻薄，不輕佻，則人之欽重較三公㉑而更貴。

予不及見祖父贈光祿公恂所府君㉒，每聞鄉人言其厚德，邑人㉓仰之如祥麟威鳳㉔。方伯公己酉登科㉕，邑人榮之，贈以聯曰：「張不張威，願秉文文名天下；盛有盛德，期可藩藩屏王家㉖。」至今桑梓以為美談。父親贈光祿公拙菴府君㉗，予逮事㉘三十年，生平無疾言遽色㉙，居身節儉，待人寬厚，為介弟㉚未嘗以一事一言干謁㉛州縣，生平未嘗呈送㉜一人，見鄉里喣喣以和㉝，所行隱德㉞甚多，從不向人索逋欠㉟，以故三世皆祀於鄉賢㊱。請主入廟㊲之日，里人莫不欣喜道盛德之報，是亦何負於人哉？予行年六十有一，生平未嘗送一人於捕廳㊳，令其呵譴之，更勿言笞責。願吾子孫終守此戒勿犯也。不足則斷不可借債，有餘則斷不可放債。權子母㊴起家，惟至寒之士稍可，若富貴人家為之，斂怨養奸㊵，得罪招尤，莫此為甚。鄉里間荷擔負販㊶及傭工小人，切不可取其便宜。此種人所爭不過數文，我輩視之甚輕，而彼之含怨甚重。每有愚人，見省得一文，以為得計，而不知此種人心忿口碑㊷所損寔大也。待下我一等之人，言語辭氣最為要緊。此事甚不費錢，然彼人受之同於實惠。只在精神照料得來，不可憚煩，《易》所謂勞謙是也㊸。予深知此理，然苦於性情疏懶，憚於趨承㊹，故我惟思退處山澤㊺，不要見人，庶少斯過，終日懍懍㊻耳。

讀書固所以取科名㊼、繼家聲㊽，然亦使人敬重。今見貧賤之士，果胸中淹博(49)，筆下氤氳(50)，則自然進退安雅，言談有味；即使迂腐不通方(51)，亦可以教學授徒，為人師表。至舉業(52)，乃朝廷取士之具，三年開場大比(53)，專視此為優劣。人若舉業高華秀美(54)，則人不敢輕視。每見仕宦顯赫之家，其老者或退或故，而其家索然(55)者，其後無讀書之人也；其家鬱然(56)者，其後有讀書之人也。山有猛獸，則藜藿(57)為之不採；家有子弟，則強暴為之改容，豈止掇青紫榮宗祊(58)而已哉？予嘗有言曰：「讀書者不賤。」不專為場屋(59)進退(60)而言也。

父母之愛子，第一望其康寧，第二冀其成名，第三願其保家(61)。語曰(62)：「父母惟其疾之憂。」夫子以此荅武伯之問孝，至哉斯言！安其身以安父母之心，孝莫大焉。養身之道，一在謹嗜慾，一在慎飲食，一在慎忿怒，一在慎寒暑，一在慎思索，一在慎煩勞。有一於此，足以致病，以貽父母之憂，安得不時時謹凜(63)也？

吾貽子孫，不過瘠田數處耳；且甚荒蕪不治(64)，水旱多虞(65)。歲入之數，僅足以免饑寒、畜妻子而已。一件兒戲事做不得，一件高興事做不得。生平最喜陸梭山過日治家之法，以為先得我心，誠倣而行之，庶幾無鬻產蕩家之患。予有言曰：「守田者不饑。」此二語足以長世[66]，不在多言。凡人少年德性不定，每見人厭之曰慳，笑之曰嗇，誚之曰儉，輒面發熱，不知此最是美名。人肯以此誚之，亦最是美事，不必避諱。人生豪俠周密之名，至不易副。事事應之，一事不應，遂生嫌怨；人人周[67]之，一人不周，便存形迹[68]。若平素儉嗇見諒於人，省無窮物力，少無窮嫌怨，不亦至便乎？

四者立身行己[69]之道，已有崖岸[70]。而其關鍵切要，則又在於擇友。人生二十內外，漸遠於師保[71]之嚴，未躋[72]於成人之列。此時知識[73]大開，性情未定，父師[74]之訓不能入，即妻子之言亦不聽，惟朋友之言甘如醴[75]而芳若蘭。脫[76]有一淫朋匪友[77]闌入其側，朝夕浸灌[78]，鮮有不為其所移者。從前四事，遂蕩然而莫可收拾矣。此予幼年時知之最切。今親戚中倘有此等之人，則踪跡常令疏遠，不必親密；若朋友，則直以不識其顏面、不知其姓名為善，比之毒草啞泉79，更當遠避。芸圃有詩云80：「於今道上揶揄鬼，原是尊前嫵媚人。」蓋痛乎其言之矣！擇友何以知其賢否，亦即前四件，能行者為良友，不能行者為非良友。予暑中退休，稍有暇晷81，遂舉胸中所欲言者筆之於此，語雖無文，然三十餘年涉履82仕途，多逢險阻，人情物理知之頗熟，言之較親，後人勿以予言為迂而遠於事情也。

【注釋】❶厚重　敦厚持重。❷載福之器　指能夠承受福惠的人。❸王謝子弟　名門望族的子孫。王謝，六朝望族王、謝兩大家族的並稱。❹席豐履厚　一作席履豐厚。謂生活好，福澤厚。❺敬禮　尊敬且以禮相待。❻寒畯　寒微。❼授讀　教授；教讀。❽束脩　本意十條乾肉，指學生送老師的酬金。❾仰事俯育　又作仰事俯畜，對上贍養父母，對下養育妻兒。❿乘輿驅肥　乘車騎馬。乘輿，坐車子。驅肥，驅策肥馬；騎馬。⓫古人云二句　喻指任何事物都不能夠十全十美。語出《漢書・董仲舒傳》董氏對策：「夫天亦有所分予。予之齒者去其角，傅其翼者兩其足，是所受大者不得取小也。」⓬周全　齊全。⓭揆之天道　揣度天意天理。揆，揣度；度量。⓮放言高論　無所顧忌地大發議論。放言，放縱其言，不受拘束。高論，高談闊論。⓯庶　幸而，幸得。⓰田廬別業　田地房屋別墅。⓱王事　王命差遣的事情。⓲人子　子女。⓳精金美玉比喻純潔完美的人或事物。⑳驕盈　驕傲自滿。㉑三公　古代三種最高官銜的合稱，歷代有別，周朝為太師、太傅、太保，西漢為丞相、太尉、御史大夫，東漢為太尉、司徒、司空，明清時期沿襲周朝制度。㉒予不及見句　作者張英的祖父張士維，字立甫，號恂所，年十四補縣學生，以利濟為事，卒年六十七。張英官至大學士，封贈三代，父、祖皆封光祿大夫。府君，對死者的尊稱。㉓邑人　同鄉的人。㉔祥麟威鳳　比喻難得的人才。祥麟，祥瑞的麒麟。威鳳，鳳儀威嚴。㉕方伯公己酉登科　商、周時期指一方諸侯之長，漢代刺史，唐代採訪使、觀察使，明、清時期布政使，均稱方伯。張士維長子張秉文（西元一五八五－一六三八年），字含之，號鍾陽，明萬曆三十七年己酉（西元一六〇九年）科舉人，三十八年進士，曾任廣東右布政使、山東左布政使，故稱。㉖盛有二句　盛，指盛可藩，字屏之，桐城人，萬曆三十七年與張秉文同榜舉人，歷任浙江龍泉縣教諭、戶部司務、通州督運，督昌、密二鎮，病卒於任，有詩文行世。藩屏，屏障，指衛國重臣。㉗父親句　張英父親張秉彝，字孩之，號拙菴，縣學生，急人之難，若身受然。平生泊然無好。因兒子張英封贈光祿大夫，卒年七十五。㉘逮事　來得及事奉。謂父親在世而得以孝養侍奉。㉙疾言遽色　言語神色急躁粗暴。㉚介弟　對別人弟弟的尊稱，或對自己弟弟的愛稱。㉛干謁　以對人有所求而拜見。㉜呈送　上送，指為打通關節而行賄。㉝煦煦以和　溫暖和悅的樣子。㉞隱德　即陰德，不為人知的好事善行。㉟逋欠　拖欠的債務。㊱鄉賢　指鄉賢祠。明清時期，品學為地方推重的人，死後由大吏呈詞題請，祀於鄉賢祠，春秋祭祀。㊲請主入廟　將死者牌位安放於宗廟中。㊳捕廳　清代州縣官署中的佐雜官，因有緝捕之責，故稱。㊴權子母　本意指國家鑄錢，以重幣為母，輕幣為子，權其輕重而施行。後以之稱資本經營或以借貸謀取利息。㊵斂怨養奸　招惹怨恨，縱容奸邪。㊶荷擔負販　肩負擔挑的小商販。㊷心忿口碑　內心的忿懣不平與大眾的口頭傳說。㊸易所謂勞謙是也　語出《周易・謙》卦：「勞謙君子，有終，吉。」謂勤勞謙讓的君子，有好的結果。㊹趨承　趨附奉承；迎合。㊺退處山澤　引退後閒居山野。㊻懍懍　危懼、戒慎的樣子。㊼科名　科舉功名。㊽家聲　家族世代相傳的聲名美譽。㊾淹博　淵博。㊿氤氳　濃烈的氣味，多指香氣，謂文章寫得美好。51通方　變通；

靈活。52舉業　明清時期專指八股文。53三年開場大比　明清科舉考試三年一科，稱鄉試（各省舉人考試）為大比。54高華秀美　典雅華美。55索然　離散零落的樣子。56鬱然　繁盛、興盛的樣子。57藜藿　藜，俗名灰菜，一年生草本植物。藿，豆葉。58豈止掇青紫榮宗祊　謂不僅是考取高位榮耀祖先。掇，拾取；考取。青紫，原指古時公卿綬帶的顏色，借指高官顯爵。宗祊，宗廟；家廟。59場屋　科舉考試的場所，亦稱科場，引申為科舉考試。60進退　錄取和黜退。61保家　保住家族或家業。62語曰三句　謂父母只是為他們生病發愁。語出《論語・為政》：「孟武伯問孝。子曰：『父母唯其疾之憂。』」孟武伯，魯國大夫孟懿子的兒子，諡武。63謹凜　敬慎畏懼。64不治　不修整；不能治理。65水旱多虞　多有旱災水災。66長世　歷世永存。67周周濟；救濟。68形迹　痕跡；嫌隙。69立身行己　立身行事。70崖岸　山崖堤岸；邊際，引申為操守、節概。71師保　古代輔弼帝王或教導王室子弟的官職師、保的統稱，泛指老師。72躋　躋身；跨進；踏入。73知識　辨識事物的能力。74父師　對長者、師長的尊稱。75醴　甜酒，或泛指酒。76脫　假使；萬一。77淫朋匪友　行為不端的壞朋友。78浸灌　浸漬；熏陶。79啞泉　飲用能使人成為啞巴的泉水。80芸圃有詩云二句　謂現今路上嘲弄你的人，原本是和你酒杯往來諂媚取悅你的人。芸圃，即張茂稷，字子藝，桐城人，出身貴介，澹泊不求仕進，放情山水，有《芸圃詩集》。81暇晷　空閒的時日。82涉履　行走；經歷。

【語譯】田園老人說：人生一定要敦厚持重、沉穩鎮靜，然後可以成為能夠承受福惠的人。六朝王、謝望族世家的子弟，生活好，福澤厚，田地房屋僕役，無一不具備，並且為人尊敬，以禮相待，沒有人敢輕視他們。相比較，出身寒微的人，終年教書授徒，遠離家庭妻室，口乾舌燥，只能掙得幾兩薪水，上要贍養父母，下要養育妻兒，一切從這裡開銷；參加科舉考試，徒步而往，衝風冒雨，泥水之中，一步三嘆，所有這些情形，都是你們常見不鮮的。官宦人家的子弟，則是乘車騎馬，即便是隨行的僕役，也沒有步行的，這不是福分嗎？還要與貧寒的人一道怨天尤人，爭競些許的得失，難道不是過錯嗎？古人說：「給與牙齒的不再給鳥喙，給與翅膀的只給兩隻腳。」自然創造萬物，必定沒有兩全其美的事情。你們既然享受優渥的生活福澤，又想事事齊全，揣度天意，豈不是太難了嗎？只有誠樸寬厚、謙虛謹慎，出言小心、遵守禮法，不可以和寒微的人一樣感慨嘆息，無所顧忌地大發議論，怨天尤人，方幸而不為創造萬物的鬼神斥責。何況祖先多年籌劃經營，擁有田地房屋別墅，自身則為朝廷公事操勞，不能得以安然享受。做子孫的，生下來便享有這種福氣，卻又不想著平安地享用，而是胡思亂行，這難道不是很可惜嗎？思想盡兒女的責任，報答祖先恩情，獲取鄉里讚譽，給後人留下福澤，只有四件事可行：一是培養品德，二是用心讀書，三是養護身體，四是節約用度。世代顯貴家族的子弟，原本高貴尊嚴，更是純潔完美之人。說話，想想能夠說纔說出；行為，想想能給人樹立榜樣纔去做。不驕傲自滿，不奸詐，不刻薄，不輕佻，則人們對他的敬重，與極其顯要的三公相比，更顯得寶貴。

我趕不上見到我的祖父贈光祿大夫恂所先生，常聽家鄉人說他的大德，同鄉人仰慕他，正如見到祥瑞的麒麟鳳凰。布政使含之先生，己酉科高中舉人，同鄉人感到榮光，贈給他一副對聯：「張不張威，願秉文文名天下；盛有盛德，期可藩藩屏王家。」至今在家鄉傳為美談。我的父親贈光祿大夫拙菴先生，我得以孝養侍奉三十年，一生沒有言語粗暴神色急躁的時候，立身節儉，待人寬厚。作為弟弟，從來不曾到州上或縣裡找哥哥謀求任何好處，生平不曾為通關節而行過任何賄賂。看見同鄉的人溫言和悅，所做的事情，積累了很多陰德，從來不向別人討取欠債，因此三代都被請進鄉賢祠祭祀。死後牌位被請進廟的時候，鄉人無不欣喜，誇說這是大德的果報。這些，也何嘗有對不起別人的地方？我活了六十一歲，一輩子不曾送一個人到州縣官署佐雜官處讓他們斥責，更別說拷打責罰。希望我的子孫，始終守此戒規，不要違反。手頭緊，則千萬不可以借債；有富餘，則斷然不可以放債。靠借貸利息興家立業，只有極其貧寒的人稍微可以，如果是富貴人家做這件事，招惹怨恨，縱容奸邪，招致怪罪和怨恨，沒有比這更嚴重的。在鄉里，肩負擔挑的小商販與雇工小民，一定不可以占他們的便宜。這類人，計較的不過是幾文小錢，我們看來極其輕微，但在他們卻要心懷極重的怨恨。常常有愚蠢的人，看見省下一文小錢，認為正合我意，卻不知道這種人內心的忿懣與大眾的傳說，損害處實在很大。對待比我低一等的人，言語口氣態度最為重要。這些事，最不需要什麼花費，但在那些人聽來，等同於得到了實惠，精神照料應付過來，不可以怕麻煩，《易經》所說的勤勞謙讓，就是指的這方面。我深知這個道理，然而苦於性情懶散，害怕迎合，因此我只想著引退閒居山野，不要看見人，或許少犯這樣的過錯，終日危懼戒慎而已。

讀書，原本是用來獲取科舉功名，延續家族世代相傳的聲名美譽，然而也要使人敬重。現在看到貧賤的讀書人，果然胸中學問淵博，筆下寫出優美的文章，便自然舉止寧靜高雅，談吐不俗有趣。即使迂腐不知變通的人，也可以教書授徒，為人師表。至於八股文，是朝廷選拔人才的工具，三年開科考試舉人，就專門看八股文章做的好壞。一個人，如果八股文寫得典雅華美，別人便不敢輕視。常常見到官宦顯赫人家，他們老一輩或退休或逝世，其家族便凋零衰敗，是因為後人中沒有讀書人；其家族興旺的，是後代中有讀書人。山中有兇猛的野獸，即便灰菜豆葉，也因此不被採摘；家族中有優秀的讀書子弟，強橫兇暴的人，也因此改變儀容，難道僅僅是博取高位、榮耀祖先嗎？我曾經說過：「讀書的人不低賤。」，不單是就科場的得失說的。

父母對兒女的愛，第一希望他健康，第二期望他成名，第三希望他保住家業。《論語》中說：「父母只是為兒女的生病發愁。」孔夫子以此回答孟武伯關於孝的發問，這話講得真好啊！使自身平安，讓父母心中寧靜，沒有比這更大的孝了。保養身體的方法，在於嚴防嗜好欲望，注意控制飲食，約束忿怒情緒，注意寒暑冷熱變化，謹慎駕馭控制思緒，節制煩勞過度。這其中犯有一點，便足以招致疾病，給父母帶來憂慮，哪裡能夠不時時敬慎畏懼呢？

我給子孫留下的財產，不過幾處薄田罷了，並且荒蕪缺乏治理，多有旱災水災。每年的收入，僅僅可以免除飢寒、養育老婆孩子而已。一件隨意的事情做不得，一件滿足虛榮高興的事做不得。生平最喜歡陸梭山持家過日子的方法，以為講出了我想說還沒有說出的話，誠心仿效來做，或許沒有賣房敗家的後患。我說過：「守護農田的人，不會發生飢餓。」這兩句話，完全可以歷世永存，不在於說更多的話。所有人，在年輕的時候，品行尚未堅定，每見人厭煩自己慳吝，笑話自己吝嗇，譏嘲自己節省，總是要臉上發燙，孰不知，這是最美好的名聲。別人肯以此譏嘲自己，也最是好事，沒有必要避諱。人生豪俠周到的名聲，極其不易做到，件件事情答應，一件事情答應不來，便要生出怨恨；每人都周濟，一人沒有周濟到，便會存下嫌隙。如果平常以節儉被人諒解，節省無窮的物資，少了無窮的怨恨，不也極其省便嗎？

立品、讀書、養身、儉用這四個方面，立身行事的道理，已有節概，其中關鍵處，又在於選擇朋友。人生二十歲上下，逐漸遠離老師的嚴教，還沒有躋身成人的行列。此時對事物的認識能力大為開闊，性情沒有穩定，聽不進長者的訓示，即使妻子的話也不肯聽，只有朋友的話，如酒的甘甜、蘭花的芳香。假使有一個行為不端的壞朋友闖到他的身旁，朝夕熏染，極少有人不被其打動改變的。前邊說的四個方面，一下子蕩然無存，無可收拾。這是我幼年時深切瞭解的。目下親戚之中，倘若有這樣的人，則行蹤常令他疏遠，不必親密接觸。如果是交友，則竟以不認識其人，不知道其姓名為好。將他比成毒草和致人啞巴的泉水，更當遠遠避開。張子藝芸圃有句詩說：「現今道路上嘲弄你的人，原本是和你酒杯往來諂媚取悅你的人。」說得何其沉痛啊！選擇朋友，如何知道他賢與不賢？也就是前邊說的四個方面，能做的是良友，不能做的不是良友。我暑期中間退休，稍得閒暇，便列舉胸中想說的話，寫在這裡。雖然文字缺乏文彩，然而三十多年官場經歷，多遇到險阻，人情事理，瞭解得透徹，說起來也比較真切。後輩不要認為我這些話迂闊不近人情事理。

【研　析】上卷壓卷，張英談「律身訓子」之四語：讀書、守田、積德、擇交；下卷開篇，張英再說「人子」者當為四事：立品、讀書、養身、儉用。看得出，張英對於如何寫好安身立命這篇人生的大文章，是何其重視！

這篇文字開端，總說其對於兒孫的訓誨。張英認為，為人必須敦厚持重，不可以浮躁輕薄。首先，說榜樣。六朝王、謝，名家世族，其子弟之為人所敬重仰慕，即因於此。其次，相比較，寒門士子，一邊讀書，一邊養家，收入菲薄，艱苦打拼，何等不易！而出身富家，即便隨行僕役，較之亦勝出多多。其三，說造化均衡。凡事不能好事占盡，誠如古人所說：「有牙齒的不長鳥喙，有翅膀的少生兩腳。」世上沒有兩全其美的事，既然擁有優渥的生活條件，便應該對自己格外嚴格要求，要誠樸寬厚、謙虛謹慎、謹言慎行、恪守禮法，而不可以如寒門士人，怨天尤人，信口雌黃，如此，方能夠僥倖不遭神靈譴責懲處。其四，說父祖先人創業艱辛。祖業靠的是世代苦心籌劃經營，積攢而起，然其自身，為公事操勞，以公務纏身，沒有機會去安然享受，前人栽樹，後人乘涼。有此四端，身為子孫，生而坐享其成，長在蜜罐之中，倘若身在福中不知福，卻還要胡作非為，想入非非，實在令人遺憾。基於此，張英對於世家（特別是自家）子孫，明確提出四點要求：一要培養品德，二要用心讀書，三要愛惜養護身體，四要勤儉節約用度。

關於立品。張英很懂得身教勝於言教的道理，因而在此也改換了敘事策略，講自己及父祖三代的家族傳統，以為學習榜樣。祖父張士維，張英說他「敦龐渾厚，嶷然如山岳，挹其風度，可以挽澆振靡也」，宅心仁德，教化的楷模，在鄉人眼中，如同麟鳳，視為祥瑞；伯父張秉文，任山東布政使，清軍攻打濟南，守城戰死。因其操守道德，在考取舉人時，鄉鄰共賀，以為地方榮耀，贈他對聯：「張不張威，願秉文文名天下；盛有盛德，期可藩藩屏王家。」與同鄉盛可藩（字屏之）比美，讚其文章，可名天下。秉文死難，其弟秉彝（張英父）攜二子北上濟南，泣走數千里，扶櫬歸鄉，兄弟友愛之情可見。秉彝先生為人淡薄。兄為萬曆庚戌（西元一六一〇年）進士，歷戶部主事、督榷臨沂，累遷江楚閩粵司道，仕至山東布政使，他卻從沒有打著哥哥的招牌，去謀取過任何好處。其淡定溫和，生活節儉，寬厚待人，深得鄉鄰尊敬，死後三代入鄉賢祠。張英自己，如其所說，活了六十一歲，從不曾借著勢要，送一人入官府，更別說讓他們遭拷打責罰！所以，張英也希望自己的子孫，要恪守家族這種美德傳統，始終守此戒規，不得違反！還具體而微地告誡子孫，縱使在手頭緊張、經濟拮据的時候，也千萬不可以去借債；富餘錢多的時候，斷然不可以放債。他說，富貴人家做這樣的事，最是招惹怨恨。他還說，在鄉里，對於販夫走卒、小商小販、雇工小民，切不可以占他們絲毫的便宜。這些人生計維艱，幾文小錢，都非常在意，在富貴人家看來極其輕微，在他們卻要因此而深懷怨恨。省下一文小錢，被眾人傳播，壞了名聲，損失很大，得不償失。他又說，對待比自己低一等的人，要注意言語態度，要低調。這些最不需要什麼花費，但對於別人，卻如同是得到了實惠，所以，只要能夠做到，千萬不可以怕麻煩而不做。這些言論，都是張英人生經驗的總結，是由其人生閱歷所提煉出的人生智慧的展示。

關於讀書。張英在上文中已有論及，這裡，他再加申述。他認為，讀書可以獲取功名，延續家族聲譽；除此以外，還要使人敬重。世人何以敬重讀書之人？首先，因為讀書人有學問，可以寫出錦繡文章；讀書人舉止寧靜高雅，談吐不俗；等而下之，死讀書而能力不足者，也可以教書授徒，為人師表。其次，朝廷以八股文章選拔人才。讀書人果然八股文章精通，寫得典雅華美，便有機會金榜題名，平步青雲，光宗耀祖，別人自然不敢輕視於你。家族的興旺，靠的是讀書種子不絕如縷，代有才人湧現。而一些顯赫門第，正因為兒孫中沒有讀書之人，後繼乏人，隨著老一輩的凋零，難以為繼，家族因而走向衰敗。山有猛獸在，其生長的灰菜豆葉也因而得以保全，家族中有優秀的讀書子弟在，強橫兇暴之人，也因之而肅然敬畏。所以，張英說，讀書又不僅僅是為了博取高位、榮耀祖先。這些認識，在明清時期，可以說是一種通識。很多名門望族，都清醒認識到，「縉紳家非奕葉科第，富貴難以長守」，如武進人莊禪，年少時家庭貧寒，父親臨終訣別，他哭著說：「兒非儒不可以立身。」父親說：「我可以閉眼了。」還有不少商賈家庭，一旦有了積蓄，便加意栽培子孫，期望他們由讀書而躋身士紳階層，改換門庭，此類情況例不勝舉。

關於養身。愛子如命，舐犢情深，父母對於子女的愛，是最無私的大愛。父母固然望子成龍，但其第一關切的，則是子女身體的健康，平安是福。張英引《論語》中孔子答武伯問孝，說：「父母惟其疾之憂。」兒行天下母擔憂，擔憂者何？首先也就是兒女的健康。對於兒女而言，「身體髮膚受之父母」，善待自己的身體，保護自己的身體，平安健康，則可以讓父母省心安心，免去牽掛，是之謂大孝。為人子為人父的張英，對此有深切感受，更諄諄教導兒孫，如何纔能更好地保養身體：不可放縱欲望，好而必須有度，注意飲食，控制情緒，注意寒暑冷熱的變化，不可以煩勞過度。張英是將自己畢生養生的看家本領和盤托出，他認為此非小事，所以鄭重言之，告誡兒孫，其中任何一點，都足以招致疾病，給父母帶來憂慮，一定要時時敬慎畏懼！

關於儉用。坐吃山空，再大的家業，也經不起揮霍無度的浪費。張英告誡兒孫，首先，要清醒認識到，自家並沒有太多的財產可以揮霍。自己留下的，不過是幾處薄田；每年的收入，也僅可以免除一家人飢寒。所以，切不可奢靡，不可與人攀比，不要講虛榮爭面子。自己平生欣賞的，是陸梭山持家過日子，計畫經濟的辦法，並認為，倘能誠心仿效，便可以沒有拆房子賣地的後患。其次，年輕人不定性，少主見，不能很好地把握自己，愛面子，喜歡排場，喜歡聽奉承，最怕別人稱自己慳吝，覺得臉上發燙，面上無光，孰不知，「吝嗇」最是美好的名聲。豪俠仗義，有面子，都是短暫的，極不容易持久做到。事事答應，一件事不答應，便要結下怨恨；每個人都周濟，一個人沒有周濟到，便會存下嫌隙。所以，別人嘲笑你吝嗇，不要承受不了，這是好事，平常以節儉被人熟知，做一件大方的事，別人便要誇獎，同時，節省了不必要的浪費，少了無窮的怨恨，這是極其划得來的事情。

在立品、讀書、養身、儉用四個方面之外，張英又再次講到了「擇友」，這也是世家子弟普遍存在的頑疾。張英有著豐富的閱歷見聞，見得太多，所以感受尤甚。他說，人在二十來歲的時候，將成人而未成人，身邊沒有了老師的嚴管，與外界接觸漸多，見識漸多，誘惑也漸多，又自以為長大，自以為是，聽不進長者訓示，甚至妻子的話也不能入耳，但三朋四友，最是密爾，朋友的話，如酒的甘甜，蘭花的芳香。這個時候，假使結交了一個行為不端的人，形影不離，朝夕熏染，很少能夠不掉進泥潭，而走上歧途的。所以，他主張，首先，選擇朋友的標準，有立品、讀書、養身、儉用四個方面，可以檢驗，合則可取；其次，親戚中若有匪人，當敬而遠之，從交友的角度言，則以不認識其人，甚至不知道其姓名為好，視之為毒草，為致人啞巴的泉水，當遠遠避開；其三，前車之鑒，如前人所言：「現今道路上嘲弄你的人，原本是和你酒杯往來諂媚取悅你的人。」說得何其沉痛，此可為鑒。

張英不憚其煩，諄諄教誨，提醒兒孫，千萬不要厭煩自己講的這些話，這不是嘮叨；這些文字，固然沒有什麼文彩，卻都是自己宦海三十餘年浮沉，親身閱歷，所感所悟所得，於人情事理，瞭解得透徹，說起來真切，而不同於九斤老太般一代不如一代的陳腐，也不是迂闊不切實際的說教。

二六

楷書如坐如立，行書如行，草書如奔。人之形貌雖不同，然未有傾斜跛側❶為佳者。故作楷書以端莊嚴肅❷為尚，然須去矜束拘迫❸之態，而有雍容和愉❹之象。斯晉書之所獨擅也。分行布白❺，取乎勻淨，然亦以自然為妙。〈樂毅論〉如端人雅士❻；〈黃庭經〉❼如碧落仙人；〈東方朔像贊〉❽如古賢前哲；〈曹娥碑〉❾有孝女婉順之容；〈洛神賦〉❿有淑姿纖麗之態。蓋各象其文，以為體要⓫，有骨有肉，一行之間，自相顧盼，如樹木之枝葉扶疏⓬而彼此相讓，如流水之淪漪⓭雜見而先後相承，未有偏斜傾側，各不相顧，絕無神彩，步伍連絡映帶⓮，而可稱佳書者。細玩〈蘭亭〉⓯，委蛇生動，千古如新；董文敏⓰書，大小疏密，於尋行數墨⓱之際，最有趣致，學者當於此參之。

【注釋】❶跛側　站立不正。❷端莊嚴肅　端正莊重，嚴謹有法度。❸矜束拘迫　拘謹束縛。矜束，端莊不苟。拘迫，束縛；限止。❹雍容和愉　舒展大方。雍容，儀態大方，從容不迫。和愉，和顏悅色，心情舒暢。❺分行布白　書法術語，指安排字體點畫和布置字行之間關係的方法，要求字的上下左右有影響、聯繫，整體分布勻稱。布白，指著墨與空白處疏密相間，布置得宜。❻樂毅論句　〈樂毅論〉，小楷名帖，三國魏夏侯玄文，晉王羲之書。端人，正直的人。雅士，富有才情，品格高尚的人。❼黃庭經　指王羲之書寫的〈黃庭經〉小楷法帖，法嚴氣逸，秀美開朗。❽東方朔像贊　晉夏侯湛文，傳為王羲之書，小楷法帖。唐朝褚遂良

《右軍書目》將此帖列於〈樂毅論〉〈黃庭經〉後，排位第三。❾曹娥碑　即〈曹娥碑帖〉，有王羲之墨蹟摹刻拓本。❿洛神賦句　洛神賦，曹植文，存晉王獻之十三行殘書，小楷法帖。淑姿，優美的體態；美好的姿容。纖麗，纖細秀美。⓫體要　綱要，體統。⓬扶疎　枝葉繁茂紛披貌。⓭淪漪　水面的細微波瀾。⓮步伍連絡映帶　謂寫得互相糾纏，連帶不清。步伍，即步武，部隊操練行進時的隊形。連絡映帶，互相銜接關聯。⓯蘭亭　即晉王羲之所書〈蘭亭集序〉行書法帖，被譽為天下第一行書。⓰董文敏　即董其昌（西元一五五五—一六三六年），字玄宰，華亭人，明代書畫家，書法出入晉唐，自成一格，卒謚文敏。⓱尋行數墨　本意指寫文章專在辭句上下功夫，這裡指逐行逐字揣摩體味。尋，尋求。數，計算。

【語　譯】楷書如端坐如站立，行書如行走，草書如急走奔跑。人的長相雖然不同，但沒有以站立歪斜不正為美好的。因此，寫楷書，崇尚的是端莊嚴謹有法度。但必須去掉拘謹束縛的情狀，擁有舒展大方的氣象。這也是晉朝楷書獨自具有的特點。安排字體點畫、布置字行間的關係，可取的是均勻平整，但也以自然為高明。〈樂毅論〉如正直高尚的人，〈黃庭經〉如天界仙人，〈東方朔像贊〉如古代賢明睿智的人，〈曹娥碑〉有孝女溫順的容顏，〈洛神賦〉有優美纖細的體態。大體上各自象徵其文字內容，以此為綱要，有骨有肉，一行之間，互相照顧，如樹木枝葉繁茂紛披，卻彼此相互禮讓，如流水微波參差錯落，卻先後承接。沒有傾斜不正，各不相顧，缺乏任何神彩，糾纏不清，而可以被稱為好書法的。仔細玩味〈蘭亭集序〉，綿延行進，生動傳神，時代久遠依然如同新出。董文敏的書法，字體大小，疏密安排，逐行逐字揣摩，最有趣味風致。學習的人，應當在這裡參悟體會。

【研　析】源遠流長的中國書法藝術，是博大精深的中國文化百花園中的一枝奇葩，也是中國文化的一個具有代表性意義的符號。作為一門極具有中華民族特色的文化形態，書法不僅是一種技藝，更體現出了中國文化多層面的蘊含。近人沈尹默先生曾說：「世人公認中國書法為最高藝術，就是因為它能顯出驚人的奇跡，無色而具國畫之燦爛，無聲而有音樂之和諧，引人欣賞，心暢心怡。」常言道「書為心畫」，又云「書如其人」，透過書法，人們可以在一定意義上感知書寫者的情思、氣質、個性、審美情趣和對事物的看法。通過書法這扇窗戶，人們甚至可以從某些層面上觸摸到中華民族文化的靈魂。

作為一門藝術，書法具有線條美、墨韻美、空間美、意境美，習之不易。蘇軾曾概括楷書、行書、草書各自不同的特點：「楷如立，行如走，草如跑。」張英所謂「楷書如坐如立，行書如行，草書如奔」，正是對蘇軾這種觀點的繼承。書法的不同體式，也有著各自不同的特點。在所有字體中，楷書的字體最為規範，其筆畫、結構，均為其他字體的基礎，所以，更多人認為，初習書法者，應該從楷書學起。張英這篇文字，顯然持有同樣的看法。

張英主要談到學習楷書的三個方面內容：其一，字要寫得端正而舒展。他說，如同人的長相，雖然千形萬狀，但絕對沒有長得歪歪扭扭、站立不正，可以被認為是美的。因此，寫楷書，必須端莊嚴謹，講究法度。楷書又叫正楷、真書、正書。楷，楷模之意，也就是說，楷書是最標準的字體，用《辭海》的解釋：「形體方正，筆畫平直，可作楷模。」同時，張英認為，楷書還要寫得舒展，不能拘謹，要生動大方。這也是晉朝楷書具有的特點。其次，要注意間架結構。安排字體點畫、布置字行間的關係，要均勻平整。蘇軾提出「大字難於結密而無間，小字難於寬綽有餘」，認為大楷要寫得緊密無間，小楷要顯得寬綽有餘。寫大楷時，千萬別以為空間寬闊，便可以任意揮灑，其結果常常流於鬆散；寫小楷時，常常因空間狹小，擔心寫不下去，放不開手腳，結果往往局縮過當，不能舒展。張英進一步認為，楷書要有骨有肉，一行之間，互相照顧，如同樹木繁茂的枝葉彼此相互禮讓，如流水微波參差錯落而先後承接，不能傾斜不正，各不相顧，缺乏神彩，糾纏不清。他舉了〈蘭亭集序〉的例子，讚其綿延行進，生動傳神，歷久彌新。又舉董其昌的例子，讚其書法字體大小，疏密安排，經得起逐行逐字揣摩，最有趣味風致。其三，張英提出，楷書還要考慮其所寫的內容，形式與內容統一，如〈樂毅論〉寫得雍容寧靜，〈黃庭經〉寫得飄逸空靈，〈東方朔像贊〉寫得端莊嚴正，〈曹娥碑〉寫得溫順和婉，〈洛神賦〉寫得優美纖細，各自象徵其文字內容，此為書寫的綱要。

關於楷書書寫，前人已有很多經驗總結，如唐初大書法家歐陽詢著《結字三十六法》，明代李淳著《大字結構八十四法》，清人邵瑛在此基礎上，全面系統總結漢字結構組合規律，著《間架結構摘要九十二法》，歸納出九十二種漢字結體書寫方法，在後世影響甚大。張英在家訓中專門談到習字，談學習楷書，一方面，是他自己習書經驗的總結，另一方面，也反映了當時社會，人們對於書法高度重視的程度。

二七

法昭禪師偈❶云：「同氣連枝❷各自榮，些些言語莫傷情。一回相見一回老，能得幾時為弟兄？」詞意藹然❸，足以啟人友于之愛❹。然予嘗謂人倫有五❺，而兄弟相處之日最長。君臣之遇合，朋友之會聚，久速固難必❻也；父之生子，妻之配夫，其早者皆以二十歲為率❼。惟兄弟，或一二年，或三四年相繼而生，自竹馬遊戲❽以至鮐背鶴髮❾，其相與周旋❿，多者至七八十年之久。若恩意浹洽⓫，猜間⓬不生，其樂豈有涯哉？近時有周益公⓭以太傅退休，其兄乘成⓮先生以將作監丞退休，年皆八十，詩酒相娛者終其身。章泉趙昌甫兄弟⓯，亦俱隱於玉山之下，蒼顏華髮，相從於泉石之間，皆年近九十，真人間至樂之事，亦人間罕有之事也。

【注釋】❶法昭禪師偈　法昭禪師，宋初臨濟宗葉縣省禪師法嗣，出家汝州寶應院。偈，佛經中的唱誦詞，或僧人的詩作，一般四句。❷同氣連枝　喻指同胞兄弟姊妹。❸藹然　溫和、和善的樣子。❹友于之愛　兄弟之愛。語出《尚書．君陳》：「惟孝，友于兄弟。」❺人倫有五　又稱五常，指君臣、父子、夫婦、兄弟、朋友之間五種倫理關係。❻必　斷定；肯定；保證。❼率　標準；限度。❽竹馬遊戲　兒童遊戲時以竹竿當馬騎，借指童年。❾鮐背鶴髮　形容老年。鮐背，老人背上生鮐魚斑紋，被認為是高壽的表徵，代稱老人。鶴髮，白髮。❿周旋　盤桓；照顧。⓫恩意浹洽　感情融洽。⓬猜間　猜忌隔閡。⓭周益公　周必大（西元一一二六—一二〇四年），字子充，一字洪道，自號平園老叟，吉州廬陵（今江西吉安）人。南宋著名政治家、文學家，一代名相。淳熙十五年（西元一一八八年）掌太傅印。次年進左丞相，封許國公。慶元元年（西元一一九五年）以觀文殿大學士、益國公致仕。⓮其兄乘成　必大兄周必正（西元一一二五—一二〇五年），字子中，官軍器監丞，知舒州。⓯趙昌甫兄弟　趙昌甫，趙蕃（西元一一四三—一二二九年），字昌父，號章泉，原籍鄭州，南渡後僑居信州玉山（今屬江西），補州文學，調浮梁尉、連江主簿，皆不赴。為太和主簿，調辰州司理參軍，因與知州爭獄罷。家居三十三年。理宗紹定二年，以直秘閣致仕。卒謚文節。「甫」同「父」。

【語　譯】法昭禪師的偈頌詩說：「兄弟如同一棵樹上的樹枝各自繁榮，別為了丁點兒話語傷了感情。這回相見總比上回見到年老，人生能夠有幾時在世為弟為兄。」語意和善，足以引發人們的兄弟友愛感情。我也曾說，人倫有五種關係，兄弟在一起相處的日子，最為長久。君臣間的投緣相得，朋友之間的聚合，其長短，本來就難以斷定。父親有孩子，妻子嫁丈夫，早的以二十歲為限度。只有兄弟或間隔一二年，或間隔三四年，相繼出生，從童年遊戲，到鮐魚紋生、白髮蒼蒼，相互盤桓照顧，長久的達到七八十年。倘若感情融洽，沒有隔閡，這種快樂，難道有邊際嗎？近時有周益公，做到太傅退休，他的哥哥乘成先生，從將作監丞位置上退休，年紀都活到八十，詩酒唱和，共相娛樂，度過一生。章泉趙昌甫兄弟，也都隱居在玉山之下，蒼老的容顏，花白的頭髮，相伴同遊於山水之間，年紀都將近九十，真是人間極快樂的事情，也是人間少有的事情。

【研　析】這則文字，全文錄自宋人羅大經《鶴林玉露》乙編卷六。明人陳繼儒《讀書鏡》卷四，則全錄法昭禪師偈，並撮要《鶴林玉露》中內容，曰：「古人謂人倫有五，而兄弟相處之日最長。君臣遇合，朋友會萃，久速固難必也。父生子，妻配夫，其蚤者皆以二十歲為率。惟兄弟或一二年、三四年相繼而生，自竹馬游戲，以致鮐背鶴髮，其相與周旋，多至七八十年之久。恩意浹洽，猜間不生，其樂寧有涯哉！乃有不相往來，不通耗問，遇於途則恥下車，鬩於牆則思角訟。結異姓為兄弟，迎讒夫為上賓。家眾操戈，野鬼瞰室。此非佛經所謂第一顛倒相者乎？」毫無疑問，其中，法昭禪師偈，乃全篇立論的中心。

法昭禪師偈頌詩曰「同氣連枝各自榮」，將兄弟比做一棵樹上各自繁榮的樹枝，謂之同根而生，極其形象生動、自然貼切。兄弟間的矛盾，多為細節而起，不斷累積，逐漸加深，於是形同水火，視若路人，所以，法昭禪師告誡「些些言語莫傷情」，慎之於始，千萬別為了丁點小事言語，傷了感情，亦極有道理。「一回相見一回老，能得幾時為弟兄？」每次相見，總比上次年老，人生縱有百年，又能幾時在世為弟為兄？出語警策，如當頭棒喝，令人驚醒。

羅大經氏以此闡發，說人倫之中，兄弟在一起的日子最為長久。君臣遇合，朋友相交，在乎緣分，長短沒有一定；即使父母，成親生子在二十歲左右，夫妻相處，子女相處，均無法比之兄弟姊妹相處的時間更久。兄弟之間，從幼年至老年，倘若始終感情融洽，沒有嫌隙隔閡，相互照顧，相互呵護，共享其親情之樂，此人間極快樂的事情，極少有的事情！這都是從正面描寫的理想人間樂境。陳繼儒還從反面對比中，揭示了兄弟鬩於牆，家族不合，手足反目的顛倒。他說：世上竟不乏兄弟成讎，不相往來，不通音訊，道上相遇而不下車，官司打到衙門的例子。結異姓為兄弟，待讒佞之人為上賓，卻同室操戈，骨肉相煎，這豈不是佛經中所說的第一顛倒相嗎？

法昭禪師的偈頌詩，不為無感而發；其在社會上廣為流傳，更說明它有很強的現實針對性。清初金埴《不下帶編》卷一亦引錄此詩，評曰：「詞意藹然，誦之啟人友于至愛。大抵家庭之間，往往以些些言語，輒致手足情傷。而言語之生，多由枕畔，以其易入而難解也。若能時誦此偈，則枕言亦易解已。」在金埴看來，兄弟間矛盾的產生，在於「枕畔」，即枕邊風，是因為新家庭的產生而產生。此也不無道理，但顯得膚淺，沒有觸及問題的實質。家族矛盾的產生，最根本的原因所在，還是社會經濟的發展與家族制不相適應所導致的。所謂的四世同堂、五世同堂，在失去其經濟基礎之後，再要維持其現狀，註定了矛盾的不可避免。現代家庭形式的實踐，已經證明了這一點，無需贅言。

二八

《論語》文字，如化工肖物❶，簡古渾淪❷而盡事情❸，平易含蘊❹而不費辭❺，于《尚書》❻《毛詩》❼之外，別為一種。《大學》❽《中庸》❾之文，極閎闊精微❿而包羅萬有。《孟子》則雄奇跌宕⓫，變幻洋溢。秦漢以來，無有能此四種文字者，特以儒生習讀而不察，遂不知其章法⓬、字法之妙也。當細心玩味之。

【注釋】❶化工肖物　自然造化生成之物。化工，自然造化者；自然形成的工巧。肖物，刻畫事物。❷簡古渾淪　簡樸古雅，渾然一體。❸事情　事理人情。❹平易含蘊　淺顯易懂而包含豐富。❺費辭　一作費詞，多費言詞；多餘的話。❻尚書　又稱《書》《書經》。儒家經典之一。尚，通「上」。即上古之書。為上古歷史文件和部分後世追述古代事蹟著作的彙編。傳說由孔子編選而成，分為《虞書》《夏書》《商書》《周書》。其中〈堯典〉〈皋陶謨〉〈禹貢〉〈洪範〉等為後世儒者補充。❼毛詩　《詩》古文學派。相傳為西漢初年毛亨、毛萇所傳。每篇有小序，介紹本篇內容、意旨等。全書第一篇〈關雎〉下，在小序外另有總序，稱為〈詩大序〉，是古代詩論中第一篇專論。東漢經學家鄭玄曾為《毛傳》作「箋」，唐代孔穎達作《毛詩正義》。❽大學　儒家經典之一。作者未有定論。原為《禮記》第四十二篇，南宋前未單獨刊印。北宋司馬光有《大學廣義》，程顥、程頤有《大學定本》。南宋朱熹撰《大學章句》，與《論語》《孟子》《中庸》合編為「四書」。❾中庸　儒家經典之一。原為《禮記》中的一篇，相傳為孔子後裔子思所作，以中庸為最高道德標準。宋人始將其從《禮記》中抽出，與《大學》《論語》《孟子》合為「四書」。朱熹撰有《中庸章句》。❿閎闊精微　宏偉廣闊，精深微妙。⓫雄奇跌宕　雄偉奇特，豪放多變。⓬章法　文章布局謀篇的法則。

【語譯】《論語》的文字，如自然造化生成，簡樸古雅，渾然一體，寫盡事理人情；淺顯易懂、包含豐富，又沒有任何多餘的廢話。在《尚書》《毛詩》之外，是另外一種文章。《大學》《中庸》的文字，極其宏偉廣闊、精深微妙，又包羅萬象。《孟子》則雄偉奇特，豪放多變，充滿了變幻。秦漢以來，沒有能寫出這四種文字的人，只是因為讀書人讀得習慣，卻沒有察覺其特殊之處，於是不能理解其謀篇布局、遣詞造句的妙處。一定要細心體會研究。

【研析】張英這則文字，專談「四書」的經典價值，認為「秦漢以來，無有能此四種文字者」，給予了極高的評價。如上文注釋所揭，《大學》《中庸》，原本均為《禮記》中的文章，到了宋代，方被抽出，與《論語》《孟子》合編，稱為「四書」。而《孟子》，在唐代以前，亦僅列於子部儒家，因唐代韓愈力倡尊孟，其後始孔孟並稱。南宋朱熹撰《四書集注》，影響極大。元代延祐年間，恢復科舉考試，以朱熹撰《四書集注》為考試用教材，明清兩代沿襲，於是「四書」的地位，隨之凌駕「五經」之上。

現代文藝研究成果認為，經典的原意，「是指我們的教育機構所遴選的書」，是「主流社會、教育體制、批評傳統」綜合選擇的結果（哈羅德・布羅姆《西方正典——偉大作家和不朽作品》）；經典化，「產生在一個累積形成的模式裡，包括了文本、它的閱讀、讀者、文學史、批評、出版手段（例如，書籍的銷量，圖書館使用等）、政治等」（斯蒂文・托托西《文學研究的合法化》）。因為經典的形成並不是因了某個人的嗜好，而是由多種因素集體所確立，其一旦得到眾所公認，則如劉勰所說「經也者，恆久之至道，不刊之鴻教也」，也就是說，凡是經典都蘊含著永恆不變、顛撲不破的根本道理，有著不可改動的宏大訓示與典範意義。據此，我們認為，「四書」成為經典，也絕對不是偶然的結果，而有其必然性規律因素。如張英所評，《論語》的文字自然簡樸古雅，寫盡事理人情；《大學》《中庸》宏偉廣闊、精深微妙，包羅萬象；《孟子》雄奇豪放，充滿了變幻等，皆為不易之論。至於說秦漢以來，沒有能寫出這四種文字的人，則不免言過其實，有過譽之嫌。而張英講到「儒生習讀而不察，遂不知其章法、字法之妙」，指出當時讀者「習讀而不察」，既熟讀其書，而不知去理解其謀篇布局、遣詞造句的妙處，卻是眼光如炬，一語中的。這在當時社會，急功近利的八股士子中，具有相當普遍性。此類讀書，則無異買櫝還珠，如入寶山空手回，殊為遺憾。

二九

古人讀《文選》❶而悟養生之理，得力於兩句，曰：「石蘊玉而山輝，水涵珠而川媚。」❷此真是至言。嘗見蘭蕙芍藥❸之蒂間，必有露珠一點，若此一點為蟻蟲❹所食，則花萎矣。又見筍初出當曉，則必有露珠數顆在其末，日出則露復斂而歸根，夕則復上。田間❺有詩云「夕看露顆上梢行」是也。若侵曉❻入園，筍上無露珠則不成竹，遂取而食之。稻上亦有露，夕現而朝斂。人之元氣，全在於此。故《文選》二語，不可不時時體察，得訣固不在多也。

【注釋】❶文選　即《昭明文選》，南朝梁昭明太子蕭統編，三十卷，選錄秦、漢至齊、梁詩文七百五十二篇（首），是中國古代第一部詩文總集。❷石蘊玉二句　謂石中蘊藏美玉，山必然有光輝；水中藏有明珠，河流則顯得美好。語出晉陸機〈文賦〉。❸蘭蕙芍藥　蘭，蘭花，多年生草本植物，春秋開花，色呈淡黃綠，幽香清遠。蕙，香草名，蕙蘭，葉似草蘭稍長，暮春開花，色味略遜於蘭。芍藥，多年生草本植物，其花多色美麗。❹蟻蟲　螞蟻。❺田間　即錢澄之（西元一六一二—一六九三年），初名秉鐙，字飲光，一字幼光，晚號田間老人，安徽桐城人。明清之際文學家。著有《田間集》《田間詩集》《田間文集》《藏山閣集》等。❻侵曉拂曉。

【語　譯】古人讀《文選》了悟養生的道理，得力於其中兩句：「石蘊玉而山輝，水涵珠而川媚。」這真是極其高妙的話。常常看到，在蘭草、蕙蘭、芍藥的花蒂間，必定有一點露珠，如果這點露珠被螞蟻吃去，花便枯萎了。又曾看到，當拂曉竹筍剛長出來的時候，一定有幾顆露珠在其頂梢，太陽出來後，露珠收回到了根部，晚上再上到頂梢。田間有詩句說「晚上齺看露珠在頂梢滾動」，就是講的這個情況。如果拂曉走進園中，見竹筍上沒有露珠，便是長不成竹子的，於是採摘吃掉。稻子上也有露珠，晚上出現，清早收去。人的元氣，全都在這裡。因此，《文選》中的兩句，不能不常常省察體會，要訣固然不在於得到很多。

【研　析】讀書有功利與非功利閱讀之分。「讀《文選》而悟養生之理」，從閱讀《文選》中了悟養生的道理，斯可謂處處留心皆學問，大體上可以歸入非功利閱讀的範圍；唐宋時期，俗語所謂的「《文選》爛，秀才半」，因為科舉考試的需要而熟讀《文選》，這則是典型的功利閱讀。人的一生，少不了考試、求學、謀職、工作等等，因為發展的需要，為了功利目的而讀書，自然不可缺少，這也是有追求、具有上進心者所為，其與不求上進、混世主義、厭惡讀書者相較，高下判然。然而人的讀書，還要有因為興趣喜好，屬於享受性質的非功利閱讀，這更符合人生全面自由發展的本質要求。

言歸正傳，如何由「石蘊玉而山輝，水涵珠而川媚」兩句，而「悟養生之理」？僅就兩句而論，古人有解釋曰：「譬若水石之藏珠玉，山川為之輝媚也。」或曰：「玉在山而草木潤，淵生珠而岸不枯。」謂石中藏玉，山因此吐露光輝；水中含珠，川流為之美麗。關於其中所包含的養生之理，張英說，譬如蘭草、蕙蘭、芍藥的花蒂間，如拂曉時分新生竹筍的梢頭，如稻子上，均有的那麼一點露珠；在人而言，是為元氣所在。蘭、蕙、芍藥花蒂間那一點露珠，如果被螞蟻吃去，花便枯萎；拂曉時分新生竹筍上沒有露珠，便長不成竹子；稻子上的露珠，晚現晨收，不可或缺；人如果喪失元氣，則生命難以持久。天有三寶日月星，地有三寶水火風，人有三寶精氣神。人的元氣，精氣神是也。劉完素《素問病機氣宜保命集・原道》中說：「人受天地之氣，以化生性命也。是以形者生之舍也，氣者生之元也，神者生之制也。形以氣充，氣耗形病，神依氣立，氣納神存。」元氣是一種構成人生命和精神的東西，精氣神直接影響著人的體質、生理、發育，乃至於壽命的長短，「先天之精」得之於遺傳，「後天之精」源於培植，明白了石中藏玉而山吐光輝、水中含珠而川流美麗的道理，自然會理解培植元氣對於人的重要意義，並加意養護自身的「珠玉」，讓生命之山川顯得益發蔥蘢，綻放得更加美麗。

三〇

世人只因不知命、不安命，生出許多勞擾❶。聖賢明明說與，曰：「君子居易以俟命。」又曰：「君子行法以俟命。」又曰：「修身以俟之」❷，「不知命，無以為君子」❸。因知之真，而後俟之，安也。予歷世故❹頗多，認此一字頗確。曾與韓慕廬宿齋天壇❺，深夜劇談❻。慕廬談當年鄉、會考❼時，鄉試則有得售之想，場中頗著意❽；至會試、殿試❾，則全無心而得會狀❿。會試場，大風吹卷欲飛，號⓫中人皆取石堅押，韓獨無意，祝曰：「若當中，則自不吹去。」亦竟無恙。故其會試、殿試文，皆遊行自在⓬，無斧鑿痕。予謂慕廬：「足下兩掇巍科⓭，當是何如勇猛。以此言告人，人決不信。」余獨信之，何以故？予自諭德⓮後即無意仕進，不止無競進之心，且時時求退不已，乃由講讀學士⓯躋學士⓰，登亞卿⓱、正卿⓲，皆華膴清貴⓳之官，自傍人觀之，不知是何如勇猛精進；以予自審，則知慕廬之非妄矣！慕廬亦可以己事推之，而知予之非誑也。願與世人共知之。

【注釋】❶勞擾　勞苦困擾。❷修身以俟之　謂培養身心，等待天命。語出《孟子・盡心上》。❸不知命二句　不懂命，不可能成為君子。語出《論語・堯曰》。❹世故　世事變故；世俗人情。❺曾與句　韓慕廬，即韓菼（西元一六三七－一七〇四年），字元少，別號慕廬，長洲（今蘇州）人。康熙十二年（西元一六七三年）

狀元。授翰林院修撰，修《孝經衍義》。歷任日講起居注官、右贊善、侍講、侍讀、禮部侍郎、吏部右侍郎，官至禮部尚書兼翰林院掌院學士。宿齋，古代祭祀前齋戒。天壇，指北京天壇，帝王祭天之處。❻劇談　暢談。❼鄉會考　分別指明清時代的舉人和進士考試。舉人考試稱鄉試，每三年一次，在各省城舉行，應試者為秀才，及第者稱舉人。會試每三年一次，在京城禮部舉行，應試者為舉人，及第者稱貢士。❽著意　用心；集中注意力。❾殿試　明清時期最高一級的科舉考試，緊接會試之後，由皇帝親自在殿廷策問考試，又稱廷試，及第者稱進士。❿會狀　會元、狀元的省稱。會元，舉人考試第一名。狀元，殿試第一名。⓫號　指號子，科舉考場考生考試的具體場所，每人一間，每間編號。⓬遊行自在　指信手拈來，行文自然。⓭掇巍科　考取高第。巍科，科舉考試中名列前茅。⓮諭德　官名，掌侍從贊諭，同常侍。⓯講讀學士　侍講學士與侍讀學士的省稱，均唐朝始設，職掌為皇帝及太子講論文史，備君王顧問。⓰學士　宋代始設專職，明代設翰林院學士及翰林院侍讀、侍講學士，清代改翰林院學士為掌院學士。⓱亞卿　唐代以後為太常寺等官署少卿的別稱。⓲正卿　上卿，春秋時諸侯國最高執政大臣，權力僅次於國君，這裡指正職。⓳華膴清貴　清貴顯要。

【語　譯】世上的人，只是因為不懂得命運，不安於命運，生出許多勞苦困擾。聖賢明白告訴人們：「君子安於本分，而等待命運安排。」又說：「君子依法度而行，等待命運的安排。」又說：「培養身心，等待天命」，「不懂得命運，不可能成為君子」。因為瞭解得真切，然後等待命運安排，非常平靜。我經歷世事很多，對命運的體認，很是確切。曾經與韓慕廬齋戒天壇，深夜暢談。慕廬談起當年鄉試、會試的事情，鄉試時曾有要考中的預感，考場中非常用心。到了會試、殿試的時候，則全屬於無心而考取頭名。會試考場上，刮著大風，眼看要將卷子吹飛，號舍中人都拿了石頭牢牢壓著，唯獨韓慕廬想都不想，祈禱說：「如果命裡應該考中，便自己不會被吹去。」

也竟然沒有問題。因此，他會試、殿試的文章，都是信手拈來，行文自然流暢，沒有斧鑿雕琢痕跡。我對慕廬說：「閣下兩次高中，應該是何等的勇猛！將這些無意考中的話告訴別人，人家必然不會相信。」獨有我相信。什麼原因呢？我從任職諭德以後，便無意於陞官，不僅沒有進取的心，並且時時避退。竟然由講讀學士，陞任學士，陞任亞卿、正卿，都是清貴顯要的官職。在旁人來看，不知道我是何等的勇猛精進。在我自己，則知道慕廬講的不假。慕廬也可以以他自己的事情推測，知道我講的不假。願意和世人一道瞭解這些事情。

【研　析】有的人一生順風順水，有的人一輩子溝溝坎坎，有的人一生大起大落，有時風光無限，有時則倒霉透頂，這到底是主觀原因造成，還是由外在的命運主宰？關於這個問題，我們盡可以仁者見仁智者見智，發表個人不同的看法。但每個人人生不同，遭遇有別，成就有異，既有幸運兒，也有「倒霉蛋」，這卻是人們習見不鮮的客觀存在。人生，確有太多難以說清楚的東西，於是人們將其歸之於命運。張英這裡所講的，則主要是對待命運，我們應該持一種什麼樣的態度。

在張英看來，首先，人要知命，要安於命運。世上很多的人，就因為不懂命運，不安於命運，於是有了很多苦惱，很多困擾。他舉了友人韓菼和自己的例子。康熙十二年狀元韓菼，會試、殿試的時候，了不在意，結果考取了頭名。張英自己，在任職諭德之後，便萌生退意，結果是無意之中，由講讀學士，陞任學士，陞任亞卿、正卿，都是足以令人羨慕的清貴顯要的官職。其次，安於命運不等於消極等待。聖賢所言，安於本分，做好自己分內之事，勤勤懇懇依法度而行，盡人事而由天命。我們來看韓菼的成功。鄉試的預感，令他興奮，盡心盡力，徹底釋放自己的能量，於是高中。會試、殿試的「無心」，令他消除了壓力，自由綻放，於是，會試、殿試的文章，都寫得如信手拈來，自然天成，再次高中。張英的官居一品，也因為其超脫功利心、爭競心，沒有雜念，不捲入政治鬥爭的風暴，心情舒展的盡心王室，克勤職守，深得康熙帝信賴，於是有其成功。

世人對待命運，大抵不外乎三種態度：或為命運領著走，此為宿命論者，信命者，無為者，是消極等待的人；或為命運拖著走，此多為革命者，非宿命論者，不信天命鬧革命，與命運抗爭的人；或為信命而超脫者，「寵辱不驚，閑看庭前花開花落；去留無意，漫隨天外雲捲雲舒」，得意時不張揚，無驕氣，不沾沾自喜，不自以為是命運的主人；失意時不消沉，不卑怯，能夠辯證地認識禍福相依的道理，雖然不能扼住命運的咽喉，卻可以自主地把握自己，不做命運的奴隸。張英大概便是這持有第三種態度的人。

三

予生平❶嗜卉木，遂成奇癖，亦自覺可哂❷。細思天下歌舞聲伎❸、古翫❹書畫、禽鳥博奕之屬❺，皆多費而耗物力，惹氣而多後患，不可以訓子孫。惟山水花木，差可❻自娛，而非人之所爭。草木日有生意❼而妙于無知❽，損❾許多愛憎煩惱。京師難於樹植❿，艱於曠土⓫。書閣⓬中置盆花數種，滋培收護⓭，頗費心力，然亦可少供耳目之翫。琴薦書幌⓮，牀頭十笏之地⓯，無非落花填塞，亦一佳話也。

【注釋】❶生平　素來；一生。❷可哂　可笑。哂，微笑；譏笑。❸聲伎　一作聲技，指歌舞等技藝。❹古翫　可供玩賞的古代器物。❺禽鳥句　玩鳥賭博之類。禽鳥，鳥獸的通稱，或單指鳥類。博奕，即博弈，局戲和圍棋，這裡指賭博。❻差可　尚可；勉強可以。❼生意　生機，意態。❽無知　沒有知覺；沒有知識。❾損　減少。❿樹植　種植。⓫曠土　荒蕪的土地。⓬書閣　收藏書籍的地方。⓭滋培收護　栽培養育收取保護；澆水培土收存保護。⓮琴薦書幌　指彈琴讀書之處。薦，墊子；墊褥。書幌，書帷；書房。⓯十笏之地　喻指距離之短。笏，古代大臣朝見時手執的狹長板子。

【語譯】我素來嗜好花木，於是成為特別的癖好，自己也感到十分好笑。細想天下歌舞等技藝、古玩書畫、養鳥賭博一類，都浪費消耗有限的物質資源，引發生氣，且多生後患，不能用來教育子孫。只有山水花木，尚可自娛自樂，且並非世人爭競的東西。草木每天都有不同的神情姿態，並且妙在沒有知覺，讓人減少很多愛恨煩惱。京城難以種植，不容易找到荒蕪閒置的土地，書房裡擺放幾種盆花，培育保護，很費心力，但也可以用來供耳目些許玩賞。彈琴讀書的地方，臥室床頭狹窄的地方，無非落花滿地，也是一個值得傳誦的美談。

【研析】這則文字，張英專談自己的花木癖好，談他嗜好花木的原因，以及嗜好花木的程度。為什麼嗜好花木？張英說，如果喜好歌舞技藝、古玩書畫、養鳥賭博等等，奢侈浪費，是其一；感情投入，容易上當，豪強覬覦，惹來禍端，是其二。不僅嚴重浪費，招致禍端，還會在身後為子孫留下禍患，對此，上文已經述及。而山水花木之好，可以自娛自樂，沒有人為此而爭奪，並且草木「日有生意」，日新月異，沒有知覺，不像戲班中尤物的牽人情意，養寵物的容易引人動情，因此，可以讓人減少很多的愛恨情讎和無故的煩惱。所以，花木可嗜。至於其對花木嗜好的程度，如張英所說，雖然京城地面，寸土寸金，閒地難覓，但書房之中，臥室之內，彈丸之地，花草遍布，螺螄殼裡做道場，只要多費些心力，一樣可以很好地養蒔，一樣可以用來供人玩賞。彈琴讀書的地方，或臥室床頭狹窄的一隅，落花滿地，亦堪稱一則佳話。

明末清初人張岱，在其〈祁止祥癖〉一文中說：「人無癖不可與交，以其無深情也；人無疵不可與交，以其無真氣也。」健康的嗜好，不僅可以頤養人的性情，同時，也能夠具體而微地展示人所具有的自然性情。沒有健康嗜好的人，因為缺乏深情，不可與交往；而沒有健康嗜好的政治家，被權利異化，沉迷於政治權術，玩弄厚黑哲學，缺乏人道，冷漠無情，殺人不見血，尤其令人可畏。作為政治家的張英，顯然不屑於厚黑。其對於山水草木的嗜好，還在於他從花木自然中，感悟到了本真，從自然生機中，感受到了鮮活跳脫的生命意蘊，從自然景觀中，捕捉到了率真、本色、恬淡、自由，進而可以實現與自然精神的溝通；另一方面，見慣了宦海角逐廝殺的張英，應該是真的厭倦了，他真切希望能夠皈依自然，在其中尋求一份淡泊、恬靜，找到一個不大的屬於自己的精神港灣。

三二

古人佩玉，朝夕不離，義取溫潤堅栗[1]。君子無故不撤琴瑟，義取

和平溫厚。故質性❷爽直者，恐近高亢❸，益當深體此意，以自箴砭❹，不可任其一往❺之性也。

【注釋】❶溫潤堅栗　溫和潤澤，堅實牢固。❷質性　資質，本性。❸高亢　剛正憨直；剛強爽直。❹箴砭　喻指糾謬、規諫。❺一往　一時；一向。

【語譯】古人佩戴玉飾，從早到晚不離身體，取其溫潤堅牢的意思。君子不無緣無故地撤去琴瑟，取其和平溫厚的意思。因此，本性直爽的人，怕近於剛正憨直，尤其應該深深體味這些含義，以自我糾謬規諫，不能聽任自己一向的性格。

【研析】中國傳統文化，有「君子比德」的思想，所謂「知者樂水，仁者樂山」，「登東山而小魯，登泰山而小天下」，「君子見大水必觀焉」云云，大旨均在強調以真切的山水自然體驗，去領悟自然的精神，進而如王逸〈離騷序〉所說「善鳥香草以配忠貞，惡禽、臭物以比讒佞」，由是，比德亦成為中國傳統文學中一種重要的藝術手法。

回到張英這則文字，先說以玉比德。孔子最早提出「君子比德於玉焉」，並揭出玉的十一種德性：「溫潤而澤，仁也；縝密從栗，知也；廉而不劌，義也；垂之如隊，禮也；叩之其聲清越以長，其終詘然，樂也；瑕不掩瑜，瑜不掩瑕，忠也；孚尹旁達，信也；氣如白虹，天也；精神見於山川，地也；圭璋特達，德也；天下莫不貴者，道也。」（《周禮》「子貢問孔子」）此後，人們又有玉之九德說：仁、智、義、行、潔、勇、精、容、辭；五德說：仁、義、智、勇、潔。而人的佩戴寶玉，在辟邪除祟的巫術意義之外，還有一層意思，即如張英所說「義取溫潤堅栗」，即比德的內容，勵志的內涵。

再說琴瑟，《禮記・曲禮下》中說：「士無故不撤琴瑟。」何以不撤琴瑟？小而言之，修身養性；大而言之，關涉教化，如《左傳・昭公元年》中說：「君子之近琴瑟以儀節也，非以慆心也。」近琴瑟，是一種儀式的洗禮，不是為了娛樂；《禮記・樂本》中說：「禮節民心，樂和民聲，政以行之，刑以防之。禮、樂、刑、政，四達而不悖，則王道備矣。」樂是一種禮教，是政治的重要內容之一；《史記・樂書》中說：「凡音由於人心，天之與人有以相通，如景之象形，響之應聲。故為善者天報之以福，為惡者天與之以殃，其自然者也。故舜彈五弦之琴，歌南風之詩而天下治。……夫南風之詩者生長之音也，舜樂好之，樂與天地同意，得萬國之驩心，故天下治也。」天人相通，音樂反映出政治的清濁；蔡邕《琴操》中說：「昔伏羲氏作琴，所以禦邪僻，防心淫，以修身理性，反其天真。」音樂也有修身養性的作用在，所以琴瑟雖樂，所關非細。由《紅樓夢》中林黛玉的論琴亦可見出一斑：「琴者，禁也。古人製下，原以治身，涵養性情，抑其淫蕩，去其奢侈。若要撫琴，必擇靜室高齋，或在層樓上頭，或在林石裡面，或是山巔上，或是水崖上。再遇著那天地清和的時候，風清月朗，焚香靜坐，心不外想，氣血和平，纔能與神合靈，與道合妙。所以古人說：知音難遇。若無知音，寧可獨對著那清風明月，蒼松怪石，野猿老鶴，撫弄一番，以寄興趣，方為不負了這琴。還有一層，又要指法好、取音好。若必要撫琴，先須衣冠整齊，或鶴氅，或深衣，要如古人的儀表，那纔能稱聖人之器。然后盥了手，焚上香，方纔將身就在榻邊，把琴放在桌上，坐在第五徽的地方兒，對著自己的當心，兩手方從容抬起，這纔身心俱正。還要知道輕重疾徐，捲舒自若，體態尊重方好。」

張英特別提到稟性直爽的人，尤其要深深體味這些含義，加強修身，自我糾正，有意識地改造自己人性的弱點、性格的缺點，進德修心，追求完善，而不能由著性情，聽任自己的性格，一味剛正憨直。

三

人生以擇友為第一事。自就塾❶以後，有室有家，漸遠父母之教，初離師保之嚴。此時乍得友朋，投契❷締交，其言甘如蘭芷，甚至父母兄弟妻子之言皆不聽受，惟朋友之言是信。一有匪人❸側❹於間，德性未定，識見未純，鮮未有不為其移者。余見此屢矣。至仕宦之子弟尤甚。一入其彀中❺，迷而不悟，脫有尊長誡諭❻，反生嫌隙，益滋乖張❼。故余家訓有云：「保家莫如擇友。」蓋痛心疾首其言之也。

汝輩但於至戚中，觀其德性謹厚，好讀書者，交友兩三人足矣。況內有兄弟互相師友❽，亦不至岑寂❾。且勢利言之，汝則溫飽，來交者豈能皆有文章道德之切劘❿？平居則有酒食之費，應酬之擾。一遇婚喪有無⓫，則有資給稱貸⓬之事。甚至有爭訟外侮⓭，則又有關說⓮救援之事。平昔既與之契密⓯，臨事卻之，必生怨毒反唇⓰。故余以為宜慎之於始也。

況且戲遊征逐⓱，耗精神而荒正業，廣言談而滋是非，種種弊端不可紀極⓲，故特為痛切發揮之。昔人有戒：「飯不嚼便嚥，路不看便走，話不想便說，事不思便做。」洵為格言。予益之曰：「友不擇便交，氣不忍便動，財不審便取，衣不慎便脫。」

【注釋】❶就塾　進私塾讀書。塾，舊時私人設立的教學場所。❷投契　情意相合。❸匪人　行為不端正的人。❹側　藏伏。❺彀中　原指箭射出去的有效範圍，引申為牢籠之中、圈套之中。❻誡諭　告誡曉諭。❼乖張　不相合；背離。❽師友　老師和朋友，泛指可以請教的人。❾岑寂　寂寞；孤獨冷清。❿切劘　切磋琢磨。⓫有無　所有。⓬資給稱貸　資助供給和告貸舉債。⓭爭訟外侮　爭訟，相爭而起訴。外侮，外來的侵犯欺凌。⓮關說　替人說好話。⓯契密　親密；密切。⓰怨毒反唇　怨毒，怨恨；仇恨。反唇，唇動表示心中不服，常指對立或反對。⓱戲遊征逐　一道不務正業地吃喝玩樂。戲遊，遊戲；遊玩。征逐，交往過從；追隨。⑱紀極　終極，引申為窮盡。

【語　譯】人生以選擇朋友為第一重要的事情。自從進家塾讀書以後，再有了妻子家庭，逐漸遠離父母教誨，脫離老師的嚴管未久。這時候，突然交得朋友，情意相合，定盟締交，他的話，便如蘭草白芷那樣香甜甘美，甚至父母、兄弟、妻子的話，都聽得不入耳、不受用，只相信朋友所言。一旦有行為不端的人隱藏其中，此時品行尚未堅定，見解尚未純正，少有不為朋友所言影響而改變的。我見到的這類事情很多。至於官員人家的子弟，尤其突出。一旦進入圈套，執迷不悟，縱使有尊長告誡曉諭，反而不滿並產生怨恨，益發滋長叛逆不和。因此，我在家訓中說：「保有家業，不如謹慎交友。」這也是痛心疾首之言。

你們只需在最親近的親戚中，看品質謹慎篤厚，喜歡讀書的人，交往兩三個朋友，足夠了。況且，家中有兄弟，互相請益，也不十分寂寞。並且勢利地講，你衣食不愁，來和你交往的，豈能夠都是有道德有文章相互切磋？平常有酒食花費、應酬攪擾。凡是遇到婚娶喪葬，便有資助借錢的事情，甚至有爭執訴訟、外來欺侮，便又有替人說情、解救援助的事情。既然往常和他密切，遇到事情而推卻，必然生出怨恨對立。因此，我認為應該從開始就格外謹慎。

況且，不務正業地吃喝玩樂，耗費精神，荒廢正業，言談多便要滋生是非，種種弊端，不能夠窮盡。因此，特意對此做極懇切的闡發。前人有數戒：「吃飯不咀嚼便嚥下，路不看便瞎走，話不細想便亂說，事情不思考便去做。」確為有教育意義可奉為準則的話。我再增加幾戒：「朋友不挑選便交往，情緒不克制而妄動，財物不細察而獲取，衣服不謹慎便亂脫。」

論者已多。

【研 析】《論語》中，孔子有言：「益者三友，損者三友。友直，友諒，友多聞，益矣。友便辟，友善柔，友便佞，損矣。」在孔子看來，有益的朋友有三種：正直的人，信實的人，博學多聞的人；有害的朋友也有三種：諂媚奉承的人，口是心非的人，誇誇其談的人。關於交友，古人論者已多。

在張英《聰訓齋語》中，也是數次論及，如「予之立訓」條談「擇交者不敗」，「人生必厚重沉靜」條談「關鍵切要，則又在於擇友」。這裡，更是設專條專論「人生以擇友為第一事」。前車之鑒太多，歷史上的，書本裡的，現實中的，交友的教訓不勝枚舉。張英深知其在子女教育中的重要意義，故不憚其煩，再次鄭重論之。這篇文字中，張英重點談了四個方面的內容：

其一，為什麼要高度重視少年擇友的問題？他認為，少年時期，剛走出家門，身邊一下子沒有了父母長輩的耳提面命，時時約束，如同籠中放飛的鳥兒，自以為翅膀長硬，羽翼已豐，加之有了家室，自以為長大成人，但事實上，閱歷甚少，對社會的瞭解極其有限，不知道茫茫人海的水深水淺，缺乏辨別力，感情易衝動，好社交，論義氣，逞面子，自以為朋友都是《三國》中的劉、關、張，朋友的話都是肺腑之言，如蘭草白芷那樣香甜甘美，而父母、兄弟、妻子的忠言逆耳，久聽之已厭，不能受用，這時，「朋友」的好壞，直接影響其人生航船的方向。

其二，擇友不慎的危害。張英從兩個方面做了分析。一方面，擇友不慎，一旦交往匪人，因為意志不堅定，沒有正確的辨別力，缺乏堅定的把持力，入其圈套，會愈陷愈深，迷不知返；縱有尊長指迷，反以為保守僵化，思想老套，心中不滿，滋生怨恨，益發叛逆。另一方面，功利地講，富家子弟，衣食無憂，和你交往的人，未必都是為了和你切磋道德學問而來，但你不僅平素要酒食招待，好吃好喝，迎來送往的應酬要浪費時間，人家有了婚娶喪葬的事，你要應付；人家有借錢的事情，你要滿足；人家有打官司、鬧糾紛的事情，知道你家有勢，請你擺平，你不免要家長來徇私枉法。既然平素裡往來親熱，遇到事情，一件不能滿足，便要反目成仇。因此很不上算。

其三，究竟應該如何交友？張英認為，家中有兄弟，相互之間，平時可以互相學習，互相幫助，不至於孤單寂寞，因此，交朋友不需過多，在近親之中，在自己非常瞭解、知根知底的人中，挑選品質謹慎篤厚，喜歡讀書的人，有兩三個情投意合者，足夠了。

其四，張英給年輕子弟的「八戒」忠言：一戒飯不嚼便嚥（會傷胃）；二戒不看路亂走（要掉入泥坑）；三戒話不細想亂說（禍從口出）；四戒事不思考而做（難有所成）；五戒不加選擇交友（未免所交非人）；六戒不知克制情緒（衝動是魔鬼）；七戒財物不細察亂取（要犯罪）；八戒衣服不謹慎亂脫（要著涼傷及身體）。

三四

學字當專一，擇古人佳帖或時人墨蹟❶與己筆路❷相近者，專心學之，若朝更夕改，見異而遷，鮮有得成者。楷書如端坐，須莊嚴寬裕，而神彩自然掩暎❸；若體格❹不勻淨而遽講流動❺，失其本矣。汝小字可學〈樂毅論〉。前見所寫〈樂志論〉，大有進步，今當一心臨倣之。每日明窗淨几，筆精墨良，以白奏本紙❻臨四五百字，亦不須太多，但工夫❼不可間斷。紙畫烏絲格❽，古人最重分行布白，故以整齊勻淨為要。學字忌飛動草率、大小不勻，而妄言奇古磊落❾，終無進步矣。行書亦宜專心一家。趙松雪佩玉垂紳❿，丰神清貴，而其原本則出於〈聖教序〉⓫、〈蘭亭〉，猶見晉人風度，不可訾議⓬之也。汝作聯字⓭，亦頗有豐秀之致。今專學松雪，亦可望其有進，但不可任意變遷耳。

【注釋】❶墨蹟　書法、繪畫真跡。❷筆路　筆法；寫作的思路。❸掩暎　即掩映，隱約映照，時隱時現。❹體格　這裡指詩文字畫的體裁格調、體制格局。❺流動　流利通暢。❻奏本紙　上奏文書所用的紙張。❼工夫　指臨寫的工作和時間。❽烏絲格　用黑線畫的格子。❾奇古磊落　奇特古異，錯落分明。❿趙松雪佩玉垂紳　趙松雪，趙孟頫（西元一二五四—一三二二年），字子昂，號松雪、松雪道人，又號水精宮道人、鷗波，吳興（今浙江湖州）人。元代著名畫家，與歐陽詢、顏真卿、柳公權並稱楷書四大家，書法和繪畫成就很高，畫開元代新畫風，書法以楷、行著稱於世。佩玉垂紳，原指裝飾，形容其書法端莊。⓫聖教序　即〈大唐三藏聖教序〉，唐太宗撰文，唐初書法家褚遂良所書，稱為〈雁塔聖教序〉；沙門懷仁又從王羲之書法中集字，刻製碑文，稱〈唐集右軍聖教序并記〉，或〈懷仁集王羲之書聖教序〉，遂有褚遂良楷體及王羲之草書兩種。⓬訾議非議；詆毀批評。⓭聯字　聯綴字詞，這裡指楹聯之字。

【語　譯】學習寫字，應當專心一意，選擇古人好的帖子，或者在當代人書法真跡中，選與自己筆法相近的，專心學習。如果天天更換，見異思遷，少有練成的。楷書如正坐，必須莊嚴寬鬆，然後神韻風采自然隱約見出。如果體制格局不能均勻整潔，倉促間便講求流利暢達，則丟掉根本了。你的小字可以學習〈樂毅論〉。之前看到所寫的〈樂志論〉，很有進步，現在應當專心臨摹。每天窗明几淨，用精良的筆墨，拿上奏文書所用的白紙，臨摹四五百字，也不須太多，但練習不能夠間斷。紙上畫好黑絲格子，古人最重視安排字體點畫和字行間的關係，所以要以整齊勻淨為要領。學習寫字，忌諱飛揚飄動、輕率粗糙、大小不齊，卻胡說奇特古異、錯落分明，終究不會有進步。行書也應該專心學習一家。趙孟頫的字，如佩玉垂紳，端莊富麗，風貌神情，清高可貴，其根源出自〈唐集右軍聖教序并記〉與王羲之〈蘭亭集序〉，仍能見出晉朝人的風度氣韻，不可以非議。你寫的對聯，也很有些清秀豐美的韻致。現在專心學習趙孟頫，也可以期望有所進步，只是不能隨意改變。

【研　析】這則文字，應該是張英與其子廷璐論學習書法的書信。其中談到小楷習〈樂毅論〉。如眾周知，王羲之的〈黃庭經〉〈樂毅論〉，乃其楷書的代表作品，也是歷代通用的名家小楷臨摹字帖。梁人陶弘景評論：「右軍名迹，合有數首：〈黃庭經〉〈曹娥碑〉〈樂毅論〉是也。」唐代書法名家褚遂良《晉右軍王羲之書目》更將其列為第一。如行家所言，此帖雍容和雅，筆勢精妙，行筆自然，字勢逸宕，備盡楷則，迄今仍為人練習小楷的上乘範本。在古代，小楷也一直都是最標準的規範字體。隋唐以後，封建朝廷還將小楷作為科舉考試的重要內容。張英對小楷的重視，乃時代使然。談到行書，張英認為可學趙孟頫體。趙孟頫是元代著名詩人、書畫家，其書法尤以楷、行書著名。行家評其「趙體」，讚其結體嚴謹而富於變化，行楷豐腴秀整，遒麗典雅，行草俊逸瀟脫，輕盈流動，筆法精緻秀美，筆畫骨肉均勻，寓變化於平淡，神采外溢。張英認為，其字如佩玉垂紳，端莊富麗，風貌神情清高可貴，根源於〈唐集右軍聖教序并記〉與王羲之〈蘭亭集序〉，仍能見出晉朝人風度氣韻，此亦公論。

作為專談書法的書信，本則文字所談，有著具體的針對性，其中亦可以見出張英對於學習書法的具體主張。他認為，學習書法，首先要專一，不能見異思遷。每個人有自己的喜好和不同特點，所以，他主張要結合自己的情況，選擇適合自己的字體。一旦選定，便要專心致志，一門心思的練下去。其次，要持之以恆，最忌三天打魚兩天曬網。俗語說：不怕慢，就怕站。不須太多，貴在堅持，每天臨摹四五百字，只要功夫深，鐵棒磨成針，功到自然成。其三，要遵循書法的基本規律，打好基本功。楷書必須莊嚴寬鬆，體制格局要均勻整潔，要重視字體點畫和字行間的關係，要以整齊勻淨為根本，否則，一上來就追求個性，玩風格，講求流利暢達，是失去了根本；而以「飛動草率、大小不勻」為「奇古磊落」，終將裹足不前，一無進步，不可能取得任何成績。其四，要端正態度，欲善其事，必先利其器。如張英所講，每天窗明几淨，用精良的筆墨和上奏文書使用的白紙，紙上畫好黑絲格子，堅持練習，不可間斷等等。張英的這些言論，堪稱方家正論，乃不刊之言。

三五

龍眠芙蓉谿，吾朝夕夢寐所在也。垂雲沜❶天然石壁，上倚青山，下臨流水，當為吾相度可亭之地❷，期於對石枕流❸。雙谿草堂❹前，引南北二澗❺為兩池，中一閘相通，一種蓮，一種魚❻；製扁舟❼，容五六人，朱欄翠櫺❽，蘭槳桂櫂❾，從芙蓉谿亭登舟，至艤舟亭❿登岸，襟帶⓫吾廬。汝歸當謀疏鑿⓬，闊處十二丈，窄處二三丈，但⓭可以行舟。汝兄弟姪輪日督工，於九月杪從事⓮，渠成以報吾。堂軒⓯基址預以繩定之，以俟異日。臨河有大石，土人名為獾⓰洞。此地相度亭子，下臨澄潭，四圍嶺岫⓱，既曠然軒豁⓲，亦窈然⓳幽深。其旁當種梅柳以映帶⓴之，亦此時事也。向來梅杏桃梨之屬，種植者亦不少矣，使皆茂達㉑，儘可自娛。此時澆溉、修治、扶植、去草為急。僕人紙上之樹㉒日增，園中之樹日減。汝當為吾稽察㉓之。樹不活，與不種同。山中須三五日靜坐經理㉔，晨入暮歸，不如其已也。可與兄弟姪言之。

【注釋】❶垂云沜　地名，在安徽桐城龍眠鄉芙蓉谷。沜，水邊；崖岸。❷相度可亭之地　考察測量可以建造亭子的地方。❸對石枕流　面對山石，靠近水流。❹雙谿草堂　作者退休後在家鄉築龍眠雙谿草堂。❺澗　山間水溝；山谷。❻種魚　養魚。❼扁舟　小船。❽朱欄翠櫺　紅色欄杆，青綠色的窗櫺。❾蘭槳桂櫂　木蘭桂木製造的船槳。櫂，即棹，船槳。❿艤舟亭　亭名。艤舟，使舟停岸之意。⓫襟帶　衣襟腰帶，比喻山水環繞，如襟似帶。⓬疏鑿　開鑿。⓭但　只。⓮從事　行事；致力於某事。⓯堂軒　大廳和長廊。⓰獾　野獸名，即狗獾，形似狗而足短，穴居。⓱嶺岫　山嶺。岫，山穴；峰巒。⓲曠然軒豁　空曠開朗。曠然，開闊貌。軒豁，高大開闊。⓳窈然　深遠貌；幽深貌。⓴映帶　景物相互照映襯托。㉑茂達　茂盛。達，放恣、歡躍貌。㉒紙上之樹　紙上記錄下來的植樹數目。㉓稽察　檢查。㉔靜坐經理　指靜心打理。靜坐，平靜地端坐；閉目安坐，這裡指靜心。經理，經營管理；治理；料理。

【語譯】龍眠芙蓉谿，是我常常魂牽夢繞的地方。垂雲沜是天然形成的石壁，上靠青山，下臨水流，可為我考察測量能夠建造亭子的地方，希望面對山石，靠近水流。雙谿草堂前，引南北二澗的水，開鑿兩處池塘，中間用水閘相通，一處種植蓮花，一處養魚。造一隻小船，可坐五六個人，紅色的欄杆，青綠色的窗櫺，精緻的船槳，從芙蓉谿亭上船，到艤舟亭上岸，水流環繞房舍。你回去，要謀劃開鑿，寬闊處十二丈，狹窄處二三丈，僅可以過去船隻。你們兄弟侄子，逐日輪班督工，九月開始動工，完工後向我報告。廳堂、長廊的基址，預先劃定，等來日興建。臨河處有大石，地方上人叫它獾洞，在此觀察測量建造亭子。下臨澄澈的潭水，四周山嶺環繞，既開闊敞亮，也窈然幽深。亭子旁邊，應當種植梅樹、柳樹相映襯，也是九月先期工程要做的事情。向來梅、杏、桃、梨一類樹木，種植的也不少了，假如都長得枝繁葉茂、生機勃勃，盡可以用來自我娛樂。這時候澆水灌溉、修理整治、扶持培植、去除雜草，最為緊要。僕人們紙上記載的樹木，棵數一天天增加，園亭中實際的樹木，一天天減少，你要檢查。栽樹不活，和不種植相同。在山裡，要集中三五日，靜心料理；清晨進山，晚上回家，不如不去。可將這些向兄弟侄子們談談。

【研　析】「生活的目的究竟是什麼？是生活本身！除把生命維持到死以外，不會再有其他任務。人因此而獲得維持生命的力量。」這是瑞典作家斯特林堡在他的作品《女僕的兒子》中所說的一段名言。

生活的目的在於生活本身，人生的本質在於人生自身。詩意人生，詩意棲居，是生命審美意識的一種覺醒。然而，恰如陳繼儒〈花史跋〉中所說：「有野趣而不知樂者，樵牧是也；有果蓏而不及嘗者，菜傭牙販是也；有花木而不能享者，達官貴人是也。」人的一生，或為生計勞苦，或為功名利祿奔競，既不能超脫現實的功利，便很難享受到生活的樂趣，欣賞到大自然的美妙，感受到人生的愜意適懷。在汙濁的政治場域中，在兇險的宦海波濤之中，張英殫精竭慮，苦苦撐持了數十年後，他對於回歸自然山林，有了愈來愈強烈的渴望，甚至是一種迫不及待的心情。

山林中有什麼樂趣？還是引用晚明陳繼儒的話：「客過草堂，扣余巖棲之事，余倦於酬答，但拈古人詩句以應之。問：是何感慨而甘棲遁？曰：得閑多事外，知足少年中。問：是何功課而能遣日？曰：種花春掃雪，看籙夜焚香。問：是何利養而獲終老？曰：硯田無惡歲，酒國有長春。

問：是何往還而破寂寥？曰：有客來相訪，通名是伏羲。」（《巖棲幽事》）陳繼儒又說：「山居勝於城市，蓋有八德：不責苛禮，不見生客，不混酒肉，不競田宅，不問炎涼，不鬧曲直，不徵文逋，不談仕籍。如反此者，是飯傖牛店，販馬驛也。」（《巖棲幽事》）山林自然之樂，是一種散淡閒適之樂，是生活的享受和生命的快意，是素為世人忽略的精神的自由、心靈的怡悅，是獨立的個性的「我」的恣意書寫。此時的張英，可謂身在魏闕，心懸草野。他的胸中，已經開始了一個宏大的藝術構思：築草堂、建亭子、鑿池塘、建水閘、造小舟、植蓮、養魚、種樹……他在夢中，又回到了神魂牽繞的龍眠芙蓉谿，享受著他快樂的山林之夢。

三六

辛巳春分日❶，予攜大郎、二郎、六郎❷，出西直門❸，過高梁橋❹，沿溪水至法華寺❺，飯于僧舍，因至萬壽寺❻。時甫❼移華嚴鐘於後閣，尚未懸架，遂過天禧宮看白松。蓋余最心賞❽古松。枝幹如凝雪，清響❾如飛濤，班剝離奇❿，扶疎詰曲⓫，枝枝入畫，葉葉有聲，如對高人逸士⓬，不敢褻玩⓭。京師寺觀，此種為多，而時代久遠則無過天禧宮者，共二十餘株，皆異態殊形，可謂巨觀⓮矣。是行也，春寒初解，野色蒼茫⑮，然已有融潤之氣⑯。得小詩曰：「緣谿來古寺，石堰舊河梁⑰。冰泮⑱波澄綠⑲，風輕柳麴黃⑳。苔痕㉑春已半，松影日初長。籃筍㉒攜諸子，僧寮㉓野蔌㉔香。」

【注釋】❶辛巳春分日　指康熙四十年（西元一七〇一年）春分這一天。❷予攜句　大郎，指張廷瓚，字卣臣，號隨齋，安徽桐城人，張英長子，康熙十七年（西元一六七八年）舉人，十八年進士，授翰林院編修，歷官日講起居注官、詹事府少詹事兼翰林院侍講學士，入值南書房，康熙二十六年（西元一六八七年）奉命主持山東鄉試，後隨康熙帝三征絕漠，倍受恩寵，先於張英而卒，有《傳恭堂詩集》五卷。二郎，指張廷玉（西元一六七二－一七五五年），字衡臣，號研齋，康熙三十九年（西元一七〇〇年）進士，在康熙朝歷任內閣學士、吏部侍郎，世宗朝擢禮部尚書，入直南書房，《聖祖實錄》副總裁，《明史》總裁，卒謚文和。六郎，指張廷瓘，字梁臣，號轀齋，諸生，以勤學致瘵，未滿四十而病卒。❸西直門　北京內城的西城門。❹高梁橋　橋名，在北京西直門外，以高梁河得名。❺法華寺　位於北京崇文區法華寺街，始建年代不詳，清康熙和同治年間兩度重修，是北京外城大寺之一。❻萬壽寺　始建於明朝，稱聚瑟寺，明萬曆五年（西元一五七七年），慈聖李太后出資建造，改名萬壽寺，成為皇家寺廟，後來也是清代皇家祝壽慶典的重要場所。❼甫　方才；剛剛。❽心賞　心愛。❾清響　清脆的響聲。❿班剝離奇　色彩錯雜。班剝，即班駁，色彩錯雜。離奇，歪斜貌；盤繞屈曲貌。⓫扶疎詰曲　枝葉繁茂，屈曲紛披。詰曲，屈折；屈曲。⓬逸士　節行高逸之士；隱逸者。⓭褻玩　親近而玩弄。⓮巨觀　大觀；壯觀。⓯野色蒼茫　原野的景色廣闊無邊。⓰融潤之氣　暖和濕潤的氣息。⓱石堰舊河梁　石堰，用石頭修築的擋水堤壩。河梁，橋樑。⓲泮　融解。⓳澄綠　清澈碧綠。⓴麴黃　淡黃色。

㉑苔痕　苔蘚滋生之跡。㉒籃筍　竹床；竹轎。㉓僧寮　僧舍。㉔野蔌　野蔬；野菜。

【語　譯】辛巳年春分日這一天，我帶著老大、老二、老六，從西直門出來，過了高梁橋，沿著溪水，來到法華寺，在僧人的住所吃飯，順便到了萬壽寺。當時，華嚴鐘剛剛搬移到後閣，還沒有掛到架子上，於是去天禧宮看白松。我最喜愛古松，其枝幹顏色如白雪凝結，清脆的響聲如飛起的波濤，色彩錯雜，枝葉屈曲紛披，所有樹枝都堪畫入畫中，每片樹葉都發出聲響，如同面對高人隱士，不敢親近褻瀆。京城中寺院道觀，這種樹木很多，但論年代的久遠，卻沒有超過天禧宮的，共有二十多株，棵棵不同的形態、奇異的形狀，可謂蔚然壯觀了。這趟出遊，春寒方纔消去，原野無邊無際，然而已經有溫暖濕潤的氣息。做得小詩一首，曰：「順著河流來到一座古寺，過了石壩又過了古舊橋樑。寒冰消融水波清澈碧綠，輕風拂煦柳枝泛出淡黃。由那苔蘚看出春天已經過半，日出之時松樹陰影顯得很長。乘著竹轎帶著幾個孩兒，在僧人住所一齊品嘗野菜芳香。」

【研　析】這則紀遊文字，竟是一篇精彩的微型遊記散文。兩百字的篇幅，遊記文章所需要的各要素齊備，遊者、遊時、遊地、遊蹤、景觀、情理一樣不少，文字簡約優美，線索清晰可見，內涵豐富真切。

此文特別值得表彰的，主要有兩點：一是其觀松讚松的視角。松柏是中國文學中常寫常新的題目，名言佳句甚夥，如「豈不罹凝寒，松柏有本性」（劉楨〈贈從弟〉）；「連林人不覺，獨樹眾乃奇」（陶淵明〈飲酒〉）；「松柏本孤直，難為桃李顏」（李白〈古風〉）；「蘭秋香不死，松晚翠方深」（李群玉〈贈元綾〉）；「霜皮溜雨四十圍，黛色參天二千尺」（杜甫〈古柏行〉）；「真樹孤標在，高人立操同」（皎然〈詠敡上人座右畫松〉）；「為愛松聲聽不足，每逢松樹遂忘還」（皎然〈戲題松樹〉）；「孤標百尺雪中見，長嘯一聲風裡聞」（李山甫〈松〉）等等，更多地謳歌其傲骨崢嶸、四季常青、堅貞不屈的品格，亦即對《論語》中「歲寒然後知松柏之後凋也」的延伸和發展。張英這則文字中，則圍繞另一個角度，從「霜皮溜雨四十圍」、「為愛松聲聽不足」，寫古松的「枝幹如凝雪，清響如飛濤，班剝離奇，扶疎詰曲」，禮讚其「高人逸士」的品格和清脆飛動悅耳動聽出自天籟的松濤聲，這樣的內涵，雖非張英獨創，然在其特定的語境中，與張英的思想旨趣，更吻合貼切，更自然本真。二是它「小清新」的情趣。身居高位的張英，並沒有因為日理萬機的「俗務」，消磨盡其生活的雅趣。初春時分，迎著料峭的寒風，他與三個兒子結伴郊遊，覽古寺，賞古松，尋覓春的蹤影，感受自然之美，享受天倫之樂，綻放詩的激情。他從無垠的原野、碧綠的清波、鵝黃的柳枝、地上斑駁的苔蘚裡，感受到了春的消息。在僧人住所，與兒子共嘗野菜，大快朵頤，農家樂中，洋溢出張英那欣喜快意春天般的心緒。

三七

時文❶以多作為主，則工拙❷自知，才思自出，谿逕❸自熟，氣體❹自純。讀文不必多，擇其精純條暢❺，有氣局詞華❻者，多則百篇，少則六十篇，神明❼與之渾化❽，始為有益。若貪多務博，過眼輒忘，及至作時，則彼此不相涉，落筆仍是故吾，所以思常窒而不靈，詞常窘而不裕，意常枯而不潤。記誦勞神，中無所得，則不熟不化之病也。學者犯此弊最多，故能得力於簡，則極是要訣。古人言簡鍊以為揣摩❾，最是立言❿之妙，勿忽而不察也。

【注　釋】❶時文　時下流行的文章，明清時期特指八股文。❷工拙　即優劣。❸谿逕　泛指門徑。❹氣體　文章的氣勢風格。❺精純條暢　純粹通暢。❻氣局詞華　有氣度格局，文采華麗。❼神明　指人的精神心思。❽渾化　渾然融為一體。❾古人言句　謂選擇精要作為揣度觀摩的對象。語出《戰國策・秦策》：「得太公《陰符》之謀，伏而誦之，簡練以為揣摩。」❿立言　立論；提出見解或主張。

【語　譯】學習八股文的方法，以多寫為主，這樣便會優劣自己清楚，才思自然湧現，門徑自然熟悉，氣勢風格自然純正。閱讀範文，不必太多，挑選其中通暢純粹，有氣度格局，文采華麗的文章，多可選百篇，至少要六十篇。精神專注，與這些文章渾然融為一體，方纔有好處。如果貪求閱讀的數量多，追求廣博，看過便忘，等到自己寫文章時，則讀過的文章和自己沒有任何關係，下筆寫來依然是過去的自己。因此思路常常堵塞而不靈動，詞藻常常窘迫而不豐富，內容常常枯澀而不豐潤。默記背誦，消耗精神，卻沒有任何收穫，是不熟練不消化的問題。學習的人，犯這毛病的最多。所以，能夠受益於簡練，便最是要訣。古人說，選擇精要，作為揣度觀摩的對象，最是立論精妙，不要忽略而不去察知。

【研析】張英這則文字，談八股文寫作經驗，主要談了兩個方面的內容：一是多寫多練。文章千古事，得失寸心知。寫得多了，纔能夠優劣自知，才思自出，門徑自熟，文章的氣勢風格自然純正。其二，多讀範文，深入研究範文，踏著巨人的肩膀前進。張英認為，作為初學者，多則百篇，少則六十篇，挑選那些通暢純粹，有氣度格局，文采華麗的文章，精神專注，認真揣摩，真正地「讀破」百篇範文，消化融入自己的知識系統，成為自己知識系統的有機體。

這讓人想起當代著名美學家朱光潛先生說過的一番話：「凡是藝術家都須有一半是詩人，一半是匠人。他要有詩人的妙悟，要有匠人的手腕，只有匠人的手腕而沒有詩人的妙悟，固不能有創作；只有詩人的妙悟而沒有匠人的手腕，即創作亦難盡善盡美。妙悟來自性靈，手腕則可得於摹仿。」任何文體，都有其自己的規律，有其特殊的要求。在初學者，恰如匠人，必須嚴守繩墨，嚴遵規範。要像匠人時時遵循繩墨那樣，從範文裡揣摩文章的繩墨要求，看範文如何定題目，如何立意，如何生發，如何組織安排，如何進行表述。古人所謂「大志非才不就，大才非學不成」，過人的才華，也來自於勤學苦讀。當你已經成為一名熟練的匠人，創新思維的驅動，自然地昇騰，你便自然而然地邁向了高妙的境界，隨心所欲不逾矩，從而進入真正的創作，一個自由的王國。

有一篇介紹國學大師胡小石的文章，對於我們學習寫作，也富有啟示。文章中談到，有人驚訝胡小石的出口成章，揮灑自如，請教他如何修煉而成？胡小石說，他的父親是清朝舉人，文化人，為了將兒子培養成為一個學者，自幼嚴加管教，當時的方法，先學小學，從字書學起，五六歲開始學《爾雅》，能夠背誦；然後學經學，再擴展到諸子、史學、文學。他也曾經教導他的學生——著名戲曲研究家王季思，「聰明人要用笨功夫」。再聰明的人，要能夠寫出好文章，也都要花笨功夫，梅花香自苦寒來，能力學養是勤奮積累的結果。多讀多寫多練，可以避免只讀不練造成的眼高手低，可以學習別人的經驗，開闊自己的眼界，從實踐中不斷總結經驗教訓，由逐步熟悉把握文章的規律，到熟能生巧，最終演奏出屬於自己的具有個人風格的華彩樂章。

三八

治家之道，謹肅❶為要。《易經・家人》卦❷義理❸極完備。其曰：「家人嗃嗃，悔厲吉；婦子嘻嘻，終吝。」❹嗃嗃近於煩瑣❺，然雖厲而終吉；嘻嘻流於縱軼❻，則始寬而終吝。余欲於居室自書一額，曰「惟肅乃雍❼」，常以自警，亦願吾子孫共守也。

【注釋】❶謹肅　謹慎嚴肅。❷易經家人卦　《易經》即《周易》，相傳為周人所作，故名，包括《經》和《傳》兩個部分，原為古代卜筮之書，共六十四卦，始於「乾」，終於「未濟」。「家人」卦為離下巽上合成之卦。❸義理　道理。❹其曰五句　語出《周易・家人》卦，謂家人相處嚴酷，雖過於嚴厲，結果是好的；婦人孩子嘻笑玩鬧，結果是不好的。嗃嗃，嚴酷的樣子。悔厲，悔恨其過嚴。吝，悔恨；遺憾。❺煩瑣　繁雜瑣碎。❻縱軼　又作縱佚、縱逸，放縱安逸。❼雍　和諧；歡悅。

【語　譯】治家的方法，以謹慎嚴肅為要領。《易經．家人》卦中，道理講得十分完備。其中說：「家人相處嚴酷，雖然過於嚴厲，結果是好的；婦人孩子嘻笑玩鬧，結果是要後悔的。」嗃嗃近於繁瑣，然而雖嚴厲，結果吉祥。嘻嘻流於放縱安逸，則開始寬容，卻最終後悔。我打算在居室為自己書寫一個匾額，叫「惟肅乃雍」，時常以此自我警示，也希望我的子孫共同恪守。

【研　析】《禮記．大學》中說：「古之欲明明德於天下者，先治其國；欲治其國者，先齊其家；欲齊其家者，先修其身；欲修其身者，先正其心；欲正其心者，先誠其意；欲誠其意者，先致其知，致知在格物。格物而後知至，知至而後意誠，意誠而後心正，心正而後身修，身修而後家齊，家齊而後國治，國治而後天下平。自天子以至於庶人，壹是皆以修身為本。」意謂要彰顯自己的美德於天下，先要治理好國家；要治理好國家，先要把家庭管好；要管好家庭，先要加強自身的品德修養；要有品德修養，先要思想端正；要思想端正，先要意念真誠；要意念真誠，先要提高知識素養，而提高知識素養，就要去探究事物的原理。在探究事物的原理中獲取知識，有了知識，然後意念真誠，意念真誠，而後思想得以端正，思想端正，而後有了道德，有了道德，而後家庭和睦，家庭和睦，而後國家安定，國家安定，而後天下太平。修身、齊家、治國、平天下，也成為歷代讀書人追求的道德人生理想。可見，要做大事，要青史留名，不是一句空話，這是一個從自身做起，從家庭做起的系統工程。

由修身、齊家，進而實現了自己治國、平天下理想的張英，在這裡便專門談論家庭管理的問題。他主張，治家當以謹慎嚴肅為要。這不是說張英只講專斷獨裁，要做家庭的暴君，要排斥家庭裡的歡聲笑語，要讓家庭變得一片死寂，了無生機。從上文中相關文字敘述，張英文集中寫及家庭關係的詩文，以及有關年譜、文獻記載中，我們都可以得到具體的印證。張英無非是強調家有家規。無規矩不成方圓，有規矩纔能有秩序，有秩序纔能保障發展。現代社會流行的一句話，叫家庭無是非，其實似是而非。其可取的一面，在於講家庭成員間的相互包容。在家庭內部，不能事不分巨細，雞毛蒜皮，件件樁樁較真。家庭矛盾不斷，後院不時起火，直接影響人的心緒，乃至影響人的身心健康，自然也無法做事。和睦的家庭，棲息的港灣，纔能成為追求事業的堅強後盾。然而，是非，特別是大是大非，依然存在。在近年的反腐浪潮中，太多的落馬官員，正因為不能治家，因為妻子兒女，而走向犯罪，最後鋃鐺入獄，身敗名裂。這便是典型的缺乏家規，在是非問題上不能堅守原則，「嘻嘻流於縱軼」，過於放縱，自食其果。反過來，這些事例，也進一步揭示了修身、齊家與治國、平天下之間的有機聯繫。修身、齊家對於每一個人，尤其對於要做大事的人，實非小事，不可掉以輕心，應該引起高度重視。

三九

人之居家立身，最不可好奇。一部《中庸》，本是極平淡，卻是極神奇。人能於倫常無缺，起居動作、治家節用、待人接物，事事合於矩度❶，無有乖張，便是聖賢路上人，豈不是至奇？若舉動怪異，言語詭激❷，明明坦易❸道理，卻自尋奇覓怪，守偏文過❹，以為不墜恆境❺，是窮奇檮杌❻之流，烏足以表異哉？布帛菽粟，千古至味，朝夕不能離，何獨至於立身制行❼而反之也？

【注釋】❶矩度　規矩法度。❷詭激　怪異偏激，異於常情。❸坦易　坦率平易。❹守偏文過　奉行偏斜，掩飾錯誤。❺不墜恆境　不失恆定境界。❻窮奇檮杌　泛指惡人。窮奇，古代惡人的稱號，行惡而好邪僻。檮杌，傳說的遠古四凶之一。❼制行　德行。

【語譯】人的居家生活、為人處世，最不可以標新立異。一部《中庸》，原本極其平淡，卻又是極其神奇。人能夠在倫理綱常方面沒有缺點，舉動行為、治家節儉、待人接物，事事合於規矩，沒有乖違，便是走向成聖成賢道路上的人，豈不是最奇美的？如果行動怪異，言語偏激，明明白白、正確淺顯的道理，自己卻要去尋覓奇怪之處，奉行偏斜，掩飾錯誤，認為不落於常有之境，成為古代惡人窮奇、檮杌一類，哪裡稱得上標新立異呢？布帛菽粟，日常穿用，千古以來最美的滋味，早晚不能離開，為什麼偏偏立身道德，卻要與此相悖呢？

【研　析】張英這則文字談做人。開篇即亮明觀點：「人之居家立身，最不可好奇」，居家生活、為人行事，最不可以標新立異，做社會的另類。從正面說，首先，舉《中庸》的例子，其以「中庸」為人生至道，講不偏不倚，人生不能輕易偏離改變自己的目標和方向；強調中正、平和，反對喜、怒、哀、樂太過；講中用適用，要求人有一技之長，成為有用之人，做好自己分內的事情。張英說，這些都是極其平易、懇切的話語，「本是極平淡，卻是極神奇」，並沒有因為它的平淡，而影響到它的深刻，也不妨礙其成為傳世的經典。其次，孔子高度評價顏回的「不遷怒，不貳過」，對於不犯同樣的錯誤，或者「知錯能改」，古聖先賢，都讚賞有加。可見，任憑聖人，也不可能不犯錯誤。其與凡人的區別，在於所犯錯誤的輕重，在於錯而能改，不犯同樣的錯誤。所以，張英認為，人如果能夠在倫理綱常方面不存在缺點，舉動行為、治家節儉、待人接物，事事合於規矩，你已經是邁上成聖成賢的道路，是了不起的人，是世人企慕的事情。其三，張英再舉布帛菽粟的例子，一日三餐，家常日用，再普通不過的東西，卻是誰也不能缺少，早晚不可或缺，又是千古以來最有益於人、天下最美的滋味。聖賢是道德的楷模，《中庸》是立言的榜樣，布帛菽粟，乃極有功於人類之物質，「三不朽」於此俱備，為什麼還要以怪異的行為，奇談怪論，故標新異，來引起人們的注意呢？反面的典型現成，古代惡人窮奇、檮杌一類，皆是此輩，值得學習嗎？從張英這則文字中的表述，我們還可以覘知其為人處事的追求和風範：低調本分做人，老實勤懇做事。這也是張英及其後世子孫能夠做出卓異成就，且世代綿延不衰，立於不敗之地的重要原因。

四〇

與人相交，一言一事皆須有益於人，便是善人。余偶以忌辰[1]著朝服❷出門，巷口見一人遙呼曰：「今日是忌辰。」余急易之，雖不識其人而心感之。如此等事，在彼無絲毫之損，而于人為有益。每謂同一❸禽鳥也，聞鸞鳳❹之名則喜，聞鵂鶹❺之聲則惡，以鸞鳳能為人福，而鵂鶹能為人禍也。同一草木也，毒草則遠避之，參苓❻則共寶之，以毒草能鴆人，而參茯能益人也。人能處心積慮❼，一言一動，皆思益人而痛戒❽損人，則人望之若鸞鳳，寶之如參苓，必為天地之所佑，鬼神之所服，而享有多福矣。此理之最易見者也。

【注釋】❶忌辰　忌日。舊時指父母或其他親人逝世的日子，祖先生卒日及皇帝、皇后死亡的日子，也統稱忌日，因禁忌飲酒、作樂等事，故名。❷朝服　上朝所穿的禮服，隆重典禮時也穿。❸同一　相同；同樣。❹鸞鳳　鸞鳥與鳳凰。❺鵂鶹　鴟梟的一種，古人以之為不祥之鳥。❻參苓　中草藥名，指人參與茯苓，有滋補健身作用。❼處心積慮　蓄意已久。❽痛戒　嚴戒。

【語譯】與人相交往，每句話、每件事都一定要對人有益，這便是善人。我偶因忌日穿上朝禮服出門，在巷口碰見一人，他遠遠地喊道：「今天是忌日。」我急忙換下禮服。雖然不認識那人，但心中感謝他。像這樣的事情，在他沒有絲毫損害，對人是有益的事情。常常說，同樣是禽鳥，聽到鸞鳳的名字便高興，聽見鵂鶹的聲音便厭惡，因為鸞鳳能夠給人帶來福氣，而鵂鶹則會給人帶來災禍。同樣是草木，毒草人們便遠遠躲避它，人參與茯苓人們便珍視它，因為毒草能毒殺人，而人參與茯苓能給人益處。人能夠處心積慮，一句話，一個動作，都想著給人益處，而嚴戒損害別人，人們便會看他像鸞鳳，珍視他像人參與茯苓，必然為天地保佑，鬼神折服，而享有更多的福分。這是最顯而易見的道理。

【研析】張英這則文字談處世，要求子孫做一個「一言一事皆須有益於人」的「善人」。其實，他也是從與人交往、待人接物處事的角度，在繼續著上則文字中的話題，從另一個層面來談如何做人。張英認為，與人相處，只要你心心念念，能夠經常想著一言一行於人有益，這便是善人，莫以善小而不為。他講到一日自己穿錯了衣服，出門被陌生人提醒的小事，說自己心中對其銘記難忘，感念不置，以接受者的感受，現身說法，來具體揭示做好事的意義。

張英還以人所周知的禽鳥草木為譬，進一步闡釋為什麼要做一個善人。他說，同樣是禽鳥，人們聽說鸞鳳之名便高興，聽見鵂鶹的聲音便憎惡，正因為鸞鳳是祥鳥，人們認為牠可以為自己帶來福氣；而鵂鶹是凶鳥，人們認為聽見牠的聲音要倒霉。而同樣是草木，人們看見毒草便遠遠躲避，對於參苓則格外珍視，也是因為毒草能殺人，參苓可以給人帶來益處。所以，他諄諄告誡後人，做人要如鳥中的鸞鳳，草木中的參苓；而不可如鳥中的鵂鶹，草木中的毒草。回到自身，善人善報，你也必定因做善人，而為天地護佑，鬼神為你而折服，進而你可以享有人生的福報。

張英的這段議論，也反映出中國文化一貫的思維方式，即換位思考。中華文化與西方不同，其關於人的思考，極看重推己及人，每每從別人的角度來談做人，來要求完善自我。如孔子思想的核心命題「仁」，文字學家認為，「二人」謂之仁，也就是說，只有當你與人相處的時候，纔能體現出是否「仁」。仁者愛人，懂得忠恕之道，懂得尊重人、理解人、愛人，方可以成就「仁」的人格。中國文化中的民本思想，在很大程度上，也是這一思想的延伸。《尚書・夏書》中說「民惟邦本，本固邦寧」，按照唐人的注釋：「民惟邦國之本，本固則邦寧，言在上者不可使人怨也。」道家主張無為而治，如《老子》說：「我無為而民自化，我好靜而民自正，我無事而民自富，我無欲而民自樸。」這是建議統治者不要干預民生、民利。孔子提出仁政、德政，所謂「千乘之國，敬事而信，節用而愛人，使民以時」，「因民之所利而利之」；孟子提出民貴君輕，所謂「桀紂之失天下也，失其民也；失其民者，失其心也。得天下有道：得其民，斯得天下也。得其民有道：得其心，斯得民矣。得其心有道：所欲與之聚之，所惡勿施爾也」；唐代英主李世民說：「凡事皆須務本，國以人為本，人以衣食為本，凡營衣食，以不失時為本。夫不失時者，在人君簡靜乃可致耳。若兵戈屢動，土木不息，而欲不奪農時，其可得乎？」都是根基於統治者要設身處地，換位思考，替百姓考慮，「水能載舟，也能覆舟」，相互換位思考，作為福報，統治者得以江山永固。

四一

凡讀書，二十歲以前所讀之書，與二十歲以後所讀之書迥異。少年知識未開，天真純固[1]，所讀者，雖久不溫習，偶爾提起，尚可數行成誦❷。若壯年❸所讀，經月則忘，必不能持久。故六經、秦漢之文，詞語古奧❹，必須幼年讀，長壯後雖倍蓰❺其功，終屬影響❻。自八歲至二十歲中間，歲月無多，安可荒棄❼，或讀不急之書？此時時文固不可不讀，亦須擇典雅醇正、理純詞裕、可歷二三十年無弊者讀之。若朝華夕落，淺陋無識，詭僻❽失體，取悅一時者，安可以珠玉難換之歲月，而讀此無益之文？何如誦得《左》❾《國》❿一兩篇，及東、西漢典貴華腴之文數篇，為終身受用之寶乎？

且更可異者，幼齡入學之時，其父師必令其讀《詩》《書》《易》《左傳》《禮記》⓫兩漢、八家文⓬，及十八九作制義⓭應科舉時，便束之高閣，全不溫習，此何異衣中之珠不知探取，而向塗人乞漿⓮乎？且幼年之所以讀經書，本為壯年擴充⓯才智，驅駕⓰古人，使不寒儉⓱，如畜錢待用者然。乃不知尋味其義蘊，而弁髦⓲棄之，豈不大相刺謬⓳乎？

我願汝曹將平昔已讀經書，視之如拱璧⓴，一月之內，必加溫習。

古人之書，安可盡讀？但我所已讀者，決不可輕棄。得尺則尺，得寸則寸，毋貪多，毋貪名，但讀得一篇，必求可以背誦，然後思通其義蘊，而運用之於手腕之下，如此則才氣自然發越㉑。若曾讀此書，而全不能舉其詞，謂之畫餅充饑；能舉其詞而不能運用，謂之食物不化，二者，其去枵腹㉒無異。汝輩於此極宜猛省。

【注釋】❶純固　純粹堅定。❷成誦　讀書熟悉得能夠背誦。❸壯年　壯盛之年，男子三十為壯，泛指成年。❹古奧　古樸深奧。❺倍蓰　數倍。蓰，五倍。❻影響　印象模糊。❼荒棄　廢棄。❽詭僻　新奇險怪，乖張怪僻。❾左　即《左傳》，原名《春秋左氏傳》，亦名《左氏春秋》，相傳為春秋時期魯國太史左丘明著，記春秋史事，起於魯隱公元年（西元前七二二年），止於魯哀公二十七年（西元前四六八年），凡二百五十五年。❿國　即《國語》，記春秋時期周、魯、齊、晉、鄭、楚、吳、越八國事，為國別史之祖。⓫禮記　又稱《小戴記》，四十九篇，漢朝戴聖所傳，原為解《禮》經的書，後為十三經之一。⓬八家文　指唐宋八大家的文章。八家分別指唐朝韓愈、柳宗元，宋朝歐陽修、王安石、曾鞏、蘇洵、蘇軾、蘇轍。⓭制義　即制藝，八股文。⓮向塗人乞漿　向路人討水。塗人，路人；陌生人。漿，水或食物的湯汁。⓯擴充　擴大增加。⓰驅駕　駕馬驅馳；駕馭。⓱寒儉　形容詩文等單薄淺露。⓲弁髦　古代男子行冠禮，先加緇布冠，次加皮弁，後加爵弁，三加之後，棄緇布冠不用，並剃去垂髦，理髮為髻。後以弁髦喻指棄置無用的東西。弁，黑色布帽。髦，兒童披於額前之髮。⓳刺謬　違背；悖謬。⓴拱璧　大玉。拱，兩手合圍。㉑發越　煥發；顯露。㉒枵腹　空腹；

飢餓，比喻內中空虛無物。

【語　譯】大凡讀書，二十歲以前所讀的書，與二十歲以後所讀的書，迴然不同。少年時期認識事物的能力沒有打開，幼稚純粹，讀過的書，即便長久不加溫習，偶爾提起，還可以成行地背誦。如果是壯年時期讀的書，過上一個月便會忘記，必定不能夠保持長久。因此，六經、秦漢時期的文章，詞語古樸深奧，一定要趁年幼時期閱讀。成人之後，雖然用成倍的功夫，終究屬於模糊印象。從八歲到二十歲，其間沒有很多的時光，哪裡經得起荒廢，去閱讀那些不重要的書籍？這個時期，八股文固然不能不讀，也一定選擇典雅醇正、道理純粹、辭藻豐富，可以經歷二三十年不過時的文章閱讀。如壽命短暫、淺陋沒有見解、偏激不合體統、迎合一時的文章，怎麼能夠用珠玉珍寶都難換取的光陰，去讀這沒有益處的東西？怎比得上背誦《左傳》《國語》中一兩篇及東漢典雅華美的文章數篇，作為受用終身的寶貝呢？

況且更讓人驚異的是，幼年入學的時候，老師一定要讓讀《詩經》《尚書》《易經》《左傳》《禮記》兩漢及唐宋八大家的文章。到了十八九歲，做八股文章、參加科舉考試的時候，便將從前所學，束之高閣，一點都不去溫習。這與衣服中有珠寶，不知道去採取，卻向路人討水喝，有什麼不同？並且，幼年時期之所以讀經書，原本是為了長大後增加才智，追攀古人，使自己不至於胸無點墨，像存錢那樣，等待以後使用。竟然不知道探求體會它們的意蘊，而當作無用的東西棄置，豈不是太過於悖謬了嗎？

我希望你們將往常已經讀過的經書，視作大塊玉璧，每月之內，一定加以溫習。古人的書，哪裡能夠讀盡？但是我已經讀過的，絕對不能夠輕易放棄。得到一尺便是一尺，得到一寸便是一寸，不要貪多，不要貪取淵博的虛名，只要是讀了一篇，就一定要達到熟練背誦，然後理解它精深的含義，並能夠運用到自己的筆下。這樣，自然會才氣煥發。如果曾經讀過此書，卻一點都不能夠舉出它的詞藻，這叫做畫餅充飢；能列舉其詞藻，卻不能夠運用，這叫做吃東西不消化。這兩者與空腹飢餓沒有什麼差別。你們在這方面最應該警醒。

【研　析】 張英這則文字專談讀書，涉及到讀書與年齡的關係，在讀書的黃金時期該讀什麼樣的書，以及如何讀書最為合理等幾個方面。

關於讀書與年齡的關係，張英談到，二十歲以前，是讀書背誦最佳年齡時段，二十歲以前與二十歲以後，讀書的效果，有著很大的區別。少年時期，思想單純，干擾小，誘惑少，純粹單一，讀過的書，即便長久不加溫習，偶爾提起，還可以成行地背誦。而壯年時期，事務紛雜，注意力難以集中，所讀的書，總是模模糊糊，即便記住，隔上一個月，便要忘記，很難經久不忘。這一認識，在現代心理學實驗中，已經得到了證明。現代心理學研究成果表明，人的心智發展有其規律，十三歲以前，記憶力最好，記住的東西，常常終生不忘；十三至二十歲時段，記憶力仍然不差，因此，二十歲左右及其以前，是最為適宜背誦的年齡階段。

那麼，在人生讀書的黃金時期，該讀些什麼樣的書？張英對此也發表了看法。他認為，在這記憶力最好的時期，在這匆匆易逝的人生至可寶貴的階段，最不可荒廢，就像儲蓄等待以後使用，對於一生都彌足珍貴，一定要格外珍視，好好安排。六經、秦漢時期的文章，詞語古樸深奧，不易牢記，是千古文章的源頭，是「恆久之至道，不刊之鴻教」（劉勰《文心雕龍・宗經》），有著不朽的典範意義，可以終生從中受益，應該牢記，所以，要用珠玉珍寶都難換取的珍貴光陰，去背誦《左傳》《國語》等等，以及東、西漢典雅華美的文章，牢牢記住這些真正值得終生銘記的東西。科舉在當時社會，是人生的「正途」，關涉到未來前程，也不能夠忽視，要讀八股文章，但要選擇那些典雅醇正、道理純粹、辭藻豐富，能夠二三十年不過時的文章來閱讀，而那些見解淺陋、思想偏激、不合體統、迎合一時，曇花一現的短命文章，千萬別讀，這是對人生寶貴光陰的犯罪。張英的這些看法，對於我們現代社會那些掌管著基礎教育教材編寫的大人先生們而言，如何編寫教材，選什麼樣的文章，尤其值得認真尋味。

如何讀書，關涉到學習效果，亦至為重要。張英首先揭示出一個關於讀書的怪現象：幼年入學，老師一定會要求讀《詩經》《尚書》《易經》《左傳》《禮記》，以及兩漢、唐宋八大家的文章。到了十八九歲，做舉業的時候，竟然將其束之高閣，全不理會。張英認為，幼年讀經書，原本就是為將來存錢，為增加才智，追攀古人，有文化氣象。待到長大，卻竟然不去領會體味其意蘊，將其當作無用的東西棄置，實在太過荒唐！這與懷揣珠寶，卻向路人討水，沒有什麼不同！鑒於此，他鄭重向兒孫提出了三點要求：一、要將從前讀過的經書，倍加珍視，每月定期加以溫習。二、書海無涯，有讀不盡的古書，不要貪多嚼不爛，不要貪求淵博的虛名，得一尺是一尺，得一寸是一寸，讀一篇是一篇，不僅要熟練背誦，還要進一步深入理解其精義。三、學習為了致用，對於學習的東西，要真正化為我有，要能夠用到自己的筆下，煥發為自己的才氣，否則，便是畫餅充飢，便是吃東西不消化，與腹中空空、肚子飢餓沒有什麼差別。所以最後他特別警告：「汝輩於此極宜猛省」，要馬上驚醒，走出這樣的讀書誤區。

四二

凡物之殊異❶者，必有光華發越於外，況文章為榮世❷之業，士子進身之具❸乎？非有光彩，安能動人？闈中❹之文，得以數言槩之曰：理明詞暢，氣足機圓❺。要當知棘闈❻之文與窗稿房行書❼不同之處，且南闈❽之文又與他省不同處。此則可以意會，難以言傳。惟平心下氣❾，細看南闈墨卷❿，將自得之。即最低下墨卷，彼亦自有得手⓫，亦不可忽。此事最渺茫。古稱⓬射蝨者視蝨如車輪，然後一發而貫。今能分別氣味截然不同，當庶幾矣。

汝曹兄弟叔姪，自來歲正月為始，每三、六、九日一會，作文一篇，一月可得九篇。不疎不數⓭，但不可間斷，不可草草塞責。一題入手，先講求書理⓮極透澈，然後布格遣詞，須語語有著落，勿作影響語，勿作艱澁語，勿作累贅語，勿作雷同語。凡文中鮮亮出色之句，謂之調。調有高卑。疎密相間，繁簡得宜處，謂之格[15]。此等處最宜理會。深憫人讀時文累千累百，而不知理會，於身心毫無裨益。夫能理會，則數十篇百篇已足，焉用如此之多？不能理會，則讀數千篇與不讀一字等，徒使精神瞶亂[16]，臨文[17]捉筆，依舊茫然，不過胸中舊套應副[18]，安有名理精論[19]、佳詞妙句奔匯於筆端乎？

所謂理會者，讀一篇則先看其一篇之格，再味其一股之格，出落[20]之次第，講題之發揮，前後豎義[21]之淺深，詞調[22]之華美，誦之極其熟，味之極其精，有與此等相類之題，有不相類之題，如何推廣[23]擴充，如此讀一篇有一篇之益，又何必多，又何能多乎？每見汝曹讀時文成帙[24]，問之不能舉其詞，叩之不能言其義，粗者[25]不能，況其精者乎？自誑乎？誑人乎？此絕不可解者。汝曹試靜思之，亦不可解也。以後當力除此等之習，讀文必期有用，不然，寧可不讀。古人有言：「讀生文不如翫熟文。必以我之精神，包乎此一篇之外；以我之心思，入乎此一篇之中。」噫嘻，此豈易言哉？

汝曹能如此用功，則筆下自然充裕，無補緝㉖、寒澁㉗、支離㉘、冗泛㉙、草率之態。汝每月寄所作九首來京，我看一會兩會，則汝曹之用心不用心、務外㉚不務外，瞭然矣。作文決不可使人代寫。此最是大家子弟陋習。寫文要工緻㉛，不可錯落㉜塗抹，所關於色澤㉝不小也。汝曹不能面奉教言，每日展此一次，當有心會㉞。幼年當專攻舉業，以為立身根本。詩且不必作，或可偶一為之；至詩餘㉟，則斷不可作。余生平未嘗為此，亦不多看，蘇、辛㊱尚有豪氣，餘則靡靡㊲，焉可近也？

【注　釋】❶殊異　奇異；不尋常。❷榮世　使家世榮光；光輝家世。❸士子進身之具　讀書人仕進的工具。士子，學子；讀書人。進身，入仕做官。具，器物；用具。❹闈中　科舉考場中。❺氣足機圓　生氣飽滿，機巧圓熟。❻棘闈　用荊棘圍起的場地，指科舉時代的考場。❼窗稿房行書　課堂習作和平常所作文章。窗稿，舊稱私塾中習作的詩文。房，房稿，明清時期進士平時所作八股文的選集。行書，明清時期舉人所作八股文的選本。❽南闈　明清科舉考試中，稱江南鄉試為南闈，順天鄉試為北闈。❾平心下氣　即平心靜氣，心情平和，態度冷靜。❿墨卷　明清科舉考試中試卷名目之一，鄉、會試時，應試者用墨筆書寫試卷，稱墨卷；墨卷由謄卷生用硃筆謄錄，送試官評閱，稱硃卷。⓫得手　得心應手，即心得之處。⓬古稱二句　謂精神專注，目標放大，容易成功。語出《列子・湯問》，敘紀昌學箭，「以氂懸虱於牖，南面而望之，旬日之間，浸大也；三年之後，如車輪焉，以睹餘物，皆丘山也。乃以燕角之弧、朔蓬之簳射之，貫虱之心，而懸不絕」。⓭不疏不數　不稀疏不稠密。數，稠密。⓮書理　文理。⓯格　法式。⓰瞶亂　昏瞶迷亂。瞶，昏瞶。⓱臨文　撰寫或研讀、抄錄文辭。⓲應副　應對；處置。⓳名理精論　關於名稱、道理的精深論析。⓴出落　表現。㉑豎義　立義。㉒詞調　文詞音調。㉓推廣　推衍擴大。㉔成帙　成套。帙，原指古代竹帛書籍的套子，後指線裝書的函套、卷冊，這裡作量詞，指成套的線裝書。㉕粗者　粗略地理解。㉖補緝　修補。㉗寒澁　形容文章艱澀不流暢。㉘支離　繁瑣雜亂。㉙冗泛　泛泛；多餘。㉚務外　追求表面，不求深入。㉛工緻　工巧細緻。㉜錯落　參差不齊；交雜紛亂。㉝色澤　顏色光澤，這裡指文章的光彩。㉞心會　會心領悟。㉟詩餘　詞的別稱。㊱蘇辛　分別指蘇軾、辛棄疾。辛棄疾（西元一一四〇－一二〇七年），字幼安，號稼軒，山東歷城縣（今濟南歷城區）人。生於金國，少年抗金歸宋，曾任江西安撫使、福建安撫使等職。死後追贈少師，諡忠敏。現存詞六百多首。詞以豪放為主，慷慨悲壯，筆力雄厚，與蘇軾並稱為「蘇辛」。㊲靡靡　柔弱浮靡。

【語譯】大凡不尋常的事物，必定有光芒顯露出來，何況文章是光宗耀祖的事業，讀書人仕進的工具呢？沒有光彩，怎麼能夠打動人？科舉考場上的文章，可以用幾句話來概括：道理明白，詞語暢達，生氣飽滿，機巧圓熟。重要的是，要知道考場文章和課堂習作以及平常所寫文章不同的地方。並且江南鄉試文章，又與其他省鄉試文章，有不同的地方。這只可以意會，難以用言語表達出來。只有平心靜氣，仔細研讀江南鄉試文章，將會自己領悟。就是最差的卷子，它也自然有心得之處，也不能夠忽視。這件事最是難以捉摸。古人稱射虱子的人，看虱子像車輪那樣大，然後一箭射穿。現在若能夠分辨出各種文章截然不同的韻味，應該就相差不遠了。

你們弟兄叔侄，從來年正月開始，每月逢三、六、九，舉行一次文會，做一篇文章，一個月可以寫出九篇。不鬆不緊，只是不能夠中斷，不能夠敷衍塞責草草了事。拿到一個題目，首先追求將文理進行十分透徹的理解，然後結構布局、遣詞造句，必須句句有它的用處。不要寫一些模稜兩可的話，不要寫艱澀難懂的話，不要寫多餘無用的話，不要寫雷同重覆的話。凡是文章中光亮有特色的語句，叫做韻調。韻調有高妙、卑劣的區別，疏密相間，繁簡恰當的地方，叫做法式，這些地方最應該理解把握。最令人憂慮的是，讀八股讀了上千上百，卻不知道領會，對於自身文思，沒有絲毫好處。能夠理解領會，則學習幾十篇上百篇，已經足夠了，哪裡用得上讀那麼多？不能理解領會，則讀幾千篇與不讀一個字一樣，徒然使自己的精神昏瞶迷亂，提筆寫文章，依舊迷茫，無非拿胸中的舊套應對，哪裡會有關於名稱、道理的精深論析，絕妙的好詞好句又怎能齊奔筆下呢？

所說的理解領會，指讀一篇文章，先把握一篇文章的法式，再體味一股的法式，表現的次序，講解題目時的發揮，前後立意的深淺，文詞音調的華美，背誦極其熟練，體味極其精到，遇到有與這些文章相類似的題目，以及不相類的題目，如何推衍擴大、豐富充實。如此，讀了一篇，自有讀一篇的益處，又何必讀得太多？又如何能夠讀得很多？常常看到你們成套地閱讀八股文章，考問起來，不能夠列舉其中的詞語，觸及文章，不能夠說明其含義，粗略的方面都不能把握，何況其中的精義呢？這是自己欺瞞自己呢？還是在欺騙別人呢？這是很難讓人完全理解的讀書。你們試著靜下心來，想想這個問題，也覺得不能理解。此後應當儘力消除這樣的壞習慣，讀文章一定要用處，否則寧可不讀。古人說過這樣的話：「讀陌生的文章，不如玩味熟悉的文章。一定要將自己的精神，淩駕於該文之上，將自己的心思，深入到文章之中。」哎，這豈是容易說清楚的嗎？

你們能夠像這樣用功，則筆下自然富餘，沒有修修補補、艱澀不暢、繁瑣雜亂、粗率多餘的表現。你每月寄所寫的九篇文章到京城，我看過一兩次文會的文章，你們用不用心，是不是追求表面，便已經清晰可見了。寫文章切記不能夠請人代筆，這最是大家族子弟的不良習慣。抄寫文字要工整漂亮，不能夠亂塗亂改，對於文章的光彩關係匪淺。你們不能夠在我身邊當面受到教誨，每天能夠將這段話察看一次，應該心領神會。年少時，應該專心學習八股文章，以此作為立身的根本。詩歌暫且不必寫，或者可以偶一為之；至於詞，則斷然不可以寫。我一生不曾作詞，也不多讀。蘇軾、辛棄疾還有豪邁之氣，其餘便柔弱浮靡，哪裡能夠接近呢？

【研　析】明清時期，八股科舉是朝廷最主要的人才選拔手段，因而，天下士人熙熙攘攘，趨之若鶩，用《儒林外史》中馬二先生的話說：「就是夫子在而今，也要念文章、做舉業，斷不講那『言寡尤，行寡悔』的話。何也？就日日講究『言寡尤，行寡悔』，那個給你官做？孔子的道也就不行了。」亦如張英在本文中所言，「文章為榮世之業，士子進身之具」，是光宗耀祖的事業，是讀書人步入仕途、追求前程的工具，關涉個人與家族命運匪淺，意義重大，因此要高度重視。在數次談及之後，這裡又以專文做更具體地講說。

這則文字中，張英首先概論科舉文章，認為能夠在科舉考試中被錄取的文章，都不是尋常之物，都有其各自的光華閃耀，概括來講，就是：道理明白，詞語暢達，生氣飽滿，機巧圓熟。平時的習作，是很難都達到這樣高度的。北京順天鄉試（稱北闈）與南京江南鄉試（稱南闈）所錄取的文章，以及其他省份舉人考試所錄取的文章，各有自己的特點。作為參加江南鄉試的秀才，自然要全神貫注地仔細研讀南闈的考卷，平心靜氣地加以體味揣摩，如此，自會有透徹的領悟。這又讓人想起《儒林外史》中高翰林的話：「我朝二百年來，只有這一樁事是絲毫不走的，摩元得元，摩魁得魁」；『揣摩』二字，就是這舉業的金針了。……若是不知道揣摩，就是聖人也是不中的」。作為過來人，張英深知其中奥妙，於是「金針」度子孫，諄諄告誡他們，對於前輩成功者的文章，要好好學習，認真揣摩，只要精神專注，精誠所至，最後就像古人講的練習射箭，天天看著懸掛的虱子，目標逐漸放大，眼中的虱子看得如車輪般大，自然會一箭射穿。

其次，張英更從細節方面，具體講解了該如何去更合理更有效的學習。關於寫作練習，他提出：一是持之以恆，不可間斷，實踐不能缺少。他要求子侄們從來年正月開始，每月逢三、六、九日，都要舉行一次文會，每次每人做一篇文章，一個月下來，一人可以寫出九篇文章。但練習要張弛有度，不可以安排得太緊張，太頻繁，這樣將會缺乏總結思考，也容易因疲憊而導致厭倦；而間隔太長也不好，這樣會筆下生疏，前學後忘，產生不了效果。二是要認真揣摩，深入思考，態度端正，嚴肅對待。拿到題目，首先要深入領會理解，透徹把握主題；然後思考其結構布局、遣詞造句。文章中閃亮有特色的語句叫做韻調，韻調有高下之別；疏密相間，繁簡得宜的地方叫做法式。韻調與法式，在行文中最應該明確把握。而語言表達方面，不可以寫模棱兩可的話、艱澀難懂的話、多餘累贅的話、雷同重覆的話。文字書寫也要工整漂亮。關於閱讀學習，讀範文，張英指出，讀一篇文章，也要先從整體上把握，理解整篇文章的法式，然後再逐股體味，把握其內容表現的層次，解題時如何發揮，前後的立意，文詞音調的華美。對於學習的範文，不僅要熟練背誦，更要深切掌握，能夠舉一反三，自己遇到類似的題目，或不相類的題目，知道如何據所學文章進行推衍，進行充實。讀生文不如仔細體味學習熟文，做到切實地理解把握，化別人的文章為自己所有，讀一篇自有一篇的益處。

最後，張英循循善誘地指出：你們都是好孩子，都是有追求有恆心的人，練習切不可中斷，作業不能請人代筆，雖然不在我的身邊，每月寄來的文章，我看過一兩次，便清楚你們用不用心。你們也都明白，立身的根本，在於八股文章，詩歌暫且不必去寫，偶一為之亦可，詞則斷然不可以學。詞家中，除了蘇軾、辛棄疾尚有豪邁之氣，其餘一概柔弱浮靡，不可接近。他現身說法，稱自己一生不曾作詞，也不多讀。這讓我們再想起《儒林外史》中馬二先生的話，「全不可帶詞賦氣。小弟每常見前輩批語，有些風花雪月的字樣，被那些後生們看見，便要想到詩詞歌賦那條路上去，便要壞了心術」。張英可謂用心良苦。

四三

余久歷世塗❶，日在紛擾榮辱勞苦憂患之中，靜念❷解脫之法，成此八章，自謂於人情物理、消息盈虛❸，略得其大意。醉醒臥起，作息❹往來，不過如此而已。顧❺以年增衰老，無由自適❻。二十餘年來，小齋僅可容膝❼，寒則溫室擁雜花，暑則垂簾對高槐，所自適於天壤間者，止此耳。求所謂烟霞林壑❽之趣，則僅託於夢想，形諸篇詠❾，皆非實境也。辛巳❿春分前一日，積雪初融，霽色迴暎⓫，為三郎廷璐⓬書此，遠寄江鄉⓭，亦可知翁鍼砭氣質之偏⓮、流覽造物之理，有此一知半見，當不至于汩沒本來⓯耳。

【注釋】❶世塗　塵世的道路；人生的經歷。❷靜念　沉思默念。❸消息盈虛　指事物的盛衰變化，或行為的出處進退。❹作息　勞作休息；工作。❺顧　但是。❻自適　悠然閒適，自得其樂。❼容膝　僅能容下雙膝，比喻狹小之地。❽烟霞林壑　山林澗谷，指隱居之地。❾篇詠　詩歌著作。❿辛巳　指康熙四十年（西元一七〇一年）。⓫霽色迴暎　天氣放晴回暖。霽色，晴朗的天色。⓬廷璐　張英第三子，字寶臣，號藥齋。康熙五十二年（西元一七一三年）舉人，五十七年（西元一七一八年）會試榜眼，授翰林院編修，入值南書房，遷侍講學士。雍正元年（西元一七二三年）任河南學政，因事落職，旋授為國子侍講，擢國子祭酒，遷詹事府少詹事，七年（西元一七二九年）任江蘇學政，十年（西元一七三二年）典浙江鄉試，十一年擢禮部侍郎，再督江蘇學政。乾隆九年（西元一七四四年）主持江西鄉試，次年病逝。有《詠花軒制義》、《詠花軒詩集》等。⓭江鄉　江南水鄉，指家鄉桐城。⓮氣質之偏　有缺點的個性。⓯汩沒本來　埋沒了本性。

【語譯】我在社會上閱歷已久，每天生活在紛擾、榮辱、勞苦、憂患中，沉思默想解脫的方法，寫成這八章文字。自認為對於人情事理、盛衰變化，粗略領悟了它們大致的意思，醉時醒時，睡臥起身，勞作往來，不過如此而已。然而年歲增長，身體衰老，也沒有辦法悠然自得其樂。二十多年以來，房屋狹小，天寒時在溫室中圍著各色花卉，盛夏時放下簾子坐對高大的槐樹，在天地間可以自得快意的內容，也僅有這些而已。對於山林澗谷隱逸之趣的追求，則僅僅寄託於夢想之中，表現在詩文裡邊，都非實際中存在的真實境地。辛巳年春分前一天，積雪方纔消融，天氣放晴回暖，替三兒廷璐寫下這些文字，寄往遙遠的江南家鄉，也可以知道你們的老父療治個性缺陷，周流觀覽萬物生成的規律，有這樣一知半見的想法，應當不至於湮沒本性。

【研析】隨手翻閱散文家周國平的《人生哲思錄》，一段文字撲入眼簾：「人生之大趣，第一源自生命，第二源自靈魂。一個人只要熱愛生命，善於品味生命固有的樂趣，同時又關注靈魂，善於同人類歷史上偉大的靈魂交往，即使在一個無趣的時代，他仍然可以生活得有趣。」這讓我們想到了三百多年前的張英。

作為政治家的張英，幾十年裡，在政治的漩渦中打轉，如他自己所說，每天生活在紛擾、榮辱、勞苦、憂患之中，很難說他還是一個性情中人，他也難以徹底做一個性情中人，但他卻始終保持著個人真實的性情，而沒有淪為政治鬥爭的機器，這一點，見之於他的文字、他的行事，毋庸置疑。誠如《四庫全書提要》評價其創作：「其間鼓吹昇平，黼黻廊廟，無不典雅和平；至於言情賦景之作，又多清微淡遠、抒寫性靈。臺閣、山林之二體，英乃兼而有之。」張英《文端集原序》中亦自云：「自幼至老，多好言山林農圃耕鑿之事，即與人贈答往來，游歷之所至，亦不能離乎此。迨年五十以後，山林之思益迫，引退之思益急，每不憚其言之重復，而恆苦出於不自覺，殆歐陽子所謂年益加老，病益加衰，而其心漸迫，其言欲多者歟？」張英這些話，絕非言不由衷，也並非官場上習見的以退為進的把戲，雖然在他提出退休之後，再次得以加官進爵，陞任文華殿大學士兼禮部尚書，但那是康熙大帝的政治需要，也是對張英政治才幹與品質的信任和褒獎。一年多以後，張英再次請求致仕，康熙考慮到他的身體、年齡等等，最終應允。我們且看張英得到朝廷批覆，獲允退休時，寫的一首小詩〈得請〉：「衰年脫屣遠氛埃，願就空山養不才。少聽鄰雞深夜起，閑看曙色紙窗來。經營溫室將迎雪，檢點寒花欲放梅。佇看黃河冰泮日，晴沙新柳暖煙開。」這是一種發自肺腑的喜悅，沒有絲毫的矯情與偽飾。

生活在紛擾、榮辱、勞苦、憂患之中，張英自有他心中那一片精神的家園，此即他自己所說的花木之好。本則文字中他也說，二十多年以來，雖然案牘勞形，俗務纏身，山林隱逸之趣，只能寄託於夢想；京城地面，寸土寸金，也並沒有太大的空間，但他依然不懈地經營著生活的詩意：天寒時室內有各色花卉可賞，盛夏時坐對高槐樹冥思，這令他感受到生命的自得快意，人生的愜意與詩情。這在他的詩歌〈一室中置寒花十數種幾無坐處二首〉中有具體反映：「礙屐牽衣一室中，深紅淺白列芳叢。盆花位置求安穩，不獨兒嬉笑放翁。」（其一）「交柯接蕊錦成攢，暖室床前十笏寬。但可一春花事足，從來容膝易為安」（其二）其花木之癖不難看出。一花一世界，一葉一菩提，張英的癖好，在於從花開花落之中，省察著事物的盛衰變化，感悟著生命的真諦。他認為，由此可以保有人生的性情，不至於湮沒其做人的本性。

四四

古稱：「仕宦之家，如再實之木，其根必傷❶。」旨哉斯言，可為深鑒❷。

世家子弟，其修行立名❸之難，較寒士百倍。何以故？人之當面待之者，萬不能如寒士之古道❹；小有失檢❺，誰肯面斥其非？微有驕盈❻，誰肯深規其過？幼而驕慣，為親戚之所優容❼；長而習成，為朋友之所諒恕。至於利交❽而諂，相誘以為非；勢交❾而諛，相倚而作慝❿者，又無論矣。人之背後稱之者，萬不能如寒士之直道⓫：或偶譽其才品，而慮人笑其逢迎；或心賞其文章，而疑人鄙其勢利。甚至吹毛索瘢⓬，指摘其過失而以為名高⓭；批枝傷根⓮，訕笑⓯其前人而以為痛快。至於求利不得，而嫌隙易生於有無⓰；依勢不能，而怨毒相形於榮悴⓱者，又無論矣。故富貴子弟，人之當面待之也恆恕，而背後責之也恆深。如此，則何由知其過失而顯其名譽乎？

故世家子弟，其謹飭⑱如寒士，其儉素⑲如寒士，其謙沖⑳小心如寒士，其讀書勤苦如寒士，其樂聞規勸如寒士，如此則自視㉑亦已足矣；而不知人之稱之者，尚不能如寒士。必也謹飭倍於寒士，儉素倍於寒士，謙沖小心倍於寒士，讀書勤苦倍於寒士，樂聞規勸倍於寒士，然後人之視之也，僅得與寒士等。今人稍稍能謹飭、儉素、謙下、勤苦，人不見稱㉒，則曰：世道不古，世家子弟難做。此未深明於人情物理之故者也。我願汝曹常以席豐履盛㉓為可危、可慮、難處、難全之地，勿以為可喜、可幸、易安、易逸之地；人有非之責之者，遇之不以禮者，則平心和氣，思所處之時勢㉔，彼之施於我者，應該如此，原非過當。即我所行十分全是，無一毫非理，彼尚在可恕，況我豈能全是乎？

古人有言：「終身讓路，不失尺寸。」㉕老氏以讓為寶，左氏曰㉖：「讓，德之本也。」處里閈㉗之間，信世俗之言，不過曰漸不可長㉘，不過曰後將更甚，是大不然。人孰無天理良心、是非公道？揆之天道，有滿損虛益㉙之義；揆之鬼神，有虧盈福謙㉚之理。自古祇聞忍與讓足以消無窮之災悔㉛，未聞忍與讓翻以釀後來之禍患也。欲行忍讓之道，先須從小事做起。余曾署刑部事五十日㉜，見天下大訟大獄㉝，多從極小事起。君子敬小慎微，凡事只從小處了。余行年五十餘，生平未嘗多受小人之侮，只有一善策：能轉彎早耳。每思天下事，受得小氣，則不至於受大氣；吃得小虧，則不至於吃大虧。此生平得力㉞之處。凡事最不可想占便宜。子曰：「放於利而行，多怨。」㉟便宜㊱者，天下人之所共爭也。我一人據之，則怨萃於我矣。我失便宜，則眾怨消矣。故終身失便宜，乃終身得便宜也。

汝曹席㊲前人之資，不憂饑寒，居有室廬㊳，使有臧獲㊴，養有田疇㊵，讀書有精舍㊶，良不易得。其㊷有游蕩非僻㊸，結交淫朋匪友㊹，以致傾家敗業，路人指為笑談，親戚為之浩嘆㊺者，汝曹見之聞之，不待余言也。其有立身醇謹[46]，老成儉樸，擇人而友，閉戶讀書，名日美而業日成，鄉里指為令器[47]，父兄期其遠大者，汝曹見之聞之，不待余言也。二者何去何從，何得何失，何芳如芝蘭，何臭如腐草，何祥如麟鳳，何妖如鵂鶹，又豈俟余言哉？

汝輩今皆年富力強，飽食溫衣，血氣[48]未定，豈能無所嗜好？古人云：凡人欲飲酒博弈，一切嬉戲之事，必皆覓伴侶為之；獨讀快意書，對佳山水，可以獨自怡悅。凡聲色貨利，一切嗜慾之事，好之有樂則必有苦；惟讀書與對佳山水，止有樂而無苦。今架有藏書，離城數里有佳山水。汝曹與其狎[49]無益之友，聽無益之談，赴無益之應酬，曷若[50]珍重難得之歲月，縱[51]讀難得之詩書，快對難得之山水乎？我視汝曹所作詩文，皆有才情，有思致[52]，有性情，非夢夢全無所得於中者，故以此諄諄告之。欲令汝曹安分省事，則心神寧謐而無煩擾之害；寡交擇友，則應酬簡而精神有餘；不聞非僻之言，不致陷於不義；一味謙和謹飭，則人情服而名譽日起。

制藝者，秀才立身之本。根本固，則人不敢輕，自宜專力攻之。餘力及詩、字，亦可怡情。良時佳辰，與兄弟姊夫輩，一料理山莊，撫問❺❸松竹，以成余志。是皆於汝曹有益無損，有樂無苦之事。其味聰聽之義❺❹。

座右箴❺❺：

立品，讀書，養身，擇友。

右四綱。

戒嬉戲，慎威儀❺❻，謹言語，溫經書，精舉業，學楷字，謹起居，慎寒暑，節用度，謝酬應，省宴集，寡交遊。

右十二目❺❼。

【注釋】❶古稱三句　語出《文子·符言》，謂樹木一年兩次結果，它的根部必然受到傷害，比喻太過幸運，反而要招致禍患。❷深鑒　即殷鑒，泛指可以作為借鑒的往事。❸立名　樹立名聲。❹古道　即古風，指厚道、忠厚。❺失檢　謂言談舉止不加約束，失於檢點。❻驕盈　驕傲自滿。❼優容　寬待；寬容。❽利交　為了利益而交往。❾勢交　攀附權勢而交往。❿作慝　作惡。慝，邪惡；惡人。⓫直道　正道。⓬吹毛索瘢　即吹毛求疵，吹開皮毛，尋找裡邊的小毛病。瘢，傷痕，比喻缺點。⓭名高　崇高的聲譽；名聲顯著。⓮批枝傷根　剖削樹枝，傷害樹根，謂攻擊子孫而罵及先人。⓯訕笑　譏笑。⓰有無　家計的豐薄；有餘和不足。⓱榮悴　榮枯；盛衰。⓲謹飭　謹慎檢點。⓳儉素　節省樸素。⓴謙沖　謙虛。㉑自視　自己看；自以為。㉒見稱　被稱讚。㉓席豐履盛　謂飲食豐，福祿多。席豐，飲食豐盛；生活闊綽。履，祿。㉔時勢　當時的形勢。㉕終身讓路二句　謂一生謙讓之人，最終不會有任何損失。《新唐書・朱敬則傳》載，敬則兄仁軌，常誨子弟曰：「終身讓路，不枉百步；終身讓畔，不失一段。」意謂能以禮相讓者，報應必然更大。㉖左氏曰二句　語出《左傳・昭公十年》：「讓，德之主也，讓之謂懿德。」謂謙讓是德行的主體，稱為美德。㉗里閈　里門，代指鄉里。㉘漸不可長　謂不允許剛剛露頭的不好的事情蔓延滋長。㉙滿損虛益　自滿招致損害，謙虛獲得益處。《尚書・大禹謨》：「滿招損，謙受益，是乃天道。」㉚虧盈福謙　謂鬼神損害滿的，而加福於虛的。語出《周易・謙》：「天道虧盈而益謙，地道變盈而流謙，鬼神害盈而福謙，人道惡盈而好謙。」㉛災悔　又作災晦，災難；晦氣。㉜余曾句　刑部，古代六部之一，掌管刑法、獄訟事務的官署。署事，處理公事或代理職事。㉝大訟大獄　大的訴訟。㉞得力　得到助力；受益。㉟放於利二句　謂依據個人利益而行動，會招致很多怨恨。放，依照。語出《論語・里仁篇》。㊱便宜　好處。㊲席　繼承。㊳室廬　居室；房舍。㊴臧獲　古代對奴婢的賤稱。㊵田疇　泛指田地。㊶精舍　學舍；書齋；精緻的房舍。㊷其　其中。㊸遊蕩非僻　游蕩，遊樂放蕩。非僻，又作非辟，邪惡。㊹淫朋匪友　淫蕩浮靡、為非作歹的朋友。淫朋，邪黨，指勾結朋比為奸。匪友，行為不端的朋友。㊺浩嘆　長嘆；大聲嘆息。㊻醇謹　淳厚謹慎。㊼令器　優秀美好的人才。㊽血氣　氣質；感情；血性。㊾狎　親近。㊿曷若　何如；不如。(51)縱　廣泛地。(52)思致　意趣；意境。(53)撫問　慰問。(54)其味聰聽之義　希望多玩味這些讓人明於辨察的道理。聰聽，明於聽取；明於辨察。(55)箴　即箴言，規諫勸誡之言。56威儀　指莊重的儀容舉止，待人接物的禮儀。57目　條目。

【語譯】 古人說：「官宦人家，正如一年兩次結果實的樹木，它的根部一定受到損害。」這話講得太好了，深深值得借鑑。

名門世家子弟，他們修養德行樹立名聲的艱難，比貧寒的讀書人，超出百倍。為什麼這樣說呢？人們當面待他們，萬不能像對待貧寒的讀書人那樣厚道：小有失去檢點，誰肯正面指責他們的過錯？稍微有些驕傲自滿，誰肯深刻地規勸他們改過？幼年嬌生慣養，為親戚所寬容；長大習慣養成，為朋友原諒寬恕。至於因為利益交往而諂媚，勾引去做壞事；因為攀附權勢交往，依靠去做惡事，又且不在討論範圍了。人們在背後稱道他們，萬萬不能如對待貧寒讀書人那樣公道：或者偶然讚譽他們的人才品行，卻顧慮有人笑話他們迎合；或者心愛他們的文章，卻懷疑有人鄙薄他們出自勢利。甚至吹毛求疵，挑剔批評他們的錯誤，而以此顯示崇高；觸及根源，祖宗八代，譏笑他們的祖先，而以此為暢快。至於所求利益不能得到，猜疑怨恨容易產生於家計的豐薄之中；依仗勢力不成，仇恨顯現在榮枯盛衰之中，又不在討論範圍。因此，富貴人家的子弟，人們當面對待他們常常寬恕，但背後對他們的責備，也常常更深，如此，又有什麼辦法知道自己的過錯，而顯揚他們的名譽呢？

因此，名門大家的子弟，他們謹慎檢點如同貧寒的讀書人，他們節儉樸素如同貧寒的讀書人，他們謙虛小心如同貧寒的讀書人，他們勤苦讀書如同貧寒的讀書人，他們聽到別人批評自己的錯誤感到高興如同貧寒的讀書人，像這樣，自以為已經很夠了，卻不知道人們對他們的稱道，還不能夠如貧寒的讀書人。必須謹慎檢點加倍於貧寒的讀書人，節儉樸素加倍於貧寒的讀書人，謙虛小心加倍於貧寒的讀書人，勤苦讀書加倍於貧寒的讀書人，聞過則喜加倍於貧寒的讀書人，然後人們看待他們，僅僅能夠與貧寒的讀書人一樣。現今的人，稍微能夠謹慎檢點、節儉樸素、謙虛待人、勤苦學習，沒有得到別人讚譽，便說：「社會風氣變化了」，「名門大家族的子弟難做人」。這是沒有深入明白人情事理的原因。我希望你們，時時將富餘的生活視作可能危殆、值得顧慮、難以久處、難以保全的境地，不要認為是可以歡喜、可以慶幸、容易安樂、容易放縱的境地。人們有時候批評，指責我們，對待我們不夠尊重，則要心平氣和，思考自己所處的形勢，人家對待我的，應該就是這個樣子，原本沒有失當；即便我做的沒有任何錯誤，沒有絲毫的不合道理，人家還是能夠得到寬恕，何況我哪裡能夠全部正確呢？

古人說過這樣的話：「一生給人讓步的人，最終不會有尺寸的損失。」老子以謙讓為寶物。左丘明說：「謙讓是德行的主體。」身在鄉里，相信世俗的話，無非是說不要讓不好的苗頭蔓延滋長，無非是說後來將更加嚴重過分。這卻極其錯誤！人，誰沒有天理良心、是非公道？揣度天理，有「謙受益，滿招損」的精義；揣度鬼神，有損害滿的加福於虛的道理。自古以來，只聽說忍和讓足以消除無窮的災難晦氣，沒有聽說忍和讓反而釀造以後的禍患。要奉行忍讓的道理，先要從小事做起。我曾經代理刑部職務五十天，看見天下大的訴訟案件，多從很小的事情引起。君子在很小的事情上謹小慎微，所有事情都從微小處解決。我年紀五十多歲了，一生不曾受過小人的欺侮，只有一個好的辦法，能夠趁早轉彎罷了。經常想天下的事情，承受小的怨氣，便不至於受大的氣憤；能夠吃得小虧，便不至於在大的方面吃虧，這是一生受益的地方。所有事情，最不能夠去想占便宜，孔子說：「依據個人利益而行動，會招致很多怨恨。」好處是天下人都爭搶的東西，我一個人占取，怨憤便集中在我一個人身上；我失去便宜，眾怨便自然消去了。因此，終身失去便宜，便是終身得到便宜。

你們繼承前輩的資產，不憂愁飢寒，有房子住，有奴婢使喚，有田地養身，讀書有精緻的房舍，十分難得。其中有遊樂放蕩邪惡的人，結交淫蕩浮靡、為非作歹的朋友，因此造成傾家蕩產，被外人指為笑料，親戚為他們長嘆，你們看到也聽到過，不需要我說了。其中有立身淳厚謹慎、老成持重、勤儉樸素的人，有選擇的交友，閉門專心讀書，名聲一天天得到讚譽，事業一天天成就，鄉里視為優秀的人才，父親兄長對他有遠大期待，這樣的人，你們看到也聽到過，不需要我說了。二者中間，你們選擇做哪一類，哪個是得，哪個是失，哪個如芝蘭芳香，哪個如腐爛的敗草般臭，哪個如吉祥的麟鳳，哪個如鵂鶹被視為妖孽，又哪裡需要我說呢？

你們現在都年富力強，豐衣足食，氣質沒有固定，怎能夠沒有嗜好？古人說：所有人想做飲酒、賭博一切嬉戲的事情，一定都會尋找同伴去做，唯獨讀高興讀的書，賞美麗的山水，能夠一個人愉悅開心。所有音樂美色貨物財利，任何嗜欲貪求的事情，喜歡它們，有快樂便必然有愁苦，只有讀書和欣賞美麗的山水，只有快樂沒有愁苦。現在書架上有藏書，距離城市幾里地有好的山水，你們與其親近無益的朋友，聽無益的閒談，赴無益的應酬，何如珍惜難得的時光，縱情閱讀難得的詩書，快樂地面對美麗的山水呢？我看你們所作的詩文，都有才情，有意趣，有性情，不是昏昧無知、胸中空虛的人，所以將這些話諄諄告誡你們。希望你們安分省事，便心神寧靜，沒有紛擾危害；有選擇地少交朋友，便應酬少，有充足的精神；不聽邪惡的言談，不至於陷身不義之中；一味謙和謹慎，便人心所向，名譽日漸增加。

八股文章，是秀才立身的根本；根本牢固，便別人不敢輕視，自然應該專心致力。多餘的精力，用於作詩、寫字，也可以怡悅心情。吉日良辰，好的時光，與兄弟姊夫，一起料理山莊，觀賞松竹，以成就個人的志尚。這些都是對於你們有益無損、有快樂沒有愁苦的事情，希望多玩味這些讓人明於辨察的道理。

座右箴言：

立品，讀書，養身，擇友。

右四綱。

戒嬉戲，慎威儀，謹言語，溫經書，精舉業，學楷字，謹起居，慎寒暑，節用度，謝酬應，省宴集，寡交遊。

右十二目。

【研　析】在這則文字中，張英全面系統地闡釋了世家子弟（包括張家子侄後輩）立德修身的特殊意義，並對他們應該如何立德修身，提出了具體細緻的要求。

首先，張英指出，與普通人家寒門子弟相比較，世家子弟的修身立德，要顯得尤其艱難。如其所言：「世家子弟，其修行立名之難，較寒士百倍。」為什麼要這樣說呢？可作兩面觀：一方面，名門望族世家子弟，有失檢點，小有錯誤，打狗顧主家，礙於情面，或出於顧慮，沒有人願意（或敢於）正面指出他們的錯誤，對其加以批評；些微的驕傲自滿，小毛小病，沒有人願意（或敢於）對其加以提醒或規勸。就世家子弟自身的成長環境而言，長在溫柔富貴鄉中，父母親戚視若掌上明珠，自幼嬌生慣養，處處享受特別待遇，一帆順風，沒有經過任何挫折教育，親戚寬容，朋友原諒，在他們自己，也都視為理所當然。而一些別有用心，或因為利益與其交往者，諂媚事之；或為慕其家族權勢，希望攀附，與之交往者，更是處處溜鬚，事事拍馬，這些都不在討論的範圍。這是就別人當面和他們的關係而言之。另一方面，在背後，當他們不在場的時候，人們對待他們，有著更複雜的態度。譬如，有的人對他們發自內心的認同，想誇讚表揚他們的人才品行，卻顧慮因此被人笑話，被說是迎合討好權貴而作罷；有的人真心喜歡他們的文章，想為他們點讚，卻擔心別人懷疑其動機不純，是勢利眼光，而閉口。於是，有這麼一些人，吹毛求疵，專門以挑剔批評權貴子弟，來抬高自家身價；甚者，專以辱罵權貴之家祖宗八代，來顯示自己所謂的膽識，發洩一己扭曲的不平。至於因為索求利益不能如願，或者是榮枯盛衰，人情冷暖，仗勢不成，有奶便是娘，反身投靠，反目成讎的例子，也都不在討論的範圍之內。所以，張英說，世家子弟，「人之當面待之者，萬不能如寒士之古道」，「人之背後稱之者，萬不能如寒士之直道」，他們想要知道別人眼中真實的自己，想要真正知道自己的錯誤，想要修身立德，顯揚自己的名譽，較之普通人家或寒門子弟，都要顯得更加困難，更加不易。

其次，張英指出，世家子弟，其修身立德，必需對自己提出更高的要求，也要為之付出更多的代價和努力。如其所說，作為世家子弟，你的謹慎檢點、節儉樸素、謙虛小心、勤苦好學、虛懷若谷，同寒門子弟做得完全一樣，自我感覺也已經很好，但這還不行，因為在人們看來，你具有的條件和擁有的平臺不一樣，你仍然無法得到褒揚。你必須更加倍努力地去做，加倍地謹慎檢點、節儉樸素、謙虛小心、勤苦讀書、聞過則喜，這個樣子，在世人看來，也僅僅與寒門子弟做得一樣。

張英告誡世家子弟，要立德修身，立身揚名，你們首先必需具備一種涵養，不可小器易盈，驕傲自滿；不要因為做了點努力，有了那麼一點優點，沒有得到人們的讚許，便怨天尤人，牢騷滿腹，進而抱怨世風不古，抱怨人們對世家子弟評價不公。希望你們居安思危，明白禍福相倚的道理，有清醒冷靜的頭腦，從目下優裕的生活中，認識到危機，感覺到危殆，切不可以貪圖安逸、放縱享樂、不思進取，成為紈絝子弟。希望你們面對別人的批評、指責，心平氣和，多一些耐心；尊重人家的意見，傾聽別人的聲音；要設身處地，能換位思考，理解別人對你的批評，有則改之，無則加勉，即便你沒有任何的錯誤和不妥，何況作為凡人，孰能無過？

為此，張英又具體講到了修身立德的三個方面內容：

一是有忍讓的胸襟。先哲是如此教導我們的：一輩子給人讓路的人，最終沒有丟掉尺寸之地；老子以謙讓作為人生之寶；左丘明說，謙讓是德行的根本。俗世間所說的「漸不可長」、「後將更甚」云云，認為一之謂甚，豈可再乎？忍讓不能沒有限度，這都是極其錯誤的認識！將心比心，世間有天理良心在，有是非公道在，「滿招損，謙受益」、虧盈福謙，昭示著天理的必然。自古以來，只有忍讓可以消除災難晦氣，沒聽說忍和讓釀造出禍患。張英說，奉行忍讓，要從小事做起。他講到自己曾經代理刑部職務五十天，親歷親見的無數案件，多是因芝麻般的小事引發，所以君子謹小慎微，一切事情都從細微處入手解決。他還總結自己五十多歲的人生經歷，說自己一生不曾受過人的欺侮，就是因為思想上轉彎快，知道變通。能忍小氣不惹大氣，能吃小虧不吃大虧。

便宜人人想占，一人占取，眾怨集於一身；失去便宜，眾怨自然消去，因此，終身失去便宜，也是終身得到便宜。

二是謹慎擇交。張英對此多有闡述。這裡，他主要講了正、反兩個方面的榜樣：或者擇交不慎，誤入歧途，傾家蕩產，家破人亡，成為世人的笑料；或者謹慎擇交，閉門讀書，潛心向學，美名一天天擴大，事業一天天成就，鄉里視為優秀人才，父兄對其期待無限。二者中間，何去何從，何香何臭，何得何失，哪個是芝蘭芳香，哪個是腐臭的敗草，哪個是吉祥的麟鳳，哪個是妖孽般的鵂鶹，毋庸贅言，你們自己去選擇吧。

三是山居讀書，立身為本。對於子侄，張英有嚴厲的一面，同時也不乏溫情。他不是頭腦冬烘的人。他深知子侄們這樣的年紀，衣食無憂，有用不完的精力，不可能沒有任何嗜好。而飲酒、賭博等一切嬉戲的事情，不免引朋結伴，難免交往匪人。音樂美色貨物財利，這些嗜欲貪求的事情，有喜歡的時候，也有愁苦的日子。他認為，只有讀高興讀的那些書，賞美麗的山水，可以獲得樂趣，獨自一人，不妨愉悅身心，有快樂而沒有愁苦。現成的，家中富有藏書，離城不遠，有好的山水，與其親近無益的朋友，聽無益的閒談，赴無益的應酬，不如珍視金子般的時光，縱情閱讀難得的詩書，快樂欣賞美麗的山水。張英也時刻不忘鼓勵和表揚，說你們所作的詩文，都不乏才情、意趣、性情，都是可造之材，所以我纔將這些話告誡你們。希望你們慎擇交，少應酬，遠紛擾，安分省事，寧靜致遠，心無旁騖，用心八股，不負期待，無愧父祖先人，無愧你們的條件。

最後，張英提出了他人生數十年閱歷及讀書思考所得，作為子侄後輩的座右銘言：立品，讀書，養身，擇友。以此為綱，他更進一步細化，提出十二款具體內容：戒嬉戲，慎威儀，謹言語，溫經書，精舉業，學楷字，謹起居，慎寒暑，節用度，謝酬應，省宴集，寡交遊。

四五

子弟自十七八以至廿三四，實為學業成廢之關。蓋自初入學，至十五六，父師以童子視之，稍知訓子者，斷不忍聽❶其廢業。惟自十七八以後，年漸長，氣❷漸驕，漸有朋友，漸有室家，嗜慾漸開，人事❸漸廣，父母見其長成，師傅視為儕輩❹，德性未堅，轉移最易，學業未就，蒙昧非難❺，幼年所習經書，此時皆束高閣，酬應交遊，侈然大雅❻，博弈高會❼，自詡名流❽。轉盼❾廿五六歲，兒女累多，生計迫蹙❿，蹉跎潦倒⓫，學植荒落⓬。予見人家子弟半塗而廢者，多在此五六年中，棄幼學之功，貽終身之累，蓋覆轍相踵⓭也。汝正當此時，離父母之側，前言諸弊，事事可慮，為龍為蛇，為虎為鼠，分於一念，介在兩岐⓮，可不慎哉？可不畏哉？

【注　釋】❶聽　聽憑；任憑。❷氣　聲氣；表情；情緒。❸人事　人世間的事情；人情事理。❹儕輩　同輩；朋輩。❺蒙昧非難　朦朧而隨意批評。蒙昧，朦朧迷糊。非難，批評指責，不以為然。❻侈然大雅　自視博雅。侈然，驕縱自大貌。大雅，德高才大之人；學識淵博之人。❼博弈高會　弈棋遊戲，大規模聚會。❽自詡名流　自誇為名士一類。❾轉盼　轉眼間。❿迫蹙　壓迫；困迫。⓫蹉跎潦倒　虛度光陰而失意頹喪。⓬學植荒落　學業荒疏。學植，又作學殖。⓭覆轍相踵　失敗的教訓接二連三。覆轍，翻車的軌跡，喻指失敗的教訓。相踵，足踵相接。⓮介在兩岐　處在兩個分支處。

【語　譯】年輕後輩，自十七八歲到二十三四歲，的確是學業成敗的關口。從初入學到十五六歲，長輩以孩童看待他們，稍微懂得教育子弟的人，肯定不忍心聽憑他們荒廢學業。只有從十七八歲以後，年齡漸漸長大，心氣漸漸驕傲，逐漸有了朋友，逐漸有了妻子，嗜好欲望開始慢慢打開，社會關係越來越廣，父母看到他長大，老師將他當朋友相待，但品質沒有堅定，最容易發生變化，學業沒有成就，朦朦朧朧，喜好褒貶議論，幼年學習的經書，這時都束之高閣，應酬交往，自視博雅，弈棋遊戲，大範圍聚會，以名士自詡。轉眼間，到了二十五六歲，兒女越來越多，生活重擔壓迫，光陰虛度而失意頹喪，學業荒疏。我看到世上人家後生晚輩中，半途而廢的，大多在這五六年期間，廢棄了幼年學習的成績，留下終身憂患，失敗的教訓不勝枚舉。你正在這個年齡階段，離開父母身邊，前面所說的各種弊病，每件都讓人擔心。成為龍，還是成為蛇，成為老虎，還是成為老鼠，分別在於自己的一念之中，結果卻在截然有別的兩條道上，能不謹慎？能不畏懼嗎？

【研　析】記得有一本書，書名叫《父母是孩子最好的老師》。書中講到，父母要做孩子最好的老師，要培養孩子健全的人格，成功的品質，獨立解決困難，自信面對挑戰，遠離惡習，主動承擔責任，熱情地投入生活，友好地看待他人，為孩子鋪下一條成功的路，讓他們贏在人生的起跑點！然而，這終究是一種理想。現實中，因為工作和生存的壓力、家庭條件和環境、為人父母者自身的素養差異等，能成為孩子最好老師的人少之又少。但無庸置疑，三百年前的張英，是當之無愧的孩子最好的老師。

即以這篇文字而論，從張英對子女的瞭解，對於青少年成長規律的熟諳，以及他教育孩子的策略，都可見出他在教育子女方面的用心和盡心，也詮釋著他是子女「最好老師」的內涵。

自身的成長經歷，幾十年的人生閱歷，親見親聞，所見所感，張英深切認識到，在學業發展道路上，十七八歲到二十三四歲，對於每一個人，都是成敗的重要關口。之前，從初入學到十五六歲，在長輩眼中，他們是不懂事的孩子，事事為其操心，事事替他們考慮，不能說都是寸步不離，卻多是管教甚嚴，絕對不會放任自流，聽之任之，絕不容許他們荒廢學業，所以，這也是人生之中，一個相對的安全期。十七八歲以後，年齡漸漸長大，自以為長大成人，有了主見，開始涉足社會，開始交往朋友，娶妻成家，外面世界的誘惑越來越多。更多的父母，存在著認識上的誤區，以為孩子已經長大，要給他們自由，給他們面子，讓他們充分闖蕩，不僅放鬆了管教，甚者縱容其放肆。身邊即便有老師在，也不復以孩童待之，亦師亦友，睜一隻眼睛閉一隻眼睛。而其本人，初出「牢籠」，初涉社會，性情搖曳，精力充沛，不知山外有山，天有多大，自以為是，看不慣一切，輕易否定，甚至覺得從前的自己，沒有自由，辜負了美好的年華，於是將所學書本拋之腦後，應酬交往，弈棋遊戲，自視博雅，名士自詡。時光匆匆，轉眼間到了二十五六歲，生兒育女，孩子越來越多，生活的擔子越來越重，睜眼看一下周圍，年齡相彷者，距離越來越大，起初不如自己的，現在也都逐漸發達，開始警醒，後悔光陰虛度，然悔之已晚，因而失意頹喪，難以自拔。

張英高明的地方，在於他不僅對子女成長的每一個環節都瞭如指掌，洞悉其心理，同時，又具有超一般人的識見，每在關鍵之際，隨時提醒點撥，加以訓誨。他說，這樣的人，我見的多去了，也就在這五六年期間，因為父母失教，自己不能把持，棄了幼年所學，半途而廢，荒了學業，功敗垂成，沉淪一生，留下終身遺憾，這樣的教訓不勝枚舉。他告誡兒子，你目下正處在這個年齡階段，父母不在身邊，別人身上的教訓，他們所犯的錯誤，每件都替你擔心，希望你能不蹈他人的覆轍。擺在你面前的道路有兩條，成龍成虎，還是成蛇成鼠，重大的分別，其實就在於你自己一念之間的選擇，道理再明白不過，何去何從，由你自己掂量，能不謹慎對待？能不感到畏懼嗎？

四六

讀書須明窗淨几，案頭不可多置書。讀文作文，皆須凝神靜氣❶，目光炯然❷，出文於題之上，最忌墜入雲霧中，迷失出路。多讀文而不熟，如將❸不練之兵，臨時全不得用，徒疲精勞神，與操空拳者無異。

作文以握管之人為大將，以精熟墨卷百篇為練兵，以雜讀時藝為散卒，以題為堅壘❹。若神明❺不爽朗，是大將先墜雲霧中，安能制勝？

人人各有一種英華光氣❻，但須磨鍊始出。譬如一草一卉，苟深培厚壅❼，盡其分量❽，其花亦有可觀，而況於人乎？況於俊特之人❾乎？天下有形之物，用則易匱❿。惟人之才思氣力，不用則日減，用則日增。但做出自己聲光⓫，如樹將發花⓬時，神壯氣溢⓭，覺與平時不同，則自然之機候⓮也。

讀書人獨宿是第一義，試自己省察⓯。館中獨宿，時漏下二鼓⓰，滅燭就枕，待日出早起，夢境清明，神酣氣暢，以之讀書則有益，以之作文必不潦草枯澁，真所謂一日勝兩日也。

【注釋】❶凝神靜氣 聚精會神，形容注意力高度集中。靜氣，意氣平和。❷目光炯然 形容人眼光明亮有神。炯然，明亮的樣子。❸將 統率；指揮。❹堅壘 堅固的營壘。❺神明 指人的精神心思。❻英華光氣 精華靈光之氣。光氣，光輝；光彩，靈異之氣。❼深培厚壅 用肥厚之土培植壅護。壅，在植物根部培土或施肥。❽分量　力量。❾俊特之人　才智傑出的人。❿匱　匱乏；空乏。⓫聲光　音容光彩，文章的風采。⓬發花　開花。⓭神壯氣溢　神完氣足，精神飽滿，氣韻流溢。⓮機候　適宜的時機。⓯省察　檢查；內省。⓰漏下二鼓　時到二更。漏下，古代計時器漏刻的水面已經下落，時間已晚。

【語譯】讀書一定要窗明几淨，書桌上不能夠放太多的書。讀文章寫作文，都一定要注意力高度集中，目光明亮有神，寫出的文章深化題目，最忌掉進雲霧之中，不知出路何在。讀很多的文章，卻不熟悉，譬如率領未經訓練的士兵，臨到用時，完全沒有用處，徒然疲勞精神，和手中一無所有，沒什麼差異。寫文章，以握筆的人為大將，以精通熟悉錄取的文章一百篇為訓練的士兵，以博覽的八股文章為零散的士兵，以題目為堅固的堡壘。如果精神不清爽，這是將帥先掉進了雲霧中，哪裡能夠取勝？

每人各有一種精華靈光之氣，只是一定要經過鍛煉，纔能夠表現出來。譬如一草一花，倘若用肥厚之土培植壅護，盡發其力量，開的花也有可觀之處，何況人呢？何況對於才智傑出的人才呢？天下看得見的東西，都容易用盡，只有人的才思氣力，不使用便日漸減少，使用便一天天增加，只要做出自己的光彩，就如樹將要開花的時候，精神氣韻雄壯流溢，感覺到與平時不同，這是自然適宜的時機。

讀書人一個人歇宿，這是第一要義，試著自己內省。書館之中，獨自歇宿，讀書到深夜二更之時，滅燭睡覺，等到日出便早起，夢境清晰，精神飽滿暢快。用來讀書則益處多多，用來寫文章，必然不至於枯澀草率。正是所說的一天勝於兩天。

【研析】這則文字中，張英綜論讀書作文，主要談到專心致志與才氣培養兩個方面的內容，側重於方法論層面。

首先是注意力。人所周知，注意力分散不集中，為讀書與寫作的大忌，將會嚴重影響學習的效率。這時，讀文章如同夢遊，不能領悟其神髓，甚至難得其皮毛。寫文章亦如俗語所謂擠牙膏，思路不暢，才思枯竭，絞盡腦汁，不知從何處下手。而理想的寫作狀態，則如陸機〈文賦〉中所描繪，神飛八極之外，心遊萬仞太空，如初昇的太陽，由朦朧逐漸鮮明，清晰的物象紛呈，胸中所藏，奔湧筆端，妙詞佳句，齊湧筆鋒，思緒奔騰，忽而天池之上，忽而深泉之下，前人已用辭意，如早晨綻開的花朵謝去，前人未用辭意，似傍晚含苞的蓓蕾徐徐綻放，如水之流，不露斧鑿，妙筆天成。這種狀態，正是注意力高度集中時纔會有的現象。所以，張英對此高度重視，以專文來談這一問題。他認為，讀書寫作，只有注意力集中，纔能目光如炬，心領神會，寫作時，如同統帥著千軍萬馬的將軍，「以精熟墨卷百篇為練兵，以雜讀時藝為散卒，以題為堅壘」，有精銳之師在，何堅不摧？何敵不克？反之，如墜大霧之中，如統未經訓練的烏合之眾，縱然讀文再多，臨到用時，完全沒有用處，徒然疲勞精神，和手中一無所有，沒有任何差異。

其次是如何提高注意力。張英提出，首先是讀書環境，一定要窗明几淨，一塵不染，心中清淨。書桌上不能夠放太多的書，避免分散注意力。還有就是良好的作息習慣，以保障必需的休息睡眠時間。他主張讀書人要獨宿，這樣可以不受別人影響；讀書到二更之時滅燭睡覺，亦不可貪睡，日出便起。這應該是他自己養成的習慣，所以他深有體會地說，這樣做，睡醒之時，夢境清晰，精神飽滿，身心暢快，讀書效果好，寫文章狀態佳，一天勝於兩天的效果。

其三，關於寫作需要的靈氣和才氣。如〈文賦〉中所說「意不稱物，文不逮意，蓋非知之難，能之難也」。張英認為，靈氣沒有那麼神秘，主要靠後天養成，每個人，都有一種精華靈光之氣，這是要經過鍛煉纔能形成，多讀多練，靈氣自然會湧現出來。他打個比方，譬如花草，只要合理地用肥厚之土加以培植壅護，當其內蘊之力盡發出來，所開之花，必然燦爛可觀。花草如此，何況是作為萬物之靈、才智傑出的人才？他更諄諄教誨，學習不要怕辛苦，更別擔心累壞了身體，天下看得見的東西，都容易用盡，也有用盡的時候，唯獨人的才氣，不用便日漸減少，一天天枯萎，勤使用多磨練，則一天天增加。他仍不忘進一步展望未來，梅花香自苦寒來，當你綻放自己光彩的時候，恰如樹將開花，精神氣韻，雄壯流溢，無限生機，自然湧動，下筆如有神助，感覺會好得非同尋常。

四七

《易經》一書言謙道❶最為詳備：「天道虧盈而益謙，地道變盈而流謙，鬼神禍盈而福謙，人道惡盈而好謙。」❷又曰：「日中則昃，月滿則虧，天地不能常盈，而況於人乎？況於鬼神乎？」❸於此理不啻❹反覆再三，極譬罕喻❺。《書》曰：「滿招損，謙受益。」❻古昔賢聖，殆無異詞。堯舜大聖人，而史稱之曰「允恭克讓」❼；孔子甚聖德❽，及門稱之曰「恭儉讓」❾，況乎中人之才，能越斯義？古云：「終身讓路，不失尺寸。」言讓之有益無損也。世俗瞽談❿，妄謂讓人則人欺之，甚至有尊長，教其卑幼無多讓，此極為亂道。以世俗論，富貴家子弟，理不當為人所侮，稍有拂意，便自謂：「我何如人，而彼敢如是以加我！」從傍人亦不知義理⓫，用一二言挑逗之，遂爾⓬氣填胸臆，奮不顧身，全不思富貴者眾射之的⓭也，群妒之媒⓮也。諺曰：「一家溫飽千家怨。」惟當撫躬自返⓯：我所得於天者已多，彼同生天壤，或係親戚，或同里閈，而失意如此，我不讓彼，而彼顧肯讓我乎？嘗持此心，深明此理，自然心平氣和，即有拂意之事，逆耳之言，如浮雲行空，與吾無涉。姚端恪公有言：「此乃成就我福德相，愈加恭謹以遜謝之，則橫逆之來，蓋亦少矣。」願以此為熱火世界⓰一帖清涼散也。

【注釋】❶謙道 《周易》第十五卦為謙卦，由艮上坤下構成，《周易集解》：「鄭曰：『艮為山，坤為地。山體高，今在地下，其於人道，高能下，下謙之象。』」❷天道四句 《謙》卦《彖傳》曰：「《謙》，亨。天道下濟而光明，地道卑而上行。天道虧盈而益謙，地道變盈而流謙，鬼神害盈而福謙，人道惡盈而好謙。謙，尊而光，卑而不可逾，君子之終也。」周振甫《周易譯注》譯曰：「《彖傳》說：《謙》卦，『亨』。天道對下面成就萬物而光明，地道位置卑下而地氣上昇。天道損害滿的而增加虛的，地道毀壞滿的而增加虛的，鬼神損害滿的而加福於虛的，人道憎惡滿的而愛好虛的。謙虛，處於尊位就光榮，處於卑位就不可超越，這即是『君子』的有好結果。」❸日中五句　語出《周易．豐》卦：「日中則昃，月盈則食，天地盈虛，與時消息，而況於人乎，況於鬼神乎？」《周易譯注》譯曰：「太陽正中就要偏斜，月亮圓滿就要虧缺，天地間的日月還有這樣的滿和缺，跟著時間消長，何況人事呢？何況鬼神的享受祭祀呢？」昃，日偏西。食，指月亮虧缺。消息，消長。❹不啻　何止；無異於。❺極譬罕喻　極盡比喻說明。❻滿招損二句　語出《尚書．大禹謨》，謂自滿招來損失，謙虛得到益處。❼允恭克讓　語出《尚書．堯典》：「允恭克讓，光被四表，格於上下。」謂既誠實又謙讓。允，誠信。克，能夠。讓，謙讓。❽聖德　至高無上的道德。❾及門稱之曰恭儉讓　語出《論語．學而》：「子貢曰：夫子溫、良、恭、儉、讓以得之。」子貢原意說，孔子靠溫和、善良、嚴肅、節儉、謙遜的品德，所到國家，都能聽到他們的政事。及門，受業弟子。❿讆談　無稽之談。⓫義理　合乎倫理道德的行事準則。⓬遂爾　於是乎。⓭眾射之的　眾人攻擊的目標。射，射箭。的，箭靶的中心。⓮群妒之媒　眾人妒忌的誘因。媒，媒介；誘因。⓯撫躬自返　反躬自問；自我反省檢討。⓰熱火世界　擾攘浮躁的社會。

【語譯】《易經》一書，談謙遜之道最為詳備：「天道損害滿的而增加虛的，地道毀壞滿的而增加虛的，鬼神禍害滿的而加福虛的，人道憎惡滿的而愛好虛的。」又說：「太陽到了正中就要偏斜，月亮圓滿之時就要虧缺。天地間的日月還不能夠一直圓滿，何況人事呢？何況鬼神的享受祭祀呢？」對於這個道理，簡直是再三論說，極盡比喻說明之能事。《尚書》中說：「自滿招來損失，謙虛受到益處。」古代的聖賢，大概沒有不同的說法。堯舜是大聖人，史書上說，「他們誠實又謙讓」；孔子具有至高無上的道德，受業門生稱他「嚴肅、節儉、謙遜」，何況才德中等的人才，怎能超出這個道理？古人說：「一生讓步給人的人，最終不會有尺寸的損失。」就是說謙讓有益無損。世俗中人無稽之談，胡說給人讓步則受別人欺負，甚至有長輩教導他們的晚輩，不要過分謙讓，這話極是胡說亂道。用世俗的觀點講，富貴人家的子弟，情理上不應當被人所欺侮，稍微有些不如意，便自己說：「我是什麼樣的人，他竟敢這樣對待我！」跟著的隨從，不懂得規矩道理，說幾句搬弄挑撥的話，於是乎內心充滿氣憤，一往直前，不顧性命，全然不想想富貴是眾矢之的，是眾人妒忌的誘因。諺語說：「一個家庭豐衣足食，千個家庭怨恨氣憤。」只是應該反躬自問，反省檢討：我所得到的東西已經很多，別人共同生長在天壤之間，或者為親戚，或者是鄰里，卻這樣失意，我不寬讓人家，人家反而願意寬讓我嗎？經常保持這樣的思想，深切領悟這樣的道理，自然會心平氣和。即便有不如意的事情，不好聽的話，便像浮雲在上空飄過，與我沒有任何關涉。桐城姚文然先生曾經說過：「這是在成就我有福之命，更要恭敬謹慎，謙讓辭謝，於是悖逆觸犯的事情，也就很少發生了。」希望將這話作為擾攘浮躁社會裡的一劑清涼之藥。

【研　析】由這則文字，想起一個關於張英的傳說故事來。《桐城縣志》記載，張英老家的府第，與吳家為鄰，因為造房，發生了糾紛。吳家越界占用，張家不肯答應，官司打到了衙門。因兩家都是望族，都有權勢，縣官為難，遲遲無法判決。張家家人寄書京城，希望張英出面。張英在家書上批詩四句：「一紙書來只為牆，讓他三尺又何妨。長城萬里今猶在，不見當年秦始皇。」家人得信，讓地三尺；吳家見狀，大受感動，於是效仿，也退讓三尺。在兩家中間，便有了一條六尺寬的巷道，地方美其名曰「六尺巷」，傳為美談。關於這個故事，另有其他版本，故事內容則大同小異，主人公分別為明朝吏部尚書郭樸、明朝諫議大夫舒芬、清朝張英、鄭板橋等，詩也間有異文。即便此故事為他人的故事，淺見以為，這首詩卻是真實反映了張英的胸襟，張英有這樣的境界。

梁簡文帝說過：「居高常慮缺，持滿每憂盈。」唐人魏徵說：「念高危，則思謙沖而自牧；懼滿盈，則思江海下百川。」身居高位的張英，在他的文章中，並不乏這種思想的表露。如前文「仕宦之家」條詳論「謙讓」，稱自己「行年五十餘，生平未嘗多受小人之侮，只有一善策：能轉灣早耳」。更云：「每思天下事，受得小氣，則不至於受大氣；吃得小虧，則不至於吃大虧。此生平得力之處。」莎士比亞說：「謙虛是最高的克己功夫。」然俗語謂「忍字心上一把刀」，克己忍讓，談何容易！這需要一種發自靈魂的覺悟覺醒。張英在本則文字中引古人語，舉聖人事，又講其自身感悟：我所得到的東西甚多，同生天壤之間，或為親戚，或為鄰里，別人窮困潦倒，或落拓失意，難道我不讓人，反要人讓我嗎？此與李漁小說《鶴歸樓》中闡發的「退一步」思想相類。李漁說：「若還世上的苦人都用了這個法子，把地獄認做天堂，逆旅翻為順境，黃連樹下也好彈琴，陋巷之中盡堪行樂，不但容顏不老，鬢鬚難皤，連那禍患休嘉，也會潛消暗漲。」近代佛學大師印光法師也有類似表述說：「若境遇不待者，當作退一步想。試思世之勝我者固多，而不如我者亦復不少。但得不飢不寒，何羨大富大貴。樂天知命，隨遇而安。如是則尚能轉煩惱成菩提，豈不能轉憂苦作安樂耶。宜一切事當前，皆以海闊天空之量容納之。」退一步海闊天空，有海闊天空般的包容，謙讓便成為一種自覺，一種境界修養，一種不變的常態。佛教有「緣忍」，謂辱境當前，應思何以如此，究其原因，以因緣觀看問題，這是一種境界；又有「觀忍」，謂立足於空相空境，於是辱境不復存在。張英在這則文字中表現的思想，他的因緣觀，以及傳說中他的詩「長城萬里今猶在，不見當年秦始皇」，其於佛教之「緣忍」「觀忍」，庶幾近之。

四八

《譚子化書》❶訓儉字最詳。其言曰，天子知儉，則天下足；一人知儉，則一家足❷。且儉，非止節嗇財用❸而已也。儉於嗜慾，則德日修，體日固；儉於飲食，則脾胃寬；儉於衣服，則肢體適；儉於言語，則元氣藏而怨尤寡；儉於思慮，則心神寧；儉於交遊，則匪類遠；儉於酬酢，則歲月寬而本業❹修；儉於書札，則後患寡；儉於干請❺，則品望尊；儉於僮僕，則防閑❻省；儉於嬉遊，則學業進。其中義蘊❼甚廣，大約不外於葆嗇❽之道。

東坡千古才人，以百五十錢為一塊❾，每日只用畫杈❿挑取一塊，盡此錢為度⓫，決不用明日之錢。汝輩中人，可無限制？陸梭山訓居家之法最妙，以一歲所入，除完官糧外，分為三分：存一分以為水旱及意外之費；其餘二分，析為十二分，每月用一分，但許存餘，不許過界。能從每日飲食雜用加意節省，使一月之用常有餘，別置一處，不入經費，留以為親戚友朋小小周濟緩急之用，亦遠怨積德之道，可恃以長久者也。

居家治生之理，《恆產瑣言》備之矣。雖不敢謂「聖人復起，不易吾言」⑫，其於謀生，不啻左券⑬。總之，饑寒由於鬻產，鬻產由於債負，債負由於不經⑭，相因⑮之理，一定不易。予視之洞若觀火⑯。仕宦之日，雖極清苦，畢竟略有交際，子弟習見習聞，由之不察⑰；若以此作田舍度日之計⑱，則立見其仆蹶⑲，不可不深長思者也。人生儉嗇之名，可受而不必避。世俗每以為恥，不知此名一噪，則人絕覬覦之想⑳；偶有所用，人即德之，所謂以虛名而受實益，何利如之！

【注釋】❶譚子化書　又名《化書》《譚子》《齊丘子》，道教著作，晚唐五代之際譚峭著，凡六卷，一百一十二篇。《化書》反對驕奢淫逸，主張統治者行道化、術化、德化、仁化、食化、儉化，以療治社會弊端。譚峭，字景昇，福建泉州人，好黃老、諸子、《穆天子傳》《漢武帝內傳》《茅君列仙內傳》諸書，於嵩山師事道士十餘年，得辟穀、養氣之術。❷其言曰五句　《化書》卷六說「儉」文字尚多，如〈三皇〉云：「君儉則臣知足，臣儉則士知足，士儉則民知足，民儉則天下知足。天下知足，所以無貪財，無競名，無奸蠹，無欺罔，無矯佞。是故禮義自生，刑政自寧，溝壘自平，甲兵自停，游蕩自耕，所以三皇之化行。」〈慳號〉云：「世有慳號者，人以為大辱，殊不知始得為純儉之道也。於己無所與，於民無所取。我耕我食，我蠶我衣。妻子不寒，婢僕不飢。人不怨之，神不罪之。故一人知儉則一家富，王者知儉則天下富。」〈清靜〉云：「奢者好動，儉者好靜；奢者好難，儉者好易；奢者好繁，儉者好簡；奢者好逸樂，儉者好恬淡。」〈化柄〉云：「儉於聽可以養虛，儉於視可以養神，儉於言可以養氣，儉於私可以護富，儉於公可以保貴，儉於門闌可以無盜賊，儉於環衛可以無叛亂，儉於職官可以無奸佞，儉於嬪嬙可以保壽命，儉於心可以出生死。是知儉可以為萬化之柄。」〈食象〉云：「是知王好奢則臣不足，臣好奢則士不足，士好奢則民不足，民好奢則天下不足。」❸節嗇財用　節儉財物；節省財富。❹本業　指基本學業、基本生業。❺干請　請託，以私事囑託，走門路，通關節。❻防閑　防備；禁阻。防，堤防。閑，圈欄。❼義蘊　精深的含義。❽葆嗇　寶愛；珍視。葆，通「寶」。❾塊　整體。❿畫杈　雕有圖案的杈狀用具，可挑取物品。⓫度　限度。⓬聖人二句　語出《孟子・滕文公章句下》，謂即使聖人再世，也會同意我這番話。⓭不啻左券　無異於最好的依憑。不啻，如同；無異於。左券，契約。⓮不經　不合常理，近於荒誕。⓯相因　相承；相關。⓰洞若觀火　形容對事物的觀察非常清楚，如觀看火一般。⓱由之不察　照著做而未能察覺。⓲田舍度日之計　指不任官職，如同尋常百姓做置田修舍等日常打算。⓳仆蹶　跌倒；頹敗。⓴覬覦之想　非分的企圖或希望。

【語　譯】《譚子化書》解說「儉」字最為詳細。其中說道，帝王知道節儉，便天下富足；一人知道節儉，便一家富足。並且，節儉不僅僅是節省財物而已。節制嗜欲，便品德日漸提昇，身體一天天強固；節省飲食，便脾胃寬舒；節儉衣服，便肢體舒適；節省言語，便元氣儲備且少有埋怨責備；節制思慮，便心神安寧；節省交遊，便遠離行為不端的人；儉省應酬，便時間充裕而正業得以治理；少寫書信，便鮮見日後禍患；少有請託走門路，便品德聲望尊貴；少用僕役，便省卻防備禁阻；節制遊樂，便能學業精進。這裡邊精深的含義極其廣泛，大體上不外乎珍愛的道理。

蘇東坡為千古以來才能卓越的人，拿一百五十錢作為一個整體，每天用畫杈從中挑取一塊，以用完此錢為限度，絕對不使用明天的錢。你們這些人，能夠沒有限制？南宋陸九韶安排日常生活的方法最為精妙，將一年的收入，除了繳納公糧以外，分成三份：留存一份作為水旱天災以及意外事情的費用，其餘兩份，分成十二份，每月使用一份，只許留有剩餘，不許超出限定。能夠從每天的吃飯雜費中用心節省，使得每月的用度經常留有剩餘，另外放在一處，不歸入計畫費用之中，留存作為親戚朋友中緩急之間小的周濟用度，也是消除怨恨積累仁德善行的辦法，可以賴此長久。

日常家庭謀生的道理和方法，我在《恆產瑣言》中已經說得很詳備了。雖然不敢說「聖人再生，也要同意我的話」，其對於謀生，無異是最好的依憑。總的來說，忍飢受凍是因為變賣產業，變賣產業是因為借債欠債，欠債是因為不走正道，因果相承的道理，確定無疑，在我看來，洞若觀火。做官的日子，雖然十分清苦，畢竟有少許的應酬往來，子女習以為常，照樣做來，沒有任何察覺；如果將這作為普通百姓日常生活的方法，便立刻看到其頹敗，不能夠不去做長遠思考。

人生節儉吝嗇的名稱，應該坦然接受不必迴避。世俗中人，每每以此名稱為羞恥，不知道這名聲一旦傳揚開去，別人便斷了非分的算計，偶然周濟別人，人便感恩，所謂拿虛名得到實際的好處，有比這更大的利益嗎！

【研　析】「儉」之義項甚夥，如節儉、節省、限制、節制、約束、短小、歉收、衰敗、謙遜等等。張英此文所言之「儉」，講的是減省。

「夫君子之行，靜以修身，儉以養德」。溫、良、恭、儉、讓，儉為五德之一。張英讀《譚子化書》說「儉」而引起共鳴，故不憚其煩，整段過錄：帝王節儉而國富民強，一人節儉而一家富足，這是就財物而論。節制嗜欲而品德日增，身體日固；節制飲食而脾胃寬舒，身體健康；穿衣打扮節儉而少受折騰，肢體舒適；節省言語，保持元氣，少惹禍端；節制思慮，養心安神；節制交遊，免交匪人；節制應酬，保證時間，學業進步；少寫書信，白紙黑字，減少後患；少走門路，公正公平，品德無虧；少用僕役，省卻防備；節制遊樂，學業精進。道理都不難明白，然知之不難，要一一具體做到，誠非易事。

張英本文中的大旨，還是要論說生活中的節儉。他具體講了兩個例子。一個是大文豪、天才文學家蘇東坡。張英說，這是放在歷史的長河中衡量，千古以來都堪稱才能卓越的人。如此曠世天才，生活上，卻是一個非常節儉的人。以區區一百五十錢為整體，每天從中挑取一塊，作為固定不易的花銷限度，絕不透支，絕不寅吃卯糧。蘇東坡尚且如此，作為普通不過的我們，難道有資格去奢靡浪費嗎？另一位，是赫赫有名的大學者，敢於批評大儒周敦頤《太極圖說》《通書》為不通的南宋梭山居士陸九韶。他老人家安排日常生活，更是精打細算。每年歲尾，將一年的收入，除去繳納公糧，分作三份：一份作水旱天災或意外事情的備用開銷；其餘兩份，均分十二份，每月用一份，只許有餘，不許超支。日常節省，另存一處，作為周濟親戚朋友的救急之用。從蘇東坡到陸梭山，以此為榜樣，誰敢不信服，說服力足矣！

既然是訓示子孫，張英還要更鮮明地表明自己的觀點。他提到了他的著作《恆產瑣言》。他說，這也是你們的必讀書，關於家庭日常謀生的道理和方法，我在裡邊有很詳備的論說。我不敢說聖人再世也將會同意我的意見，然而完全可以作為你們的依憑。世上之人，多有因不走正道而蕩盡家產，忍飢受凍的例子，其中的因果，洞若觀火，所以再次重申，提醒你們格外注意。做官的日子，雖然沒有大手大腳，但免不了應酬，身邊的子女也習以為常，沒有感到什麼特別不對；如果是作為普通百姓，此類花費可觀，長此以往，經濟上吃不消，所以不能不認真思考。為人在世，別怕被人笑話吝嗇，這不是壞名。名聲傳揚開去，斷了別人的覬覦之心，你偶然周濟他人，人便感恩，這是拿虛名得到了實際的好處，十分划算。

古語云「足國之道，節用裕用，而善藏有餘」。歷朝歷代，節儉乃治國的方略，其實亦為持家的法寶。「傳家兩字耕與讀，興家兩字勤與儉」，「勤儉治家之本」，古訓昭然，這都是歷史經驗的總結，是不刊之論，座右銘言。一粥一飯當思來之不易，半絲半縷恆念物力維艱，節儉是對人類付出勞動汗水的尊重，是對自然造化自然資源的敬畏，是個人道德修養的具體體現。

四九

人生髫稚❶，不離父母，入塾則有嚴師傅督課❷，頗覺拘束。逮❸十六七歲時，父母漸視為成人，師傅亦漸不嚴憚❹。此時知識初開，嬉遊漸習，則必視朋友為性命，雖父母師保之訓，與妻孥之言，皆可不聽，而朋友之言，則投若膠漆，契若芳蘭。所與正，則隨之而正；所與邪，則隨之而邪。此必然之理，身驗之事也。

余鐫一圖章，以示子弟，曰：「保家莫如擇友。」蓋有所嘆息、痛恨、懲艾❺於其間也。古人重朋友而列之五倫，謂其志同道合，有善相勉，有過相規，有患難相救。今之朋友，止可謂相識耳，往來耳，同官同事耳，三黨❻姻戚耳。朋友云乎哉？

汝等莫若就親戚兄弟中，擇其謹厚老成，可以相砥礪❼者，多則二人，少則一人，斷無目前良友，遂可得十數人之理。平時既簡於應酬，有事可以請教。若不如己之人，既易於臨深為高，又日聞鄙猥❽之言、汙賤❾之行、淺劣❿之學，不知義理，不習詩書，久久與之相化，不能卻而遠矣。此《論語》所以首誡之也⓫。

【注釋】❶髫稚　幼年；兒童。❷督課　督察考核。❸逮　及；及至。❹嚴憚　畏懼；害怕。❺懲艾　可汲取的教訓。❻三黨　指父族、母族、妻族。❼砥礪　激勵；勉勵。❽鄙猥　鄙野猥瑣。❾汙賤　卑汙下賤。❿淺劣　低下。⓫此論語句　語出《論語・學而》「無友不如己者」。

【語譯】人的童年時期，在父母身邊；入私塾讀書，則有嚴厲的師傅督察考核，很覺得不自由。到了十六七歲，父母漸漸將他看做成人，對師傅也漸漸不再懼怕。這時候，對於社會事物也逐漸有了自己的認識，漸漸學會遊樂，便一定視朋友為性命。即使父母長輩的訓誨，與妻子的話，都可以不聽，而朋友的話，則如膠漆一般投合，如芳香的蘭花那樣可親。所交往的人端正，便隨著他端正；所交往的人邪惡，則隨著他邪惡。這是一定的道理，是經過親身檢驗的事情。

我雕刻一方圖章，用來告知子弟：「保住家業，不如選擇朋友。」是有所嗟嘆、非常的悔恨、可吸取的教訓在其中的。古人看重朋友，將它列入君臣、父子、兄弟、夫妻、朋友五倫之中，稱其為志同道合，有優點相互勉勵，有過失相互規勸，有患難相互救助。現在的朋友，只可以說是認識罷了，往來罷了，一起做官共事罷了，父族、母族、妻族親戚罷了，能夠稱得上是朋友嗎？

你們不如在親戚兄弟中間，選擇謹慎篤厚老成持重，可以互相激勵勸勉的人，多則二人，少則一人，斷然沒有像眼下這樣，好朋友可以有十幾個的道理。平時既少了應酬，遇事的時候能夠請教。像那些不如自己的人，與他交往，既容易居高臨下養成自視甚高的毛病，又逐日聽鄙野猥瑣的話，見卑汙下賤的行為，接近低劣的學養，不知道理，不熟悉詩書，長久和他們相互熏染，不能夠遠遠地拒絕了。這也是《論語》將交友作為第一訓誡的原因。

【研析】青少年時期，因處在特殊的生理心理發育時期，交友對於其人生，有著非同尋常的影響。應該說，歷朝歷代，這也是一個具有歷史共性的問題，所以，《論語》中孔子說：「益者三友，損者三友：友直，友諒，友多聞，益矣；友便辟，友善柔，友便佞，損矣。」《荀子．勸學》中說：「蓬生麻中，不扶而直，白沙在涅，與之俱黑。」北齊顏之推《顏氏家訓》中也說：「是以與善人居，如入芝蘭之室，久而自芳也；與惡人居，如入鮑魚之肆，久而自臭也。」每個時代的有識之士，對於這一問題，也都給予充分重視。同時，我們還要認識到，不同時代，這一問題也反映出差異性，正如張英在本文中所說，朋友被列入五倫之中，足見其重要地位，但是，古代的朋友，皆志同道合，相互勉勵，相互規勸，患難相助；現在的朋友，認識而已，往來而已，一起共事而已，能說是朋友嗎？的確，明代中期以後，隨著商品經濟的發展，社會益趨開放和多元，道德的失範與法律的缺位，世風由敦厚而益趨於澆薄險惡，人際交往，青少年交友，存在的問題也益發突出，正如明代小說中有〈結交行〉詞所感慨：「古人結交須結心，今人結交惟結面。結心可以同生死，結面那堪共貧賤？九衢鞍馬日紛紜，追攀送謁無昏晨。座中慷慨出妻子，酒邊拜舞猶弟兄。一關微利已交惡，況復大難肯相親？君不見當年羊、左稱死友，至今史傳高其人！」這也是張英在其家訓《聰訓齋語》中將「擇友」列於「四綱」，並反復論及的原因所在。

具體到張英這篇文字，主要是結合交友的原因，談如何交友。為什麼要交友？張英從古今交友對比中說起，古人交友，因為志同道合，有優點可以相互勉勵，有過失能夠相互規勸，遇到患難相互救助，目的所在，提高自己而已。所以，古人云：「交友遜己不如無」，「選友以求益」，「交朋友必擇勝己者，講貫切磋，益也」。如是，朋友不一定是多多益善，有三兩個謹慎篤厚老成持重，比自己優秀的人，平時對自己是激勵學習的榜樣，遇事的時候能夠請教，足矣；而交友太多，整日忙於應酬，哪裡還有時間來提高發展自我？何況，知己難逢，知音難遇，世界上又哪裡有那麼多的「朋友」被你遇上呢？所交之友遜色於自己，不過是無益於提高；而交往匪人，逐日聽粗野猥瑣的話，見卑汙下賤的行為，長久以往，耳目熏染，其結果可想而知。張英從「保家業」，家族整體發展的高度，嚴厲批評了當時社會存在的濫交朋友現象，以及太過於將神聖的作為五倫之一的「朋友」隨意化的表現，在表達其對古人交友禮讚的同時，再次鄭重向子侄後輩提出具體要求，慎擇交，少交友，可以在親戚兄弟中選擇品行端方，優秀可靠的人，多則二人，少則一人，足以請教幫助，有益於學業成長可矣，斷然沒有像當下社會上那些人，朋友有十幾個幾十個的道理。

五〇

人生第一件事，莫如安分。分者，我所得於天多寡之數也。古人以得天少者謂之數奇❶，謂之不偶❷，可以識其義矣。董子曰：「與之齒者去其角，附之翼者兩其足。」❸嗇❹於此則豐於彼，理有乘除❺，事無兼美❻。予閱歷頗深，每從旁冷觀，未有能越此範圍者。功名非難非易，只在爭❼命中之有無。嘗譬之溫室養牡丹，必花頭中原結蕊，火焙❽則正月早開；然雖開而元氣索然❾，花既不滿，足根亦旋萎矣。若本來不結花，即火焙無益。既有花矣，何如培以沃壤，灌以甘泉，待其時至敷華❿？根本既不虧，而花亦肥大經久。此余所深洞於天時物理，而非矯為迂闊之談也。曩時，姚端恪公每為余言，當細玩「不知命無以為君子」⓫章，朱注最透，言不知命則見利必趨，見害必避，而無以為君子矣。「為」字甚有力。知命是一事，為君子是一事。既知命不能違，則儘有不必趨之利，儘有不必避之害，而為忠為孝，為廉為讓，綽有餘地矣。小人固不當取怨於他；至於大節目⓬，亦不可詭隨⓭，得失榮辱，不必太認真，是亦知命之大端也。

【注　釋】❶數奇　運氣不好。❷不偶　不遇；不合，引申為命運不好，無所遇合。❸董子曰二句　語出《漢書・董仲舒傳》董氏對策，謂任何事物都難以十全十美。董仲舒（西元前一七九－前一〇四年），廣川（今河北棗強）人，西漢時期思想家，以研讀《公羊春秋》著名，景帝時任公羊博士，武帝時舉「賢良文學」，曾任江都相和膠西王相，提出天人感應、三綱五常等理論，其學以儒家思想為中心，雜以陰陽五行學說，融神權、君權、父權、夫權於一體，建立了帝制神學的體系。❹嗇　少。❺乘除　抵消；盛衰消長。❻兼美　完善；樣樣都好。❼爭　賭。❽火焙　以火烘焙。❾索然　空乏貌。❿敷華　開花。⓫不知命無以為君子　語出《論語・堯曰》：「不知命，無以為君子也；不知禮，無以立業；不知言，無以知人也。」朱熹《四書集注・論語・堯曰篇》該句下引程子曰：「知命者，知有命而信之也。人不知命，則見害必避，見利必趨，何以為君子？」⓬大節目　重大事項；關鍵所在。⓭詭隨　不講是非原則妄隨人意。

【語　譯】人生第一重要的事情，不如安分。「分」的意思，指的是上天給我的命運安排中，應該得到的多少數量。古人認為，命中註定所得好事甚少的，叫做數奇，叫做不偶，由此可以知道它的意義了。董仲舒先生說：「給與牙齒的不再給鳥喙，給與翅膀的只給兩隻腳。」這方面少，便那方面多，常理有盛衰消長，沒有十全十美的事物。我經歷的事情很多，每每冷眼旁觀，沒有越出這一範圍的。功名不難，也不容易，只在賭自己的命運安排中有和沒有。曾以溫室中培養牡丹作比方，必定是花頭中間原本結有花蕊，以火烘焙，則在正月間提前開放，然而雖然開放，元氣已盡，開的花既不充分，其根部也很快枯萎了。如果原本沒結花蕊，即使以火烘焙，也沒有用處。既然已經有了花蕊，豈如用肥沃的土壤培植，用甜美的泉水澆灌，等待時機成熟再綻放？其根本既不受虧損，開的花也肥大持久。這是我深入洞悉事物自然的規律，不是矯情所說的迂闊不切實際的話。以前姚弱侯先生常向我說，應該仔細玩味「不懂命運，沒有可能作為君子」一段文字，朱熹注釋得最為透徹，說「不懂命運，則看到利益，必然追逐；見到禍患，一定躲避，而無從成為君子了」。「為」字很有分量。懂得命運是一件事，成為君子是一件事。既然知道命運不能違抗，便盡有那些不一定要去追逐的利益，盡有那些不一定要去躲避的禍患，因而做忠臣做孝子，選擇廉潔、避讓，有很多餘地了。小人固然不應該招致他們怨恨，在重大問題上，也不能夠不講是非原則，隨意阿附，對於得失榮辱，不必看得太過認真，這也是懂得命運的重要體現。

【研　析】少年莫談命。就大多數人而言，少年階段，在父母尊長的羽翼下，在幸福的家庭港灣裡，衣食無憂，呵護備至；生活的酸甜苦辣，人生的溝溝坎坎，社會江湖的深深淺淺，其閱歷體驗無多，認識感受亦淺。尚未經過狂風驟雨的洗禮，未來的人生之路還很漫長，有的是時間，有的是機會，有的是表演的舞臺，一切都還在未知中，侈談命運，為時尚早。孔子說自己五十而知天命，聖人也還是到了人生的晚年，總結自己的人生，方纔對於命運有了透徹的理解，對於個人的命運有了總結式的論定。然而，前人的經驗，值得汲取；歷史的教訓，可為殷鑒。所以，作為過來人的張英，在其家訓最後一條中，再次談及沉重的命運話題，他要將自己幾十年最大的人生心得，同樣無保留地傳給子孫。

可以看出，到了人生的暮年，張英對於命運感觸甚深，因此，在他晚期的著作《聰訓齋語》中，屢次言及這一話題。其「《論語》云」條，舉米脂令「蕭某」從李自成眾兵看守中逃脫，以及有人鑽營買官，反為別人所得的例子；「世人只因不知命不安命」條，舉韓菼科舉考試，及其個人仕途發展的例子，具體闡釋著他對於那神秘「不可預測」，又「難以控制」的「命運」的具體認識。但張英這篇文字的主旨，不是談命運自身，而是說對待命運，我們該有一個什麼樣的態度。主要談了三點內容。

首先，知命則安分。作者開門見山，開篇即謂：「人生第一件事，莫如安分。」安分者，守分也，即安於命運，隨遇而安，也即俗語所謂「命中有時終須有，命中無時莫強求」。張英說，造化對於每一個人都有安排，你的一生該有什麼樣的蛋糕，有多大的蛋糕，都是命中既定的，要安心愉悅地接受，不要去覬覦不該屬於你的東西，正如冬天在溫室中以火烘焙而開的牡丹，前提是原本已有花蕊。張英還說，造化的安排，有它的道理和規律，此增彼減，此消彼長，好花不常開，好景不常在，月有陰晴圓缺，人有悲歡離合，正如西漢大儒董仲舒所說：「給與牙齒的不再給鳥喙，給與翅膀的只給兩隻腳。」天下沒有十全十美的事物。這也是自己幾十年豐富閱歷中所見所聞證明了的。安分則安心，如張英在其「予自四十六七以來」條中所說，一切喜怒哀樂、勞苦恐懼的事情，只是用五官四肢應對；中間方寸心境，常常空虛澄淨，光亮清晰，斷然不讓各種情緒進入，所以心中常常覺得寬綽乾淨。安分則知足，又如張英在其「昔人論致壽之道有四」條中所說，既然知得人生「皆有分數」，便可望成為「惜福之人」，珍惜眼前所有，珍視造物者賦予你的生命，養得「歡喜神」，知足者常樂，活在當下，享受當下，過好每一天，而「人常和悅，則心氣沖而五臟安」，歡喜有益於健康，此亦為養生要訣。

其次，知命則順命。順命是指順應客觀自然規律，順勢而為，非逆天而行。還以本則文字中所講的烘焙牡丹為例，張英認為，火焙牡丹，提前開放，這是違背自然規律，雖然開放時間提前，然非但開放不足，且元氣消耗已盡，不久根部枯萎，生命結束；不如順勢而為，遵循自然規律行事，以肥沃的土壤培植，用甜美的泉水澆灌，等待其自然綻放的時機到來，將會綻放得更加美麗而持久。此於社會人生，啟示良多。倘若我們遵循規律，循序而進，便不會有當下嚴重的環境汙染，不會有因為環境汙染而帶來的各種疾病流行蔓延；倘若我們量力而行，充分發掘個人的特長，全面自由的發展，不僅可以人盡所長，也更符合人自身發展的規律。知道順命，還會讓我們根據自己的身分，踏踏實實、盡心盡力地做好自己分內該做的事情，恪盡職守，守土有責，成為一個有益於社會的人，一個無愧於人生的人。

其三，知命則從容淡定，敢於擔當。張英講到，姚弱侯曾向他推薦《四書集注・論語・堯曰篇》「不知命，無以為君子」一章，認為注釋得十分透徹，其中引程子曰：「知命者，知有命而信之也。人不知命，則見害必避，見利必趨，何以為君子？」這讓人知道了命運不可違抗，人生諸事命定，好處不是你想要便可要到，禍端不是你想躲避便能避開。這也啟示著世人：要堂堂正正、清清白白、從容淡定做人，一是遇事不猥瑣騎牆，要有鮮明的是非，要堅持原則，堅守正義，保有你的良知，即便俗語謂不可得罪小人，沒必要招惹他們，但面對大是大非，在原則性問題上，絕不可以犧牲原則，隨意阿附，委屈追隨，其為禍尤烈；二是吃良心飯，拿你該拿的錢物，不要伸手太長，不要看到好處就上，更不要以權謀私、假公濟私，拿了人家的手短，觸犯法律，終將會受到法律的制裁，付出沉重的代價。張英認為，這也是一個人是否懂得命運的重要體現。

在《聰訓齋語》開篇，張英專談人心，講到極靈極動的人心，「不可過勞，亦不可過逸」，讀書是養心最佳的方法。讀書可以讓人「增長道心」，養成好的性情，無「怨尤，嗔忿之心」，使心不累，使人歡悅，活得瀟灑本我。這篇文字談知命安分，也可以說是對全書開篇的一個呼應，從對待命運的態度入手，指出了又一個安心的途徑。其對於晚輩後生，不無人生智慧的啟迪，良多助益。

附錄：張英傳記評論資料選編

壹、先考予告光祿大夫文華殿大學士兼禮部尚書謚文端敦復府君行述

嗚呼，痛哉！府君竟捨不孝廷玉等而長逝耶？府君素善頤養，自乞休以來，雖神氣漸弱，而視聽不衰。不孝廷玉遠宦京華，不獲侍膝下。今夏六月，扈從口外，抱病月餘。七月十七日，聞先妣訃音，五內迸裂，幾瀕于死。仰蒙聖恩矜恤，溫諭周詳，令節哀調理，以慰府君之望。不孝勉強偷生，匍匐就道，尚冀歸而奉晨昏、侍色笑，豈意遽罹大故，抱恨終天！呼搶無從，淚枯血盡，奄奄視息，死且無期，尚何能執筆為文，述府君行事哉？且府君三十餘年以來，侍從禁庭，參與機務，嘉謨讜論，夙夜贊襄者，皆在密勿深嚴之地，人之所不及知；退食時，從無一語及公事，不孝等雖日侍左右，亦不敢請問所為，今縱欲為文贅述，而見聞有限，挂漏良多，又烏足以道府君萬一哉？然竊念府君遭逢聖主，受知最深，異

數殊榮，皆史冊之所罕見，倘不及今日粗陳梗概，志鴻恩于不朽，且令府君一生忠孝大節、嘉言懿行，或至隱而弗彰，不孝等死不足塞責。謹和血吮墨，就不孝等稍有知識以來，所親見聞，苫由昏憒中所僅能記憶者，略為詮述，伏冀當代大人先生垂鑒焉。

府君諱英，字敦復，號圃翁。先世自豫章遷桐，六世而高王父懷琴公，成隆慶戊辰進士，筮仕永康令，舉循良第一。所至廉能著聞。歷官至大中大夫、陝西布政使司左參政。曾王父恂所公，以文學封忠憲大夫、撫州府知府，贈正議大夫、廣東按察使。先王父拙庵公，以明經考授別駕，封文林郎、內文院庶吉士加一級。三世俱以府君貴，累誥贈光祿大夫、經筵講官、文華殿大學士兼禮部尚書加二級。高王母尹太君、曾王母齊太君、王母吳太君，俱累誥贈一品夫人。

先王父生子七人。長先伯文學子敬公，諱克儼；次二先伯文學桃村公，諱載；次三先伯蘇州學博西渠公，諱杰；次五先伯國學授州司馬西來公，諱嘉；次七先叔奉政大夫、直隸大名廣平郡丞一齋公，諱夔；次八叔父奉政大夫、現任陝西西延郡丞秋圃公，諱芳。府君行六。生而天挺秀異，童子時即嚴毅莊重，不苟言笑。六歲出就外傅，四子五經書過目成誦，日記數千言。丙戌，十歲，遭先王母之變，哀毀過常人。辛卯，從三先伯讀書石門僧舍，專攻制舉業，旁及詞賦駢儷之學。癸巳，娶先妣姚太君。甲午，應童子試，學使者山左藍公潤深加賞識，拔置府庠第四，補博士弟子員。丁酉科試食餼，自是試輒高等。而稟氣素弱，患疾歷三載不愈，凡飲食藥餌之屬，皆先妣手自調制，衣裳簪珥典鬻殆盡，至庚子歲始痊。一切家事，皆付先妣經理之，獨肆其力于學。與三先伯讀書家園中，相對手一卷不釋。每當霜寒星落之時，一燈熒然，伊吾之聲，達于巷外。自六經、《左》《國》，以及《莊》、騷、子、史，兩漢、唐、宋之文，靡不搜討。淹貫為文，根極理要，純粹精深，與里中名雋建「瑟玉堂」文會，復與齊公邦直、許公來會、潘公江暨三先伯為五子詩藝，至今膾炙人口，習葩經者奉為津梁焉。癸卯，舉鄉試第十二名，受知于同考即墨黃公貞麟、主考大興王公勱、茌平王公日高。甲辰，公車不第，歸益專攻制策。丁未，捷南宮第六十一名，受知于同考臨汾蔣公道、主考三原王公祚、真定梁公清標、益都馮公溥、宛平劉公芳躅，殿試二甲第四名。時讀卷為高陽李文勤公，激賞不置，有國士之目。選內文院庶吉士，習清書，教習為帥公顏保、范公承謨。是冬，恭遇恩詔加一級，敕封先王父如其官，贈先王母孺人。十一月，先王父卒于家。府君聞訃，哀號擗踊，幾不欲生，奔喪歸里。家故寒薄，至是生計益貧，至不能給朝夕，而府君悉安之。

庚戌，服闋入都，補原官。教習為折公庫納、張公鳳儀、傅公達禮、熊公賜履。府君時習清書，盡心研究，每遇館試，輒褎然居首。壬子秋散館，欽定第二，授翰林院編修。癸丑，分校南宮，取岳君葱等十二人，皆一時名宿。三月，京察一等稱職。詔試詞臣于翰林院，試〈河源考〉〈南苑賦〉各一篇、〈大閱恭紀詩〉二十韻，府君名列第三。是年春，上御講筵，諭掌院學士傅公、熊公，選文學之臣醇謹通達者，入侍左右，講論經史。二公以名進者四人，為今大學士李公光地，及蔡公啟僔、耿公願魯，而府君名在第一，遂有每日進講之命。上每幸南苑，府君必珥筆以從。五月，充《孝經衍義》纂修官。七月，充日講起居注官。嘗扈從南苑，夜值風雨，上在行宮諭曰：「翰林官油幕未具，得無有沾濕之苦？」時漏下三鼓，命中使至學士傅公達禮帳中傳諭，移于五店皇莊安宿。傅公回奏曰：「臣已為料理，何敢煩聖慮？」時府君已就枕，翌日傅公傳上諭，因賦記恩詩以進。十月，上于講筵諭學士曰：「翰林官清貧。巡行扈從，所以備顧問、資講論也。無令艱于資裝。嗣后，帳幕飲食，馬匹器具，皆給于內府，著為令，以示優眷。」是冬，賜貂皮朝衣一襲、貂裘一襲、白金五十兩。自是，圖書翰墨、豐貂紫綺之賜，歲數至焉。

乙卯十二月，恩詔加一級。丙辰，陞左春坊左諭德，兼翰林院修撰。奉命同昆山葉文敏公為《孝經衍義》總裁官。丁巳，擢翰林院侍講學士，賜御書「清慎格物，忠孝存誠」扁額。十一月，特旨以侍講學士支正四品俸，入直南書房，賜第于西安門內、瀛臺之西。詞臣賜居內城者，自府君始。自是以後，日直南書房，戴星出入，飲饌給于大官，筆墨側理之屬，皆取于尚方，珍果膳饈之撤自御筵者，無時無之。每日上御乾清門聽政後，則召至懋勤殿，辰巳前講經書，午後論史。皇上以天縱神聖，虛懷向學，披覽典籍，殫究義理，日有課程，不自暇逸。當是時，滇黔寇賊未平，皇上方宵旰殷憂，而將帥之四征者，咸待廟謨指示，九重之措兵籌餉，殆無虛晷，猶日御講筵，與儒臣討論古昔。府君仰聖德之淵深，慶遭逢之不偶，備揭其底蘊，以敷陳于黼座之前。而皇上仁覆海內，念切民依，講誦之餘，恆諮及窮檐疾苦。府君仰承德意，凡民生之利弊，年穀之豐歉，知無不言，皆蒙嘉納，詳載《南書房記注》中。故〈秋日詠懷〉詩云：「幸遇細旃清暇日，時將水旱達巖廊。」可以見當時對揚之大略矣。十二月二十三日，賜《書經大全》《四書集注》《文獻通考》，皆內府藏板，冊首各識御璽用給寶藏閱。四日，又賜猞猁猻裘一襲，狐裘一襲，羔裘一襲。嗣後，每除夕、元旦、上元，皆侍宴養心殿。戊午閏三月，特頒手敕，賜五臺山新貢天花，又賜御用衣帽韡襪及羅紵表裡。四月初八日，奉旨許于禁中乘馬。十八日，賜御筆臨蘇軾書一卷、草書唐詩二幅。五月侍從景山，上賦〈登景山〉詩以賜。復扈從至西山，遍遊諸名勝。上恐府君未習馳驅，命內侍同行，并給內廄良馬。幸龍湫亭，御書「激湍」二大字，命府君書「聽泉」二字，加獎賞焉。

己未，轉翰林院侍讀學士。二月，先兄廷瓚成進士，欽選翰林院庶吉士。時府君在直廬，未知之也。上駐蹕，命中使傳語之。六月，命供奉周君道寫府君像。上親為指示，改易再三，務令宛肖，裝潢成軸，以賜府君。〈紀恩〉詩云：「三豪頰上頻添取，都在天顏指顧時。」真異數也。是年冬，賜御用貂裘一襲。

庚申二月，進講《書經》畢，上諭曰：「爾歷年進講，書理明暢，克有裨益。」府君奏曰：「《書經》意蘊宏深，臣僅粗解章句。歷年侍從講席，伏睹我皇上講論經貫，探討深微，迥非恆見所及。臣竊思《書經》所載，其文則典謨、訓誥，堯、舜、禹、湯、文、武之所以為君，皋、夔、稷、益、伊尹、傅說、周公、召公之所以為臣，皆備于此。皇上萬幾之暇，講貫是書，治統道統之要，兼備無遺，實萬世無疆之慶也。」進呈《書經衷論》四卷。三月，進講《易經》，進呈《易經參解》六卷。四月，上諭吏部：「侍讀學士張英，供奉內廷，日侍左右，恪恭匪懈，勤慎可嘉，爾部從優議敘具奏。」五月，特擢翰林院學士兼禮部侍郎。八月，賜內廏鞍馬。嗣後，每除夕、元旦、上元，俱侍宴乾清宮。

辛酉三月，臨幸遵化湯泉，出喜峰口，府君皆扈從。七月二十一日，宴群臣于瀛臺，命府君與內大臣主席。是年，充《易經講義》總裁官。壬戌，上元節，上以滇黔蕩平，四海寧謐，特召公卿詞臣侍宴內殿，賦〈昇平嘉宴詩〉，效柏梁體。御音首唱，群臣賡和。府君獻「身依雲漢賡天章」之句。自癸丑以來，出則扈法駕，入則侍經帷，夙夜在公，寒暑罔間，于茲十年矣。幸值海宇清宴，乃人臣可以言情之時，因具疏請假回籍，為先王父營葬事。二十八日奉旨：「張英自簡侍講幄以來，朝夕勤勞，敬慎素著。覽奏伊父未葬，情詞懇切，准給假前往安葬。事竣，速回供職。」二月十四日，復于內廷特頒手敕曰：「諭張英：爾素性醇樸，侍從有年，朝夕講筵，恪恭盡職。茲因爾父未葬，具疏請假，朕念人子至情，忠孝皆出一理，准假南還。特賜白金五百兩、表裡二十匹，既旌爾之勤勞，兼資墓田之用。爾其欽悉朕惓惓至意。特諭。」是月，車駕幸盛京，府君于郭外拜送，上面諭曰：「期爾途次平安。」遂以三月登舟南歸，七月抵里。五月十四日，蒙賜宮紗二端，命勵公杜訥賫付先兄廷瓚，寄回江南。府君抵家之日，即聞恩命，益感聖天子衣被之仁，不以遠邇間也。九月，賜〈昇平嘉宴詩〉石刻。

癸亥四月，特恩諭祭先王父于家。先王父捐館時，府君方為庶常，至是特頒諭祭，褒綸焜耀，光賁重泉。其文有曰：「爾子內廷供事，講幄論思，敬慎勤勞，用稱厥職，良由父教，宜賁綸章。」府君感激涕零，頌錫類之宏慈，驚非常之曠典。一時聞者，以為聖朝禮下之恩，與人子顯親之孝，至是而無以復加云。十二月，葬先王父于倉基墩。事竣，擬束裝還朝，而體中疾作。蓋以經營丘壟之故，蒙犯霜露，跋涉山澤者逾年，哀感勞瘁，舊恙復萌，因具疏展假。甲子冬，恭遇聖駕南巡，府君趨迎于秦淮，蒙天語慰問，并賜御書，屢召至內閣，與政府商榷公事。是冬，復賜羊酒鹿雉鮮魚鹿尾諸食物，如昔年在南書房例，付先兄廷瓚祗領。乙丑春，特召先兄廷瓚至御前，面詢府君近狀并起程日期。先兄廷瓚對以病體漸愈，秋間可以起程。府君遂于七月入都，補原官，充日講起居注官如故。

丙寅三月，陞翰林院掌院學士，兼禮部侍郎，教習乙丑科庶吉士，充《政治典訓》總裁官。七月，賜宴于西苑秋雲亭，并賜珐瑯爐瓶、匙箸香瓶各一具。十二月，陞兵部右侍郎。丁卯三月，刑部漢堂官俱缺員，上命府君署理，諭政府曰：「張英謹厚慈祥，朕所深知，必無濫枉殺人之事。」府君受事後，一以欽慎平恕為主，晝供奉內廷，張燈後退直，即秉燭閱招冊，至夜半不少休，諸所平反，悉當聖意，署事五十日，全活者百餘人。蓋府君自與會議之班，其于每年秋審，持議務期明允，不獨署刑部時為然也。六月，調禮部右侍郎，兼翰林院學士，奉旨充經筵講官。九月，轉吏部左侍郎，兼翰林院學士，兼管詹事府詹事。承命侍從東宮，朝夕進講經書。是冬，進呈《孝經衍義》一百卷。戊辰，奉旨充文武殿試讀卷官。己巳，扈從南巡，至山東巡撫署，觀珍珠泉。上書「作霖」二大字，因令從官分書。府君恭寫「澄懷」一字。上回顧諸王子曰：「看他用筆。」至今勒石泉亭。遂隨至江浙間，時被恩賜。十二月，陞工部尚書，兼管詹事府詹事事。

庚午六月，奉旨兼管翰林院掌院學士事，充《大清一統志》《禮記日講解義》總裁官。七月，調禮部尚書，仍兼管翰林院、詹事府事。容臺宮尹詞曹為國家禮樂文章之府，府君以一人綰三綬，入宏弼亮之謨，出典寅清之任，潤色鴻業，黼藻昇平，一時典禮儀制，皆由斟酌裁定，而廟堂制誥之詞，播于遐陬、勒諸琬琰者，胥出府君之手。北海云，階莫重于尚書，選莫榮于學士，府君以一身兼之，論者以為寵眷之極致焉。府君益感聖主委寄之重，力圖報稱。端尹職任甚鉅，府君趨承鶴禁，所以講說經義，開陳善道者，一本之以恪慎真誠。小心黽勉，十餘年如一日。院長為玉堂領袖，府君培護善類，獎掖惟恐不至。上加意甄拔，時勤諮訪。府君凡所引舉，皆恬退闇修，讀書自好，不汲汲于仕進者。遭滕陳言，惟知以人事君之義，而退一不以聞于人，即受薦者終身不知也。上嘗諭曰：「張英每有薦舉，從不令人知。」煌煌天語，可謂知府君之深矣。其在秩宗也，凡郊祀禋宗之典，朝會宴享之儀，恪恭將事，罔敢弗虔。造士興賢，主持風化，固府君素志。而各省學使者出都時，尤以鑒拔真才、表揚節孝、培士氣、正文體為拳拳。屢年磨勘鄉試卷，悉心披閱，繫以確評，間有指摘瑕疵，務期精核允當，不徇不苛。司中或有刻求者，府君語之曰：「士子寒窗辛苦，幸博一第，風檐存晷之間，豈能免于微纇小失？但當合觀三場，果平順條暢，便不必于一字一句間拘于繩墨；至于主司考成，當論其聲名之賢否，亦不可執試卷一二語之純疵以為優劣，負朝廷愛惜人才之意。」中外皆謂得大體焉。辛未、甲戌兩科庶吉士，皆奉命教習。兩科文、武殿試讀卷，府君皆與焉。

甲戌夏，御試諸詞臣，每日命府君引見四人于乾清宮。閏五月初五日，賜御書「篤素堂」扁額，及臨米芾書一卷。是年，充《淵鑑類函》總裁官。乙亥六月二十五日，賜宴于暢春園，泛舟觀荷，復賜御筆書扇，并池蓮珍果。同被召者十人，府君與先兄廷瓚皆與，尤千載罕遇也。丙子，賜《淵鑑齋法帖》二部，《古文淵鑑》二部。丁丑，奉命為會試總裁，取汪君士鋐等一百五十九名，多知名士，撤棘后，眾論翕然。三月，充《明史》總裁官。是年，蕩平噶爾丹，奉旨編次《北征方略》，日直暢春園韻松軒，辰入酉出為常。七月，具疏引病求退，蒙溫語慰留。己卯十一月，奉旨授文華殿大學士，兼禮部尚書，仍命兼經筵講官，奉敕充《三朝國史》監修官。庚辰，奉命代祭文廟。是年，不孝廷玉成進士，欽選翰林院庶吉士。時先兄廷瓚官少詹事，父子兄弟同受特達之知，并與清華之選。府君益感激悚惶，不知所報。

辛巳七月，辦事內閣，忽抱恙，言語舛錯，應對不真，作字多遺忘，醫家以為心血虛耗所致，後服藥調治，漸次痊可。八月，奉命代祭文廟。九月，駕自口外回，聞府君病，召至乾清宮，面問府君。具陳年來衰憊之狀，綸扉重地，深以曠瘝為懼，懇恩賜歸田里，以全始終。蒙上慰勞者久之。十月，具疏乞休，奉旨：「卿才品優長，效力已久。及任機務，恪慎益勵，文辭充練，倚眷方殷。覽奏以衰病乞休，情詞懇切，著以原官致仕。」命下之日，府君隨詣暢春園謝恩，兼以內城住宅請旨。上諭曰：「此屋原係賜汝者，今汝雖去，尚有兩子在京，即令其居住。朕見伊等，與見汝同。」又問何時起身，府君對以次月下旬。上曰：「此時天氣正寒，爾身多病，難于遠涉，當于開春就道。」睿慮周詳，天語溫藹，府君益感激聖慈，泣數行下。是冬進呈《淵鑑類函》四百五十卷。

壬午正月初十日，特恩賜宴于暢春園，諭曰：「爾效力年久，今致政歸，以此相勞。」十八日，府君復旨，暢春園奏聞南歸之期，奉旨諭兵部：「張英在內供奉，效力年久，茲乞休回籍，著給予驛遞夫馬，聽其足用，不必拘定數。」復命不孝廷玉扶持回籍。東宮親製〈篤素堂記〉，并書歐陽修〈晝錦堂記〉以賜。諸皇子皆賦詩贈縞為別。于二月初六日出都，鄰舍居人遮道攀轅，舉觴相祝。公卿祖道者，冠蓋相接。海寧查公昇彙輯《輦下贈行詩》為十卷。三月初三日抵里門。親串友朋暨闔邑耆庶，郊迎數十里，黃童白叟環聚而觀者數千人，皆藉藉嘆息，以為有二疏遺風焉。五月，不孝廷玉入都，府君諭曰：「予以衰病，蒙恩賜歸，從此杜門養痾，偕畊田鑿井之民，優游于堯天舜日之下。惟期汝兄弟恪恭勤慎，竭蹶盡瘁，以報高厚于萬一。汝其識之，并以語汝兄。」是秋，先兄廷瓚在京抱恙。府君每有手諭，必誠以安心調攝，勉副聖恩。十月，先兄竟不起。府君既痛惜其亡，而尤以受恩最深、涓埃未報為憾。

癸未正月，恭遇聖駕南巡，閱視河工。府君迎至宿遷，蒙溫諭垂問，賜御筆「雙溪秋水軒種花處」扁額，并對聯長卷大幅。諭曰：「爾侍從多年，可謂醇謹老成之善人。」隨扈從至京師恭祝萬壽。拜辭旋里之日，上召入，面語良久。因見府君顏色清癯，知以先兄故憂鬱未釋，諭曰：「家庭之間，豈能事事如意！當曠懷達觀，以娛晚景。」是日，賜御用袍帽鞾襪。閱二日，又賜人參三觔。

甲申夏，不孝廷玉蒙恩入值南書房。十二月，充日講起居注官。府君兩具奏摺謝恩。復手諭不孝曰：「予侍從內廷三十餘年，無事不仰荷聖明教誨指示，得以不致隕越。今汝復承恩命，直廬講筵，地皆親切，益宜小心謹慎，以報主知。」是冬，賜御製詩集一函、御書對聯二副、松花石硯一方，付不孝廷玉遣人齎回。對聯曰：「白鳥忘機，看天外雲舒雲捲；青山不老，任庭前花落花開」；「遠處塵埃少，閑中日月長」。府君祗領之下，拜手稽首曰：「聖主垂念衰頹，遠頒宸翰，青山不老，日月方長，頌天語之春溫，感聖懷之期望，從此草木餘年，逍遙林壑，莫非九霄雨露之所長養也。」

乙酉二月，詣清江浦，渡黃河迎駕。上慰諭曰：「汝老年，只宜到江寧，何必渡河遠來？」遂命登御舟，問家居近況，及地方風景。時御製〈皇船說〉懸寶座後，上命府君觀之。恐遙見未真，上起側坐，令就屏間細讀見未真處。上親為指示。府君奏對時，或跪或立，上曰：「汝年老，已謝事，一切禮節，可以脫略，不必拘常儀。」府君謝不敢。隨以御製詩一冊，命皇太子同登別舟細看。嗣後，凡駐蹕處，俱入直房，賜御饌。時不孝廷玉亦叨扈從，上面諭曰：「汝父年老，可隨侍左右，出入必扶掖之。」三月，至蘇州，特恩賜白金千兩，御筆書「謙益堂」「葆靜」扁額，及詩扇、對聯長幅，計數十種。翌日，又賜內製玻璃器具十餘件。閏四月初五日，駐蹕揚州，賜人參二觔、御用袍帽五件。蒙恩諭曰：「汝歷朝三十餘年，日侍左右，從無過失。今聞居鄉亦極簡靜，可謂善到極地。所賜人參、果餌，可留為頤老之需。倭口外有鮮果，再從江南織造處頒賜汝。子力薄，恐不能遠致也。」次日，送駕揚州城外，不孝廷玉隨府君跪岸側，上啟船窗，親諭曰：「爾回去，善自調攝。」又諭不孝廷玉曰：「可善送汝父登輿。」是冬，賜口外榛子、松子各一囊。

丙戌嘉平月，府君晉七袠觴，東宮賦詩以賜。丁亥正月，聖駕南巡，閱視溜淮套。不孝廷玉復叨扈從，恩允先期至家省覲。二月十九日，隨府君迎駕于御示閘。是日，駐蹕清口，召府君及不孝廷玉登御舟，問府君及先妣年齒若干，有子幾人，桐城距此路幾何，睿顏溫語，宛如家人父子。三月，駕至揚州，府君入內直，蒙賜松花石硯一方、玻璃水盛一具。硯有銘曰：「靜壽之則，堅潤之德，閱几研磨，惟一貞實。」上諭曰：「研銘係朕自製，特以賜爾，細玩當悉朕意。」蓋以況府君之為人也。府君遜謝不敢當。而在廷諸公，莫不交口稱羡，以為知臣莫如君云。又賜御筆「世恩堂」扁額，并對聯一副，各種內刻書籍、人參二觔、羊四隻、乳餅果餌十數種。四月二十九日，乘漁艇送駕于揚州瓦窰廠，蒙天語慰勞，復遣梁內侍九功送回本舟。是時，不孝廷玉即于舟中拜別，洒淚牽衣，不忍遽去。府君急遣之。豈知河干拜辭之日，即為此生永訣之時！嗚呼，痛哉！

自是以后，凡遇里人入都，問兩大人起居，皆云健飯如昔。府君同先妣手諭至京，亦必云：「近日身體粗安，毋以為念。汝能殫心供職，盡瘁勿懈，正所以養志也。」

今夏，不孝廷玉扈從出口避暑，至熱河，抱病甚篤。七月，接先妣訃音。蒙聖恩垂念，體恤深至，特命李內侍玉至私寓傳諭曰：「汝到家，問汝父親好。年逾七旬，善自調養，不可過于傷感。聞汝有弟三人，可以在家侍奉。汝于一年後，仍來京師，在內行走。」照勵廷儀例不算俸，不與朝會，不孝廷玉聞命之下，涕泗交頤，莫知所措。月杪徒跣回都，將戴星南奔，適弱疾侵尋，支體尫羸，動履輒虞顛仆，而府君手諭復至，曰：「痛汝母溘逝，予以失賢內助，傷悼無已。六月以來，身有小恙，七月間服藥調攝，近已獲痊。聞汝患病，必須調理痊癒，方可就道，不必匆遽言歸。」又手撰先妣行實，寄至都門，委曲纖密，述舊事如在目前，絕不似病中筆墨，私心為之稍寬。

八月杪，不孝在都受吊粗畢，于九月初三日力疾戒程。途次遇南來人，輒問府君近況，皆云體已平復，眠食如常；得二侄若霈鄉薦信，益謂府君可藉以加餐飯。豈料九月中旬，府君肢體浮腫，兼患脾泄。十六日午後，沉臥不醒，十七日清晨，元氣益覺耗散。府君自知不能起，感念聖恩睿澤末由仰報，伏枕涕泣，口授遺疏遺摺，令不孝廷璐繕寫，并命不孝廷玉暨諸子孫念高厚之國恩，殫竭駑駘之微力，以繼生平未盡之忱悃。至未刻，端坐瞑目而逝。嗚呼，痛哉！不孝廷玉曉夜奔馳，于二十四日抵里，相距僅八日，竟抱終天之恨。是府君無刻不以不孝為念，既恐不孝之死，且憂不孝之疾，所以憐恤安慰之者，無所不至。而不孝荒迷痛苦中，竟不知府君之疾，且不料府君之疾遂至于此也。百日之中，疊遭大故，摧心裂肝，殞身莫贖。嗚呼，痛哉！

府君居官四十餘年，朴誠敬慎，表裡無間，忠于公家，無毫髮私，以故受知聖主，推心置腹，朝夕侍左右，凡國家機密重政，皆蒙清問下及。府君盡志竭誠，虔共匪懈，一心惟知有社稷，不知有身。退直之時，不語于同列，不告于家人。素性耿介廉靜，內剛外和。每廷議時，侃侃正論，無所瞻顧。自趨承禁近，歷卿班，登政府，位望崇顯，而門無私謁。間有以私干瀆者，正色拒之，而不言其人。生平不沽譽，不市恩，無矯異之行，無表襮之迹，惟勉其職之所當盡，而行其心之所安。上嘗語執政曰：「張英有古大臣風。」聖天子哲于知人，無微不照，自非府君忠藎純誠，端方直亮，安能上膺帝眷，默契天心，忠信交孚，明良一德，初終進退，恩禮兼隆如此哉？處事無一苟且，而于掄才尤慎當。癸丑會試也，府君資在前列，或有問津者，嚴詞屏絕。與先妣相語曰：「貧士家，有人贈三金五金，則僮僕欣相告，薪米充然盈庖廩，下至嬰兒孺子，皆有喜色。今入闈而忽有千金之獲，後將何面目對家人孺子？」入闈後，家中經旬乏食，搜得麵數斗，遂舉家食麵湯將一月。不孝廷玉妻父姚端恪公聞之，為咨嗟嘆服不置。後遇內廷考教習，每歲承命與靜海勵公杜訥司其事。府君與勵公信誓旦旦，聞者皆為悚惕。誡先兄廷瓚及不孝廷玉曰：「詞臣無多任事，所恃以酬主恩、育人才者，惟在試事耳。汝等當勉之慎之，以毋忝家聲。」不孝等拜而謹佩之。

至性純孝，幼失先王母，事先王父柔色下氣，先意承志。寒家自大參公以來，代有聞人。己卯，先伯祖鍾陽公殉難山左，既而先叔祖大司馬坤庵公、孝廉蔚庵公相繼即世，家道中微。先王父意忽忽不樂。府君遂發憤攻苦，冀博一第，為老父親歡。後歷清班，登顯要，先王父已不及見。風木之悲，無時少釋。每于焚黃告廟之際，愈益凄愴。立家廟三楹于廳事之東，遇伏臘祠祭，必竭誠致慎，愾慕盡哀。春若秋，則躬至祖墓展拜，瞻視松楸，周覽兆域，雖風雨霜雪弗避。建亭堂，豎碑碣，置墓田，凡祖塋之當修舉者，靡不殫心竭力，為宗族先。甲辰冬，先王父重修家譜，府君實左右之。歷四十餘年，生齒益繁。昨丙戌歲，復加纂輯，撰家傳，編世紀，焚膏繼晷，至今歲八月始成事。伯叔以恭謹處，兄弟以友敬長。先伯早逝，遺孤長兄思耀家計中落，府君撫愛之甚周；諸伯叔中年或游宦，或隱居，天各一方，不能共姜被，對床風雨之思，時時形諸篇什。姑母三人，長適子桓方公谷，次適式昭吳公德音，三適淵如吳公徽。府君手足之愛至篤，視諸甥猶子。族黨姻戚中有婚嫁喪葬之禮，必勉力助所不足。雖室中無餘資，而歲時饋遺不少缺。置公田百餘畝，歲收穀三百餘石，以贍族人之貧乏者。待諸弟侄，恩誼肫摯。暇時招集，談笑甚歡，然語及植品制行，必正色直言相規勉。曩時，七先叔歷任畿輔，及今八叔父為西延郡丞，雪岑叔父為嘉州牧，梓一叔父為鄭州判，承先弟為膠萊運判，有孚弟為南川令，每有家郵往來，必勉以慈惠廉潔，毋忘累世清白之訓。凡子弟之醇謹向學與穎慧秀發者，必教誨之，輔翼之，惓惓加惠，玉之于成。

遇朋友以信，待桑梓以恩，見人之急，心戚然不安，必思有以解之。自少時同筆硯，以及立朝以來所稱投契者，皆一代端人正士。斷金之約，久而益堅。遇故人子，皆繾綣存恤無已時。而淵源之誼，彌加篤厚。齊公古愚，府君業師也，事之盡禮，歿後為營兆宅。太師母晚年鄉居，每歲時必致饋問。即墨黃公，府君鄉試房師也，官農部，為同事所累，幾被禍。

府君殫力區劃，始得脫然以歸。黃公長君大中，以孝廉令武康，甫半載而歿，因公那用倉穀，不能償，告急于府君，時府君已請告家居，百計措辦以應之。

自通籍以後，不以纖私干有司，遇郡邑大利弊，則不憚委曲言之。向者，邑中有魚課採買一項，例以漁戶當之，奉行已久。忽有思變成法者，請于當事，欲歸之丁地項下。紛更加派，民將重受其困。府君為力懇于中丞楊公，得終止。邑中錢糧舊有區頭里長之害，姚端恪公既力除之，而排年糧長猶存。庚申年，府君屢致書中丞徐公，始行永革，勒碑縣署前。嗣後，凡遇臺司莅任，府君必舉此中利弊相告，故數十年來，遵守良規，不致復蹈前轍，里人便之。中丞劉公撫皖，加惠斯民，恐征收錢糧，胥役不無苛索，欲行滾單木皂之法。府君念桐邑自革糧里長以來，花戶各自輸納，上不至誤公賦，下不至累閭閻，上下相安，公私無擾，是滾單之設，便于他邑，而于桐則不若仍舊為宜，為之請于中丞公，得循舊例。里人頌中丞之德，而并稱府君之功于不衰。桐邑四境多山，田廬墳墓相望，素非產礦之地。數年前，忽有他郡宵小，妄希重利，創為開礦之說。里中一二無藉者，爭先附和，彼此煽惑，人情震恐不安。府君為致書中丞劉公，力言其害，且言大江南北，并非產礦之地，向來從無開采之事。劉公亦深悉其病民，委曲維持，而此事得寢。尋蒙聖洞察，特將綸音，永行禁止。府君聞之，舉手加額，為宇內蒼生幸，不僅為皖江黎庶慶安堵也。江南省試號舍，向來僅數千間。國家教化漸摩，人才日盛，每科應試者，多至一萬三四千人。磚號不足，則以竹輿席棚補之，風雨驟至，沾濕泥濘，士子往往束手彷徨，至有不能終卷者。府君屢言于上下江中丞，每年增設磚號，近已多至一萬有奇，士子至今感頌。至于宜興宜革之事，凡可以為吾邑利者，無不籌劃精詳，謀及久遠，不為旦夕苟且之計，而且消弭于未事之前，轉移于將行之際，不動聲色，而利益無窮。故丙戌嘉平月，里人立頌德祝壽之碑于郭外，其文有曰：「恩周桑梓，宏胞與以無私；念切枌榆，運神明而獨至。」足見輿論之公云。

生平恬靜淡泊，不與人競進退。以早年攻苦抱羸疾，中年又有失血之症，恐以衰耄誤官守，故乙丑再入都門後，每歲于內廷具摺乞休，雖未即蒙恩允，而知止思歸之意，時時見之詩歌中。居常訓不孝等，惟以讀書、立品、安分、守拙，戒詐偽，絕奔競，故書室對聯曰：「萬類相感，以誠造物，最忌者巧。」又曰：「境無甘苦，樂現在者為福人」；「無愚智，斷妄想者為難此。」府君一生之學，而聖賢所謂素位而行，不欺其志者，俱統括于此數言矣。嫉惡若仇，而口不言人過，和平坦易，對之者如坐春風、飲醇醪，久而自化。鄰居坊曲，悉接以禮，故所至皆銜恩感之。御臧獲下隸，嚴而不苛。居家極儉約，每以惜物力留有餘為訓，故于華靡聲色珍玩之類，絕無所嗜，惟耽山水花木。壬戌，乞假歸，以上賜之金，構山園于西龍眠，名曰「賜金」，以銘聖眷。壬午，復營雙溪草堂，去賜金園里許。望衡對宇，竹木交映。時往來其間，雲嵐煙靄之中，脫帽扶笻，超然物外。風日晴和，則乘小艇，循山溪之曲，載筆床，理釣具，一切人世榮利得失之事，無所繫懷。入城，則憩息于宅前之五畝園，招二三老友，觴詠為歡，談農圃樹藝山林清淨之樂；客去，則焚香鼓琴，或課小僮灌花蓺蘭飼魚調鶴以自適。平生手不釋卷，無所不讀，自入侍內直，益精研博討，搜覽無遺。應制詩文，無不俄頃立就，每奏一篇，必蒙嘉賞。著作已成者，有《易經參解》六卷、《易經衷論》二卷、《書經衷論》四卷、《篤素堂文集》十六卷、《講筵應制集》二卷、《內廷應制集》三卷、《存誠堂詩集》二十五卷、《篤素堂詩集》六卷。其未剞劂者，有《南書房記注》《學圃齋詩話》《篤素堂詩文後集》若干卷藏于家。尤工書法，行楷皆冠絕一時。上集歷代名人書為《懋勤殿法帖》，特命府君書〈豳風〉及陶詩，入本朝集中。宇內士大夫得片楮寸縑，無不奉為拱璧焉。

府君生于明崇禎丁丑十二月十六日亥時，卒于康熙四十七年戊子九月十七日未時。享年七十有二。康熙癸卯舉人，丁未進士，由內弘文院庶吉士，歷官光祿大夫、經筵講官、文華殿大學士兼禮部尚書加二級，蒙恩予告。原配先妣姚太君，前丁未進士湖廣湘潭令渥源公諱之騏孫女，明經龍泉學博贈文林郎珠樹公諱孫森女，累誥封一品夫人。庶母劉氏。子六人：廷瓚、廷玉、廷璐、廷瑑、廷瑑、廷璀。女四人。孫八人：若霖、若霈、若潭、若震、若需、若澄、若霍、若靄。孫女九人。曾孫一人。曾啟曾孫女三人。不孝廷玉等草土餘生，荒迷檮昧，追維詮述，語無倫次，伏冀大人先生俯賜采摘，錫之誄銘，以光泉壤。不孝廷玉等世世子孫，感且不朽。

（張廷玉《澄懷園文存》卷十五，清乾隆年間刻本）

貳、張文端公墓表代李厚菴相國作

康熙五十四年秋，余請假歸葬。行有日，學士張君廷玉持其先人相國文端公行狀請碣。余成進士、入館閣後公三年，而比肩趨朝凡數十年，雖不文，曷敢以辭？蓋自癸丑、甲辰，逆藩播亂，三方征討，凡出師、運餉、制謀決勝，無一不斷自聖心，而上于是時，益孜孜于經史之學。公首入直南書房。自昔經筵有常期，而上日御乾清門聽政後，即適懋勤殿，召公入講，辰而進，終酉而退，率以為常，因賜第瀛臺之西。詞臣賜居內城，自公始。公小心慎密，久之，上益器重，每幸南苑，及巡行四方，未嘗不以公從。

公自翰林歷卿貳，踐政府，雖任他職，未嘗一日去上左右。既為禮部尚書，仍掌翰林院及詹事府詹事。蓋二職，上所甚重，難其人，以為非公莫屬也。公莅官隨地自盡，不務表襮，有所薦舉，終不使其人知，以是所居無赫赫之名。及觀南書房記注，然後知公在講筵。凡生民利病、四方水寒，知無不言。上嘗語執政：「某有古大臣風。」然則公之立身，與所以自結于上者，可想見矣。

公為人忠實無畛域，自同官及後進之士，皆傾心相向。其家居，族黨鄉鄰，下逮僕隸，常得其和，雖奸僉小人，無所寄怨惡。用此知與不知，皆號為長者。然性實介特，義所不可，雖威重不能奪。與物無忤，而黑白較然。此則余之所獨知于公者也。

公立朝數十年，上委心始終無間，恪居官次，無頃刻懈惰。而自壯盛即有田園之思，見于詩歌，往往流連不已。上亦曲鑒焉。年六十有三即致歸，嘯詠于林泉者凡七年。內外完好，身名泰然，自公而外，蓋未之多見也。

公桐城人，諱英，字夢敦。其歿也，距今八年矣。世系、歷官、學行之詳，具載前諸公誌銘及神道碑，故不復云。

（方苞《望溪先生集外文補遺》卷一，清咸豐元年刻本）

參、張文端公事略

公諱英，字敦復，號樂圃，安徽江南桐城人。父秉彝，字孩之，明季諸生。為文一本經術，以兄秉文官山東左布政，二親年老，遂絕意仕進。家居侍養，能為孺子歡。秉文殉難山東，泣走數千里，攜孤扶櫬歸。及親喪，廬于墓上，墓樹交花，人以為孝感云。

公以康熙六年進士，入館選。丁父憂歸。十二年，以編修充日講起居注官，累遷侍讀學士。

十六年九月，上以公及掌院學士陳公廷敬每日進講，甚有裨益，天漸寒，特賜貂皮各五十張、表裡緞各二十匹。十月，諭閣臣曰：「朕不時觀書習字，欲得文學之臣，朝夕置左右，講究文義，給內廬居之，不令與外事。」遂設南書房，命公入值，賜地西安門內。詞臣賜居內城，自公始。當是時，逆藩播亂，三方征討，凡出師、運餉、發謀制勝，無一不斷自聖心，而上益孜孜于經史之學。公首供奉南書房。故事經筵有常期，而上日御乾清門聽政後，即適懋勤殿，召公入講，辰而進，終酉而退。暫退輒復宣召，或當食吐哺趨宮門，漏下十許刻迺歸。公小心慎密，久之，上益器重，每幸南苑，及巡行四方，未嘗不以公從。公立朝數十年，未嘗一日去上左右。一時典誥之文，多出其手。

十九年，晉翰林院學士，兼禮部侍郎銜。明年，以葬父乞假，優詔許之，特賜白金五百兩、表緞二十匹，資墓田之用。特予公父秉彝卹典，如公階。二十五年，教習庶吉士，遷兵部右侍郎。明年，調禮部，充經筵講官。二十七年，給事中陳世安劾公，遇孝莊章皇后大喪，一切典禮不詳慎參稽，不與滿堂官面商疏稿，部議鐫五級調用，特旨留任。明年，擢工部尚書。又明年，調禮部。公自躋卿貳，至典秩宗，皆兼掌院學士，并管詹事府。蓋二職，上所甚重，難其人，以為非公莫屬也。尋以編修楊瑄撰擬諭祭都統佟國綱文引用悖謬，公坐不詳審更正，議降調。得旨，罷禮部尚書，仍管翰林院、詹事府。三十年，教習庶吉士。明年，復禮部尚書，兼管翰、詹如故。先後充《國史方略》《一統志》《淵鑑類函》《政治典訓》總裁官。三十六年，與熊尚書賜履同為會試正考官。尋乞休，溫旨慰留。疏辭兼管翰、詹，允之。三十八年，拜文華殿大學士，兼禮部尚書。

公少清貧。癸丑，分校禮闈，家人猶經旬乏食。姚夫人蒐得麵數斗，遂舉家食麵湯，將一月。其莅官隨地自盡，不務表襮，不列密事，不訐人過失，汲引人才如不及，然有所薦舉，終不使其人知，以是所居無赫赫名。及觀南書房記注，然後知公在講筵，凡生民利病、四方水寒，知無不言。造膝前席，多社稷大事。聖祖嘗語執政：「張英老成敬慎，終始不渝，有古大臣風。」然則公之立身，與所以自結于上者，居可知矣。

公為人，忠實無畦畛，外和內剛，一私不染。自同官及後進之士，皆傾心相向。公退，惟手一編，蒔花鼓琴自娛。雜賓不敢至。其家居，族黨鄉鄰，下逮臧獲，常得其和，雖奸僉小人，無所寄怨惡。用此知與不知，皆號為鉅德長者。然性實介特，義所不可，雖威重不能奪。與物無忤，而黑白較然。自壯盛即有田園之思，作〈芙蓉雙溪圖記〉，屢見諸詩歌，往往流連不已。上亦曲鑒焉。

四十年冬，請告優詔許致仕。瀕行，賜宴暢春園。諭部令沿途馳驛，毋限常額。公致政後，嘯詠于林泉者凡七年。自言生平無他嗜好，惟酷好看山及種樹。著《恆產瑣言》、《聰訓齋語》，諄諄以務本力田、隨分知足為誡。先是，御書「篤素堂」額賜公，公名所著曰《篤素堂文集》。又著《易書衷論》二十卷。

四十四年，聖祖南巡，迎駕淮安，迭拜御書「謙益堂」「葆靜」匾額，并聯幅畫卷、白金之賜。隨駕至江寧，上將返蹕，以在籍臣庶攀籲，命留一日，公復奏請，得旨：「念老臣懇求諄切，許再留一日啟行。」四十六年，迎駕清江浦，仍扈蹕江寧，賜御書對聯、「世恩堂」額，及書籍、人參，亦允公奏請，留一日。四十七年九月薨，年七十有二。遺疏至，上震悼，優詔議恤，賜祭葬加等，謚曰文端。世宗御極，有甘盤舊學之思，贈太子太傅，賜額曰「師模如在」，又曰「忠純貽範」。雍正八年，詔入祀賢良祠。

（李元度輯《國朝先正事略》卷九，同治八年刻本）

肆、大學士張英

張英，江南桐城人。康熙六年進士，改內宏文院庶吉士，授翰林院編修。十二年，充日講起居注官。時上命擇詞臣醇謹有學者入侍左右，被顧問，英首被選。十六年，始立南書房，遷英翰林院侍講學士，領其事。辰入酉出，以為常，賜第西安門外。上每日聽政後，即幸懋勤殿，召英講論經史，寒暑靡間。幸南苑，及巡行四方，必以英從。

二十五年，授翰林院掌院學士，兼禮部侍郎銜，與內閣學士徐乾學并諭稱學問淹通，宜留辦文章之事，勿令開列巡撫。二十九年，擢禮部尚書。三十八年，授文華殿大學士。四十年，乞休，以原官致仕。瀕行，賜宴暢春園。御書「篤素堂」以賜，英名其所著為《篤素堂集》。四十四年，駕淮安，迭奉御書「謙益堂」「葆靜」扁額，并聯幅畫卷、銀千兩以賜。隨至江寧，上將旋蹕，以在籍臣庶籲請，允留一日。英復奏請，得旨：「念老臣懇求諄切，准再留一日啟行。」四十六年，迎駕清江浦，仍隨至江寧，賜御書對聯、「世恩堂」扁額及書籍、人參，亦允英奏請，多留一日。四十七年卒，年七十二。賜祭葬加等，謚文端。六十一年，贈太子太傅。雍正八年，入祀賢良祠。

（朱方增《從政觀法錄》卷六，道光年間刻本）

伍、張　英

張英，字敦復，江南桐城人。康熙六年進士，選庶吉士。父憂歸，服闋，授編修，充日講起居注官。累遷侍讀學士。十六年，聖祖命擇詞臣諄謹有學者日侍左右，設南書房。命英入值，賜第西安門內。詞臣賜居禁城自此始。時方討三藩，軍書旁午，上日御乾清門聽政後，即幸懋勤殿，與儒臣講論經義。英率辰入暮出，退或復宣召，輟食趨宮門，慎密恪勤，上益器之。幸南苑及巡行四方，必以英從。一時制誥，多出其手。

遷翰林院學士，兼禮部侍郎。二十年，以葬父乞假，優詔允之，賜白金五百、表裡緞二十，予其父秉彝恤典視英官。英歸，築室龍眠山中，居四年，起故官。遷兵部侍郎，調禮部，兼管詹事府。充經筵講官，奏進《孝經衍義》，命刊布。二十八年，擢工部尚書，兼翰林院掌院學士，仍管詹事府。調禮部，兼官如故。編修楊瑄撰都統一等公佟國綱祭文失辭，坐奪官流徙；斥英不詳審，罷尚書，仍管翰林院、詹事府，教習庶吉士。尋復官，充《國史》《一統志》《淵鑑類函》《政治典訓》《平定朔漠方略》總裁官。三十六年，典會試。尋以疾乞休，不允。三十八年，拜文華殿大學士，兼禮部。

英性和易，不務表襮。有所薦舉，終不使其人知。所居無赫赫名。在講筵，民生利病，四方水旱，知無不言。聖祖嘗語執政：「張英始終敬慎，有古大臣風。」四十年，以衰病求罷，詔許致仕。瀕行，賜宴暢春園，敕部馳驛如制。四十四年，上南巡，英迎駕淮安，賜御書榜額，白金千。隨至江寧，上將旋蹕，以英懇奏，允留一日。時總督阿山欲加錢糧耗銀供南巡費，江寧知府陳鵬年持不可，阿山怒鵬年，欲因是罪之，供張故不辦；左右又中以蜚語，禍將不測。及英入見，上問江南廉吏，首舉鵬年，阿山意為沮，鵬年以是受知于上為名臣。四十六年，上復南巡，英迎駕清江浦，仍隨至江寧，賜賚有加。

英自壯歲即有田園之思，致政後，優游林下者七年。為《聰訓齋語》《恆產瑣言》，以務本力田、隨分知足告誡子弟。四十七年，卒，謚文端。世宗讀書乾清宮，英嘗侍講經書，及即位，追念舊學，贈太子太傅，賜御書榜額揭諸祠宇。雍正八年，入祀賢良祠。高宗立，加贈太傅。

子廷瓚，字卣臣。康熙十八年進士，自編修累官少詹事。先英卒。廷玉，自有傳。

廷璐，字寶臣。康熙五十七年，殿試一甲第二名進士，授編修，值南書房，遷侍講學士。雍正元年，督學河南，坐事奪職。尋起侍講，遷詹事。兩督江蘇學政。武進劉綸、長洲沈德潛皆出其門，并致通顯，有名于時。進禮部侍郎，予告歸，卒。

廷瑑，字桓臣。雍正元年進士，自編修累官工部侍郎，充日講官。起居注初無條例，廷瑑編載詳贍得體。既擢侍郎，兼職如故。終清世，已出翰林而仍職記注者惟廷瑑。乾隆九年，改補內閣學士，兼禮部侍郎。典試江西，移疾歸。廷瑑性誠篤，細微必慎。既歸，刻苦勵行，耿介不妄取。三十九年，卒，年八十四。上聞，顧左右曰：「張廷瑑兄弟皆舊臣賢者，今盡矣！安可得也？」因嘆息久之。

廷璐子若需，進士，官侍講。若需子曾敞，進士，官少詹事。

自英後，以科第世其家，四世皆為講官。

（趙爾巽等撰《清史稿》列傳五十四，中華書局版）

陸、張　英

張英，江南桐城人。聖祖仁皇帝康熙六年進士，改庶吉士。旋丁父憂，回籍。十一年，授編修。十二年，充日講起居注官。十五年，遷左春坊左諭德。十六年二月，遷翰林院侍講學士。九月，同掌院學士喇沙里、陳廷敬奉諭曰：「爾等每日進講，啟導朕心，甚有裨益。嗣後天氣漸寒，特賜爾等貂皮各五十張、表裡緞各二十匹。」十月，諭大學士等曰：「朕不時觀書寫字，欲選擇翰林侍左右，講究文義。伊等在外城，宣召難以即至。著于城內撥給閑房，在內侍從。」尋命英值南書房，賜地西安門內。十八年，轉侍讀學士。十九年四月，諭吏部曰：「朕萬幾之暇，留心經史，雖遜志時敏，夙夜孜孜，而研究闡發，良資講幄之功。日講起居注各官，俱以學行優長，簡備顧問，所纂講義，典確精詳，深裨治理。侍讀學士張英供奉內廷，日侍左右，恪恭匪懈，勤慎可嘉！爾部從優議敘。」尋允部議，講官葉芳藹、沈荃等加銜有差，英授翰林院學士，兼禮部侍郎銜。二十年二月，以葬父乞假，諭曰：「爾素性醇樸，侍從有年，朝夕講筵，恪恭盡職。茲因爾父未葬，具疏請假，朕念人子至情，忠孝一理，准假南旋，特賜白金五百兩、表緞二十匹。既旌爾勤勞，兼資墓田之用。爾其欽悉朕惓惓至意。」又諭禮部如英品級，予其父秉彝恤典。二十五年三月，授翰林院掌院學士，兼禮部侍郎銜。四月，命教習庶吉士。閏四月，與內閣學士徐乾學并諭稱「學問淹通，宜留辦文章之事」，令吏部勿開列巡撫。十二月，遷兵部右侍郎。二十六年正月，同內閣學士韓菼奏進纂成《孝經衍義》，得旨頒發。六月，調禮部右侍郎，兼翰林院掌院學士銜。九月，轉左，仍兼翰林院掌院學士銜，又兼管詹事府詹事事。十一月，充經筵講官。

二十七年正月，給事中陳世安疏劾：「英與禮部尚書張士甄、侍郎王飏昌遇孝莊章皇后大喪，不親督司員檢閱舊章，一切典禮令司員具稿賚送滿堂官起奏，不會同詳慎參訂；或屢請不至，即至亦默無一言。間有朝臣造問恭祭時日、跪送儀文、齋宿舊例，茫然輒謝不知。偷安自便，闒冗無能，請嚴加處分，以警瘝曠。」命自行回奏。尋奏：「臣士甄、飏昌每日在午門前齊集，臣英朝夕在永康門外，兼有奉旨與翰林院同辦之事，俱未敢偷安。凡典禮有應稽舊章者，親率司員檢閱；有應滿、漢堂官公同商酌者，未曾推諉，并無屢請不至之事。至恭祭日期、跪送儀文及齋宿之例，一經奉旨，即知會所司，俱遵行無誤，亦未曾有朝臣相問，對以未知也。惟是臣等素無才能，乞賜處分，為不職者戒。」疏下吏部察議，以未與滿堂官同在一處商稿啟奏，應各降五級調用，得旨，從寬留任。

二十八年十二月，擢工部尚書，仍兼管詹事府。二十九年六月，兼翰林院掌院學士，并兼管詹事府。七月，調禮部尚書，仍兼翰林院掌院學士。十月，以編修楊瑄撰擬陣亡都統公佟國綱祭文，引用悖謬，英看閱不詳審改正，部議降四級調用。得旨，革去禮部尚書，仍管翰林院、詹事府事。三十年六月，教習庶吉士。三十一年十月，復禮部尚書，兼管翰、詹如故。三十三年三月，以編修黃叔琳、庶吉士狄億等十一人試國書生疏，諭責教習不嚴，下部察議，應革職。得旨，張英從寬降三級留任。旋與掌院學士常書同奉命教習庶吉士。三十五年，上親征噶爾丹，至拖訥山，凱旋，英同常書奏請賜觀《御製親征朔漠紀略》，俾得敬慎編摹，垂諸簡冊，從之。先後充《國史》《一統志》《淵鑑類函》《政治典訓》《平定朔漠方略》總裁官。三十六年三月，同尚書熊賜履為會試正考官。七月，以老病乞休，得旨慰留。十月，辭兼管翰林院、詹事府事，允之。三十八年十一月，授文華殿大學士，兼禮部尚書。

四十年十月，乞休，得旨：「卿才品優長，宣力已久。及任機務，恪勤益勵，眷倚方殷。覽奏，以衰病乞休，情詞懇切，准以原官致仕。」瀕行，賜宴暢春園，諭部令沿途驛遞應付，毋限常額。先是，御書「篤素堂」匾額以賜，英名其所著為《篤素堂文集》。四十四年，逢上南巡，迎駕淮安，疊奉御書「謙益堂」「葆靜」匾額，并聯幅畫卷、銀千兩以賜。隨至江寧，上將旋蹕，以在籍臣庶籲請旨留一日，英復奏請，得旨：「念老臣懇求諄切，准再留一日啟行。」四十六年，迎駕清江浦，仍隨至江寧，賜御書對聯、「世恩堂」匾額及書籍、人參，亦允英奏請，多留一日。四十七年九月，卒于家，年七十有二。遺疏至，得旨：「張英久侍講幄，簡任機密，老成勤慎，始終不渝。予告後，朕念其衰年，屢諭旨令勉加調攝。忽聞病逝，深切軫悼！下部議恤。」賜祭葬加等，謚曰文端。世宗憲皇帝御極，贈太子太傅。雍正八年，入祀賢良祠。今上御極，晉贈太傅。

子廷玉，官至大學士，別有傳。

（王鍾翰點校《清史列傳》卷九，中華書局一九八七年版）

柒、張文端公傳

張公諱英，字敦復。康熙六年進士，丁父憂歸。十二年，以編修充日講起居注官，累遷侍讀學士。十六年，上始選儒臣置左右，設南書房，命公入直。賜第西安門內。當是時，三番擾亂，凡戰陳、兵餉、方略，一皆取斷宸衷，而上尤勤學問。故事經筵有常期，上日御乾清門聽政後，即適懋勤殿，召儒臣講論經誼無期。時公率晨入暮出，暫退輒復宣召，或輟食趨宮門。小心慎密，久之，上益器重。每巡幸，輒以公從。一時典誥之文，多出公手。遷翰林學士。乞假歸，築室龍眠山中。

居四年，特召起授兵部侍郎。調禮部，充經筵講官。坐事降級，優旨留任。俄遷工部尚書，再調禮部。公自躋卿貳，至典秩宗，皆兼掌院學士，并管詹事府。尋坐不詳審編修撰擬諭祭都統佟國綱文引用悖謬，罷尚書，仍管翰詹，教習庶吉士。三十一年復職，先後充國史館《方略》《一統志》《淵鑑類函》《政治典訓》總裁官。三十六年會試正考官。再乞休，不允。三十八年，拜文華殿大學士，兼禮部尚書。

聖祖在位久，天下治安。一時宰輔諸臣，如公及李公光地、熊公賜履、魏公象樞、陳公廷敬、張公玉書，類皆敦崇寬大，而公尤以勤慎結主知。立朝數十年，未嘗一日去上左右。介特內含，絕遠權勢，雖異趣者，莫能媒孽其短。上嘗語執政：「張英始終敬慎，有古大臣風也。」

公為人淡靜寡欲，喜讀白傅、蘇、陸三家詩，喜佳茗。公退，日手一編，蒔花、鼓琴，雜賓自遠。自其壯盛，即有山林之思，作〈芙蓉雙溪圖〉見志，時時形諸詠歌。四十年冬，遂請告歸。瀕行，賜宴暢春園。

公既歸里，冬日城居，自餘三時多在龍眠雙溪間。自是，徜徉山中者，凡七年。為《聰訓齋語》《恆產瑣言》，教子弟以務本力田、隨分知足之義，而于擇交、積德，尤諄諄焉。其書世多有，故不具。

四十二年，聖祖南巡，迎謁行在，至江寧。上將返蹕，為公留再宿。是時，總督阿山愈加錢糧、耗銀供南巡，江寧知府陳公鵬年持不可。總督既積怒，知府素強項，欲因是以罪，供張故不辦。扈從王大臣及侍衛多言知府誹謗巡游，罪不赦。及公見上，盛稱鵬年，總督意沮，陳公得免罪，反以是見知，竟為名臣。

四十六年，再迎駕清江浦，扈蹕江寧。逾年薨，年七十有二。賜祭葬，謚文端。世宗即位，贈太子太傅。雍正八年，祀賢良祠，又祀鄉賢。著《易經衷論》二卷、《書經衷論》四卷，《四庫》著錄；又《篤素堂集》《存誠堂集》共六十卷。

子六，廷瓚、廷玉、廷璐、廷璂、廷瑑、廷瓘。璂，附貢生。瓘，候選訓導。餘皆至大官，自有傳。附貢子若潭，官檢討。訓導子若霍、若霽，皆舉人。若霽孫元宰，編修。

馬其昶曰：予幼時，大人授以《聰訓齋語》，謂讀之可淡榮利、就本實。因益為言：張氏當隆盛時，其子弟無不謹敕謙約，可為大臣家法。其後恭讀世宗《庭訓格言》，乃知聖人之言，其遠如天，其近如地。公之書切近、敦篤，殆本其所陶淑于聖教者以垂訓與！曾文正公亦嘗舉二書教人，而番禺梁按察鼎芬言：「張公書，不善讀乃為鄉愿。」余謂立朝與居鄉異節，公之書所以誡家也。其保全陳公事，余得之《湘潭志》，為表著之。

（馬其昶著，毛伯舟點注《桐城耆舊傳》卷八，黃山書社一九九〇年版）

捌、曾國藩評《聰訓齋語》

嚴黃門之推《顏氏家訓》作于亂離之世，張文端公英《聰訓齋語》作于承平之世，所以教家者極精。爾兄弟各覓一冊，常常閱習，則日進矣。（《曾國藩全集・家書・諭紀澤》）

張文端公《聰訓齋語》，茲付去二本，爾兄弟細心省覽，不特于德業有益，實于養生有

益。(《曾國藩全集・家書・諭紀澤》)

張文端英所著《聰訓齋語》，皆教子之言。其中言養身、擇友、觀玩山水花竹，純是一片太和生機，爾宜常常省覽。鴻兒體亦單弱，亦宜常看此書。吾教爾兄弟不在多書，但以聖祖之《庭訓格言》、張公之《聰訓齋語》二種為教，句句皆吾肺腑所欲言。(《曾國藩全集・家書・諭紀澤紀鴻》)

《聰訓齋語》，余以為可卻病延年。爾兄弟與松生、慕徐常常體驗否？(《曾國藩全集・家書・諭紀澤紀鴻》)

張文端公家訓一本，寄交紀渠侄省覽。渠侄恭敬謙和，德性大進，朱金權亦盛稱之。將來後輩八人，每人各一本。(《曾國藩全集・家書・致澄弟沅弟》)

國家圖書館出版品預行編目資料

新譯聽訓齋語／馮保善注譯.——初版二刷.——臺北市：三民，2020
面；　公分.——(古籍今注新譯叢書)

ISBN 978-957-14-6298-1 （平裝）
1. 家訓 2. 修身

193　　106009275

古籍今注新譯叢書

新譯聽訓齋語

注譯者　馮保善
發行人　劉振強
出版者　三民書局股份有限公司
地　址　臺北市復興北路 386 號 (復北門市)
　　　　臺北市重慶南路一段 61 號 (重南門市)
電　話　(02)25006600
網　址　三民網路書店 https://www.sanmin.com.tw

出版日期　初版一刷 2017 年 6 月
　　　　　初版二刷 2020 年 1 月
書籍編號　S032890
ISBN　978-957-14-6298-1

三民書局